난생처음
10배 주식

꿈의 수익률 텐배거를 손에 거머쥐는 주식투자 안내서

난생처음 10배 주식

초판 1쇄 인쇄 2022년 4월 18일
초판 1쇄 발행 2022년 4월 23일

지은이 박지훈

발행인 백유미 조영석
발행처 (주)라온아시아
주소 서울특별시 서초구 효령로 34길 4, 프린스효령빌딩 5F

등록 2016년 7월 5일 제 2016-000141호
전화 070-7600-8230 **팩스** 070-4754-2473

값 18,000원
ISBN 979-11-92072-44-9 (04320)
979-11-89089-34-4 (세트)

※ 라온북은 (주)라온아시아의 퍼스널 브랜드입니다.

꿈의 수익률 텐배거를
손에 거머쥐는 주식투자 안내서

난생처음 10배 주식

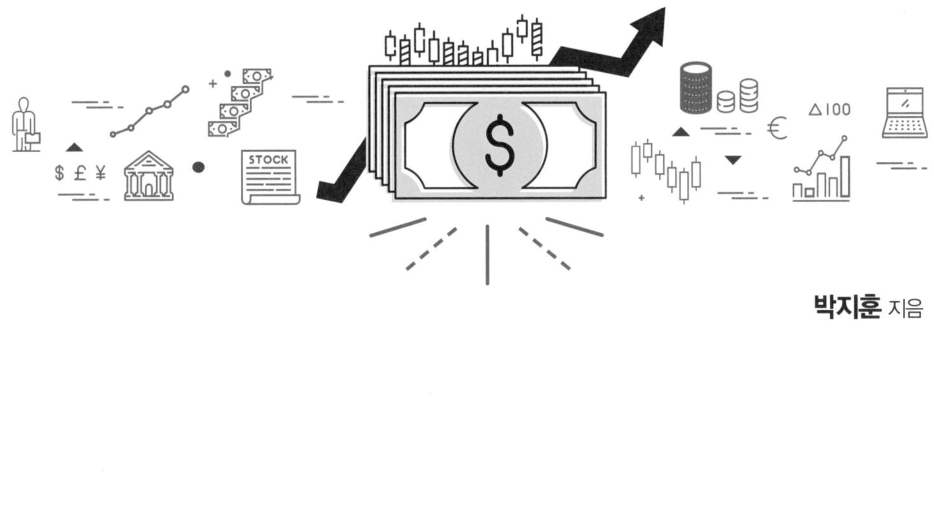

박지훈 지음

RAON BOOK

꾸준한 수익이 안 난다면 무엇이 문제인지 원인을 찾아라

주식투자를 시작한 지 어느덧 20년이라는 세월이 흘렀습니다. 제가 쓰고 있는 이 원고가 세상에 출간될 쯤에는 21년, 아니 22년 차가 될 만큼 저는 수많은 산전수전을 겪어왔습니다. 경력도 경력이지만, 저는 그 누구보다도 피나는 노력으로 여기까지 왔습니다.

많은 사람이 주식투자를 하면 패가망신한다고 말을 합니다. 하지만 저는 이 말이 반은 맞고 반은 틀렸다고 생각을 합니다. 깃털 같은 노력도 하지 않은 채, 남이 좋다는 종목을 매수해서 왜 수익이 나고 손실이 났는지조차도 모른 채 시간을 보내왔다면 많은 시간과 경력이 무슨 소용이 있을까요? 이런 경우 저 역시 패가망신한다는 말에 동감합니다.

하지만 저처럼 1년을 10년처럼 정말 많은 고민과 번뇌 그리고 수십 번이 넘는 깡통을 차며, 20년 동안 포기하지 않고 달려온 저도 성공을 했는데, 이 정도의 노력을 각오하고 주식투자에 뛰어든다면 누구나 주식투자로 성공할 수 있다고 생각을 합니다. 단지 개인마다 조금 더 빠름과 느림의 차이는 분명 있을 겁니다.

수많은 이들의 어려운 사례를 들었습니다. "대표님, 주식투자로 깡통 차고 너무 힘든 생활을 보내고 있습니다. 어떻게 하면 대표님처럼 주식으로 성공할 수 있을까요? 주식투자로 수익 내는 게 너무 힘들어요. 주식투자는 저랑 맞지 않는 것 같아요. 대표님 저 좀 도와주세요!"

저는 그들에게 질문합니다. "기술적 투자인가요? 가치투자인가요?", "기술적 투자라면 추세매매를 했나요? 단타매매를 했나요?", "매매 기준과 원칙은 있나요?", "단타든 스윙이든 간에 매수한 이유와 손절매한 이유가 있나요?"

저를 찾아온 사람 중 대부분이 차트를 볼 줄 아는데 수익이 안 난다고 합니다. 하지만 아쉽게도 차트를 제대로 볼 줄 아는 사람들은 거의 없었습니다.

저는 그들에게 다시 묻습니다. "매수한 명확한 이유가 뭔가요?", "손절을 했다면 명확한 이유가 뭔가요?", "익절을 했다면 명확한 이유가 뭔가요?"

저는 그들이 명확한 기준 없이 매매한다는 것을 알게 되었습니다. 과일을 살 때도 가격, 신선도, 서비스, 맛 등을 따져서 어떤 기준을 가지고 과일을 구매하는데, 하물며 돈이 오고 가는 주식투자에서 어떠한 기준점도 없이 매수와 매도를 반복한다는 것에 놀라웠습니다.

저는 주식투자의 기본인 추세매매를 알아도 최소 월 10% 수익은 충분히 가능하다고 생각합니다. 단기매매를 하는 사람, 기술적 매매를 하는 사람에게 월 10% 수익은 적어 보이는 수치일 수도 있습니다. '하루에도 30%로 상한가를 가는 종목들이 수두룩한데 월 10% 수익이라고?'라고 생각이 드는 사람이 있다면 저는 그들의 기준과 생각부터 바꿔놓고 싶습니다. 총만 안 들었지 소리 없는 전쟁터에서 무조건 이긴다는 생각부터가 잘못됐다 생각합니다. 하루에 5~10%, 많게는 20% 넘게 수익 난 게 뭐가 그리 중요할까요? 한 달 결산을 해보면 손실인데 말이죠. 중요한 건 꾸준함이라고 생각합니다.

혹시 매수 후 지속해서 내려가자, 참다 참다 더는 참지 못해 손절매했더니 어느 날 그 종목이 내가 매도한 가격보다 더 많이 상승해 있는 경험은 없었나요? 혹시 매수 후 수익이 오르락내리락하자 불안해서 짧게 몇 퍼센트만 먹고 팔았는데, 팔고 난 뒤 바로 급등한 경험은 없었나요? 대부분 이러한 경험을 많이 했을 것입니다. 저는 이 책을 바탕으로 위와 같은 상황의 실패 횟수를 최대한 줄여주고 싶습니다.

대부분 주린이들의 공통점을 찾아보니 차트를 어느 정도 볼 줄 안다고 하는데, 몇 가지 물어보면 수익이 나면 좋고 안 나면 말고의 제대로 된 원칙과 기준이 없이 짜깁기 된 어설픈 기법인 경우가 많았습니다. 이 책에는 제가 그동안 수차례 수십억 원을 깡통 차고 깨달은 경험을 바탕으로 저만의 노하우를 담았습니다. 이 내용들을 통해 저처럼 어두웠던 터널의 긴 시간을 조금이라도 단축하는 계기가 되었으면 합니다.

벌고 잃고 다시 벌고 잃고… 다람쥐 쳇바퀴 돌듯 하는가

조금만, 조금만 더 알면 주식투자에 성공할 것 같지만 항상 이제 되었다 싶을 시점에 크게 손실을 보고 다시 원점으로 오는 경험을 누구나 했을 것입니다. 저 또한 지속적인 수익 중에 한두 번 잘못된 매매로 다시 원점을 만든 경우가 많이 있었습니다. 그 과정에서 누구에게도 배울 수 없는 수많은 경험을 했습니다.

주식투자는 기술적 기법도 중요하지만, 그보다 더 중요한 것이 바로 주식투자를 대하는 마음 자세, 즉 마인드컨트롤이 상당히 중요합니다. 기법이 아무리 뛰어나다고 한들 그것을 참고 기다리고 매수하기까지의 판단은 온전히 사람이 하는 것이기 때문입니다.

주식매매를 기계가 하는 게 아니라 사람이 하는 것이기 때문에 항상 좋은 컨디션일 리도 없으며, 매번 일관된 생각으로 매매를 한다는 생각도 버려야 합니다. 사람이기 때문에 누구나 실수할 수 있다는 것을 염두에 두셨으면 합니다. 저 역시 꾸준하게 수익이 나다가도 가끔 한 번씩 크게 깨진 적이 있는데, 곰곰이 생각해보면 그날 컨디션이 안 좋았다던가 아니면 알면서도 내가 지켜야 하는 원칙을 지키지 못했던 적이 있습니다.

기술적 분석과 가치투자, 재무제표 관련된 책은 시중에 많이 있습니다. 하지만 대부분 이론적인 것에 치중했을 뿐 추세매매를 자세히 다룬 책들은 거의 없습니다. 그런 점에서 이 책은 다른 주식 책들과 다르게 차별화를 두려고 합니다.

첫째, 왜 추세매매를 해야 하는지 설명합니다. 주식투자를 할 때 여러 가지 변수가 많은 주식투자에서 누구나 실수를 할 수 있다는 생각으로 주식투자에 임한다면 성공할 수 있다고 생각을 합니다. 단타매매를 제외한 스윙(5~15일 이상) 투자, 또는 주장기투자(1~3개월) 매매는 여러 가지 대내외 악재와 시장의 변수, 지정학적 리스크를 감안해야 합니다. 따라서 변수를 감안하고도 수익을 내는 방법을 찾아야 하는데 그게 추세매매입니다. 'PART 4 좋은 종목 고르는 법'에서 자세히 다루겠습니다.

둘째, 뻔한 이론이 아닌 실제로 매매한 결과를 책으로 집필했습니다. 저는 7년간 수많은 회원을 리딩해왔습니다. 현재도 보조지표를 보며 수익을 잘 내고 있습니다. 보조지표를 보고 수익을 내는 사람은 대한민국 최초이자 유일하다고 자부합니다. 물론 지표를 보지 않고 매매할 수 있기는 하지만 동물적 감각을 가진 사람이 과연 얼마나 될까요? 자신 있게 말하지만 보조지표를 보는 이유는 수치화할 수 있기 때문입니다. 수치화할 수 있다는 말은 '키움증권-성과검증[1516]'에서 승률 높은 매매가 가능한지 검증이 된다는 말이기도 합니다.

지표를 보고 수익을 못 낸 이들의 말을 반대로 해석하면 '지표를 보지 않고는 수익을 낼 수 있으나 지표를 해석할 수 없으므로 지표 매매는 어렵다'라는 말로 표현할 수 있습니다. 'PART 7 실전 사례 및 예시'에서 지표를 보면서 매매한 실전 사례로 설명을 했습니다. 또한 지나간 것을 지표로 해석함이 아닌 실제로 매매한 종목을 실전 사례 및 예시로 들었습니다. 즉, 이론이 아닌 실전 사례로 그때의 상황을 지표로 분석하여 해석하도록 최대한 노력했습니다.

셋째, 수익이 나기까지의 마인드, 심리, 경험을 이야기하고자 합니다. 앞서 말한 것처럼 기술적 분석이나 재무제표의 책들은 시중에 이미 많이 있습니다. 기존 주식 책들을 살펴보면 실전에서 어떤 차트의 위치와 어떤 심리에서 어떤 비중으로 얼마만큼 매수했는지 보다는 대부분 이론적인 부분이 상당히 많았음이 아쉬운 부분으로 남습니다. 저 또한 이론적인 기술적 분석이나 재무제표에 관한 내용을 넣게 된다면 그 책들과의 차별성은 없다고 생각을 합니다. 따라서 기술적 분석의 이론적인 부분은 꼭 필요한 부분만 넣었습니다.

주식투자로 수익 내는 방법은 다양합니다. 하지만 기업의 가치가 아닌 추세를 알고 불안해하지 않으며, 주가가 다소 내려가더라도 이길 수 있는 저만의 노하우를 이야기해볼까 합니다. 대부분의 주식 관련 책들은 수익 내는 방법에 관해서만 이야기하는 책들이 많았습니다. 그러나 왜 수익이 안 나는지에 대한 책들이 없어 매우 아쉬웠습니다. 또한 하락장에서 리스크 관리는 어떻게 해야 하는지에 대한 책들은 거의 없었습니다. 그래서 주식으로 수익 내는 방법도 물론 중요하겠지만, 상승 초기에 매수해서 수익 내는 방법과 하락 초기에 리스크를 줄임으로써 하락장에서 리스크를 피해갈 방법도 이 책을 통해 이야기하고자 합니다.

책을 쓰는 데 도움을 준 수제자 '골드나인'에게 진심으로 감사의 인사를 전하며, 힘들었던 과거 시절 끝까지 믿고 따라와준 가족들에게 감사의 인사를 전합니다. 독자 여러분, 험난한 주식시장에서 성공하시길 간절히 바랍니다.

박지훈

CONTENTS

PART 1 차트 분석으로도 충분히 돈을 벌 수 있다

PART 2 초보 탈출을 위한 기술적 분석의 기본 이해하기

PART 3 고수가 되기 위해 꼭 필요한 기술적 분석 지표

PART 4 좋은 종목 고르는 법

PART 5 고수가 될 수 있는 재료 이해하기

PART 6 예상 밖의 시나리오를 생각하라

PART 7 실전 사례 및 예시

부록

PART 1

차트 분석으로도 충분히 돈을 벌 수 있다

01 기술적 분석으로 텐배거가 불가능할까?

주식투자와 도박의 차이점

주식투자를 하기 전에 먼저 짚고 넘어가야 할 것이 있다. 많은 사람들이 주식투자와 도박의 차이점을 잘 모른다는 것이다. 어쩌면 기술적 분석도 주식투자라기보다는 주식 매매의 관점이겠지만 도박과는 엄연히 다르다.

주식투자와 도박의 공통점은 돈을 버는 사람보다 잃는 사람이 더 많다는 것이다. 주식투자로 손실을 입는 개인투자자가 95%라고 하니 말이다. 도박도 아닌 투자에서 왜 이런 현상이 나타날까? 대부분의 사람들은 자신이 주식투자를 하고 있다고 생각하지만 사실상 주식을 도박처럼 매매하고 있다. 낮은 확률에 기대수익률마저 마이너스일 가능성이 높다면 도박에 가까운 것이다.

꾸준히 수익을 내다가 한두 번 잘못 매매해서 홧김에 급등한 주식을 매수 매도하여 계좌 잔고가 나락으로 떨어진 경험이 있지 않은가? 뇌동매매(객관적인 확률이 높은 본인만의 매매가 아닌 비이성적이고 즉흥적으로 하는 매매)를 했다는 것을 인지할 때쯤에는 이미 늦은 것이다.

우리나라의 증시는 전강후약(前强後弱)이다. 기술적 분석으로 돈을 버는 고수들도 9시부터 10시 30분 이전에 집중해서 매매를 끝내고 다음 날 오를 가능성이 높은 종목을 관심종목으로 등록하는 데 시간을 보낸다. 모두 그런 것은 아니지만 대부분의 고수들이 그러하다.

그런데 수익이 안 나는 사람들은 어떤가? 하루 한두 종목을 매매해서 수익이 났음에도 불구하고 만족하지 못하고 그동안 주식투자로 마음고생했던 것을 하루아침에 보상받기라도 하려는 듯이 하루 종일 매매하다 결국 잃는다.

주식에도 선구안이 필요하다

야구를 예로 들어보자. 투수가 타자에게 좋은 공을 세 번이나 던졌는데 타자가 그것을 알아보지 못하고 모두 베트를 날리지 않았다면 삼진아웃이 된다. 반대로 투수가 나쁜 공을 주었는데 좋은 공인 줄 알고 세 번 베트를 날렸지만 헛스윙을 하고 말았다면 이 또한 삼진아웃이다.

이것을 주식에 대입해보자. 주식을 매수하거나 매도하는 것은 그 사람의 자유이다. 하지만 매매하지 않는 것이 좋은 상황에서도 강박관념에 사로잡혀 계속 매매하는 것은 좋지 않은 공이 들어오는데도 번번이 베트를 날리는 것과 같다.

주식이 야구와 다른 점은 아웃이 없다는 것이다. 주식투자는 좋지 않은 공이 날아올 때, 즉 떨어지는 시점에는 매매하지 않고 기다리면 된다. 좋은 공이 날아올 때까지 기다렸다가 베트를 날리는 것이다.

이 책을 반복해서 읽는다면 어떤 공이 좋은지 또는 나쁜지 충분히 구분할 수 있을 것이다. 주식투자는 공을 보는 안목을 잘 기른다면 누구나 안타 이상은 물론 홈런도 가능하다.

다우 지수와 코스피의 차이점

선구안을 기르려면 가치투자에서 기술적 분석을 해야 한다. 나는 주식 리딩이 부업이고, 주업은 자산관리사(AFPK)이다. 내가 고객들에게 항상 하는 이야기가 있다. 변액보험은 반드시 미국형 펀드가 있는 상품으로 가입하라고 말이다. 왜냐하면 다우 지수와 코스피 지수를 분석하는 방법에 차이가 있기 때문이다.

내가 가치투자를 하면서 가장 존경하던 사람이 워런 버핏이었다. 나 역시 주린이 시절 가치투자를 하면서 기술적 투자는 '위험하다'는 결론을 내린 적이 있다. 코스피 지수의 평가 방식을 모르고 주식투자를 했기 때문이다. 그 어리석음으로 인해 나는 8억 원이라는 큰돈을 수업료로 바치고 말았다. 그때 우리나라는 가치투자가 오히려 위험하고, 가치투자는 미국에서만 해야 한다는 것을 깨달았다.

미국의 다우 지수는 가중평균 방식으로 만들어진다. 즉, 재무가 탄탄하고 안정적이고 미래 지향적인 종목군들을 묶어서 지수를 산출한다. 네이버에서 '다우 지수 방식'을 검색하면 다음과 같이 나온다.

> 미국의 다우존스사가 가장 신용 있고 안정된 주식 30개를 표본으로 시장가격을 평균 산출하는 세계적인 주가지수.

좀 더 쉽게 설명하면 잘생기고 키 크고 인기 많은 원빈, 정우성, 조인성, 현빈, 송중기 같은 기업이 30개 있다고 하자. 이런 기업들이 인기가 시들기 전까지 계속 30개 가중평균 방식 안에서 지수의 표본이 된다. 인기가 시들면 그 기업은 표본에서 빠지고 인기 있는 새로운 기업이 표본에 포함된다. 그렇기 때문에 미국의 다우 지수는 지속적으로 오를 수밖에 없다. 미국의 시가총액(시총) 1~10위까지 어떤 기업이 있는지 알아보자.

미국 시가총액 순위

2022년 3월 기준

1위	애플	6위	버크셔 해서웨이
2위	마이크로소프트	7위	메타 플랫폼스(Facebook)
3위	구글	8위	엔비디아
4위	아마존	9위	유나이티드헬스
5위	테슬라	10위	존슨앤드존슨

반면 우리나라 코스피 지수는 시가총액 방식이다. 삼성전자는 1종목이지만 시가총액이 1조 원이고 1~10번 기업은 시가총액이 각각 동일하게 1,000억 원이라고 가정해 보자. 1~10번 기업의 시가총액을 합하면 삼성전자 1종목과 같은 1조 원이 된다.

극단적이기는 하지만 이해하기 쉽도록 코스피에 삼성전자 1종목과 10개의 기업으로 총 11종목이 들어 있다고 하자. 당일 삼성전자 주식이 10% 올랐고, 1~10번 기업이 모두 일괄적으로 −5%라고 한다면 다음과 같은 계산이 나온다.

- 1조(삼성전자) × 10% = 1조 1,000억 원
- 10종목 × 1,000억(1~10번 종목) × −5% = 9,500억 원

코스피 전체가 '(삼성전자의 +1,000억 원) + (1~10번 기업의 −500억 원) = +500억 원'이기 때문에 10종목 모두 내려도 코스피 지수는 올라간다는 뜻이다. 이처럼 지수 방식을 이해한다면 가치투자는 미국에서 해야 안전하다는 것을 알 수 있다.

재무구조가 튼튼한 기업의 상장 폐지 사례

가치투자를 폄하하려는 것이 아니다. 가치투자를 하더라도 기술적 분석으로 추세를 파악하면 매수하고 나서 오래 기다리지 않아도 된다. 추세가 형성된 후 조금 비싸더라도 오르는 구간에 사면 주식 보유 기간을 줄이는 좀 더 효율적인 매매가 가능하다.

2010년 세간을 떠들썩하게 만든 사례가 있었다. 한때 시가총액 1조 원에 가까운 우량 기업 네오세미테크가 있었다. 2010년 〈한경증권〉에는 다음과 같은 기사가 실렸다.

> ◆우량주마저 퇴출 위기에 경악
>
> 24일 거래소에 따르면 지난주부터 감사보고서에서 감사 의견 거절을 받아 퇴출 사유가 발생한 코스닥 기업들이 쏟아지고 있다. 퇴출 위기 기업들의 면면이 만만치 않아 시장 충격은 더욱 컸다. 네오세미테크는 코스닥 시총 순위 28위로 한때 시총 1조 원에 육박했던 회사다. 지난해 코스닥 기업 모노솔라로 우회 상장한 회사로 대표적인 태양광 및 LED 테마주로 각광받았다. 지난해 11월에는 성장성 대비 저평가됐다며 목표 주가 1만 8,700원을 제시한 증권사 분석보고서가 나오기도 했다.
>
> 지난 2월 네오세미테크는 지난해 매출 1,453억 원에 영업이익 312억 원, 순이익 246억 원을 기록했다는 자체 실적을 내놓기도 했다. 하지만 감사 결과 매출 979억 원, 영업이익 19억 원에 순손실 223억 원으로 대폭 악화된 실적이 나왔다. 외부 감사인은 이 회사가 총자산의 35%를 차지하는 유형자산의 거래와 장부가액을 적절히 기록하지 않을 수 있는 중요한 취약점이 있다며 감사 범위 제한에 따른 '의견 거절'을 제시했다.
>
> – 김동윤, 조진형, "시총 4천억 태양광 유망株도 상장폐지 위기", 〈한경증권〉, 2010. 3. 25.

어떤 생각이 드는가? 미국에서는 가치투자가 괜찮지만 우리나라는 가치투자가 위험하다고 말하는 이유 중 또 하나는 법의 기준 차이에 있다. 우리나라는 사기를 치고도 징역 5년에서 길어봐야 10년 정도 선고받는다. 하지만 미국은 사기라도 죄질에 따라 100년 이상 중형이 선고되기도 한다. 그래서 미국에서는 사기를 칠 생각을 하지 못한다.

반면 우리나라는 바지사장을 두고 어느 정도 돈으로 해결하면 주식으로 사기를 치기가 쉽다. 네오세미테크를 보면 알 수 있듯이 재무제표도 얼마든지 눈속임할 수 있기 때문에 우리나라에서는 가치 분석이 무의미하다고 말하는 것이다.

1,400만 원으로 1억 원의 수익을 올리다

나는 현재 네이버 카페 '한국주식투자교육협회(한교협)'를 운영하고 있다. 2020년 1월에 리딩을 받은 회원이 있다. 카페에서는 2016년부터 무료 추천주로 수익을 냈으며, 4년간 신뢰를 쌓아왔고, 유료 리딩으로 가입 당시 1,400만 원으로 주식투자를 시작했다. 똑같은 종목과 똑같은 매수단가를 주었을 때 대부분의 회원들이 수익이 나지만 수익이 나지 않는 회원들도 있다.

9,000만 원 수익

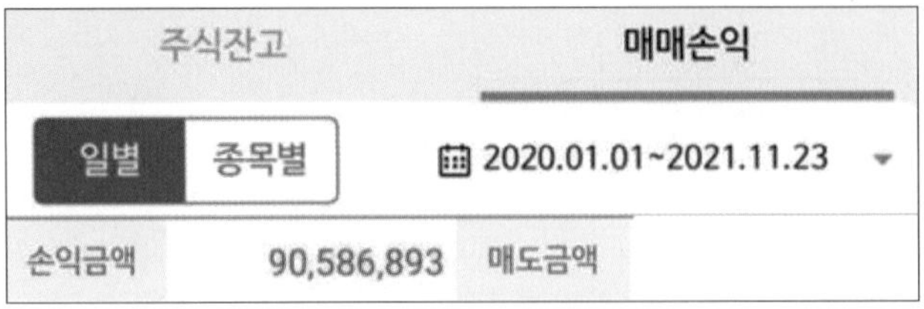

이 회원은 2021년 10월 12일 현재 약 1억 원의 수익을 거뒀다. 원금 1,400만 원을 투자해서 원금을 제외하고 약 9,000만 원을 벌어들이며 700% 수익률을 올린 것이다. 그럼 텐배거(Ten Bagger, 10루타라는 뜻으로 10배 수익), 즉 1,000%는 불가능할까?

앞으로 평생 주식투자를 할 거라면 너무 빠른 시간 안에 수익을 내야 한다는 생각을 버려야 한다. 그러면 누구나 5~10년 사이에 충분히 많은 수익을 올릴 수 있다. 지금부터 텐배거를 향한 주식 여행을 떠나자.

02 재무제표를 맹신하지 마라

가치투자로 장밋빛 인생을 꿈꾸다

'소 뒷걸음질치다 쥐 잡는다'라는 속담이 있다. 15년 전 나는 이와 같은 일을 경험한 적이 있다. 한때 주식투자는 가치투자가 전부라고 생각했다. 주식투자를 하는 사람들은 대부분 투자의 귀재 워런 버핏을 알 것이다. 젊은 나이에 열정과 패기 하나로 정말 열심히 노력하고 공부하면 워런 버핏처럼 가치투자로 성공할 수 있다는 착각에 빠져 있었다. 아침 출근 시간, 퇴근 시간, 잠자기 전, 새벽에 일찍 일어나 워런 버핏과 가치투자에 관한 책을 닥치는 대로 모조리 읽었다.

2007년 본격적으로 주식투자에 뛰어든 나는 자그마치 현금 2억 원과 신용대출 2억 원을 합해 총 4억 원으로 가치투자를 시작했다. 경력보다 더 중요한 것이 공부의 양이라고 생각한 나는 누구보다 가치투자를 잘한다, 아니 잘할 수 있다는 착각에 빠져 있었다. 그도 그럴 것이 상승장에 주가가 오르고 있었는데, 마치 내가 가치 분석을 잘해서 오르는 주식을 샀다고 생각했던 것이다.

2007년 당시에는 대세 상승장이라서 대부분의 종목들이 올랐다. OCI는 5만 원에서 39만 1,000원까지 올랐고, stx 역시 1만 5,000원에서 14만 3,000원까지 오르는 기염을 토했다.

10년에 한 번 올까 말까 한 대세 상승장에서 내가 투자한 종목은 한화와 금호산업이었다. 매수할 당시 두 종목은 3만 원 전후였으며, 둘 다 9만 원까지 오르는 상승 랠리가 펼쳐졌다. 단순히 생각하면 4억 원을 투자해서 주가가 3배 올랐으니 12억 원이 되고, 거기에서 대출 2억 원을 빼면 현금 2억 원으로 10억 원을 벌어야 맞는 셈이다. 그러나 정작 수익은 2억 원이었다. 나름대로 저점에 사서 고점에 팔았다고 생각했는데 결과적으로 그냥 놔둔 것보다 못한 매매를 한 셈이었다.

나는 단 한 번도 상승장, 횡보장, 하락장을 경험하지 않고, 10년에 한 번 올까 말까 한 대세 상승장에서 운 좋게 2억 원이라는 큰돈을 벌었다. 그래서 2008년, 2009년, 2010년 계속 장밋빛 인생을 꿈꿨다.

8억 원의 수업료로 가치투자를 버리다

"경험은 최고의 스승이다." 영국의 평론가이자 역사가 토머스 칼라일의 명언이다.

주린이에 지나지 않았던 주식 경력으로 2억 원에 대출까지 받아서 겁도 없이 덤빈 주식투자의 끝은 뻔했다. 8억 원이라는 돈을 잃고 정신을 차려보니 큰아이 분유 살 돈도 없을 만큼 알거지가 되어 있었다.

2007년 말 리먼브라더스 사태로 인한 글로벌 금융위기가 터지면서 2008년부터 대세 하락장이 시작되었다. 그 누구도 예상하지 못한 폭락장에 전 세계 주식시장은 패닉에 빠졌다. 가치투자를 했던 내 종목도 폭락장을 피해갈 수 없었다.

2008년 초 주가가 빠졌다 다시 반등했다. 지금은 기술적 분석을 어느 정도 할 수 있고, 상승장, 횡보장, 하락장에 어떻게 대처해야 하는지도 알고 있지만 그때는 가치투자가 전부라는 생각으로 무조건 믿고 기다렸다.

2년 동안 큰 상승장과 큰 하락장을 모두 겪고 2007년 한화와 금호산업을 어느 정도 잘 매도한 후 새롭게 매수한 종목이 한화솔루션(당시의 한화석화)이었다.

2007년 한화솔루션 월봉 차트

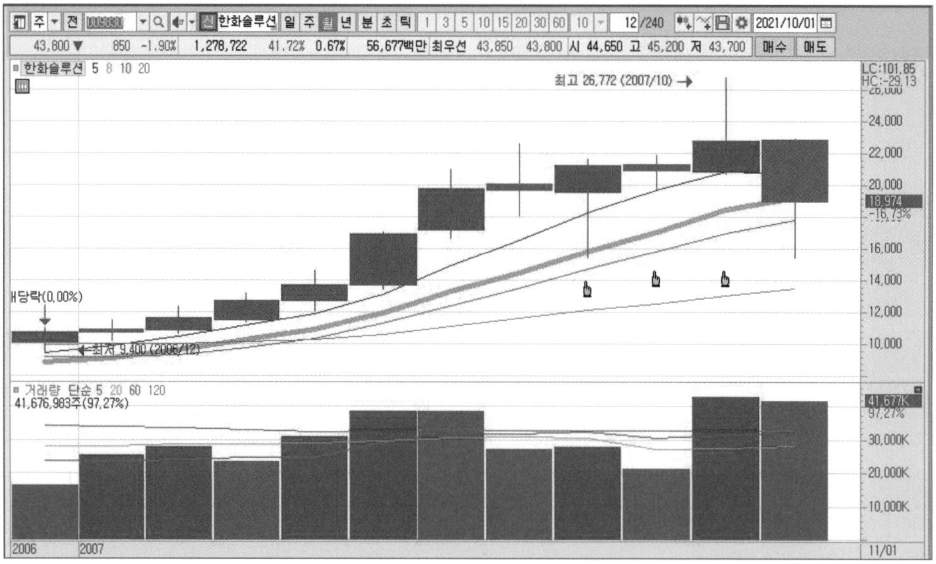

주식투자로 깡통계좌를 경험해본 적도 없고 2007년 큰 수익을 맛봤기에 2008년 리먼브라더스 사태로 인한 금융위기가 터졌을 때 위험한 장세를 인지하지 못했다. 한화솔루션을 매매할 때는 역대 신고가였다. 지나고 나서 차트를 보면 어디서 팔고 어디서 사야 하는지 잘 보인다. 하지만 역대 신고가 종목은 "마누라를 팔아서라도 사라"는 말이 있듯이 나는 한화솔루션으로 장밋빛 인생을 꿈꿨다. 그때 최고점에서 많이 빠졌다고 생각해 2만 원 이하부터 추가 매수했는데 지나고 나서야 어리석은 물타기였음을 깨달았다.

나는 재무제표를 공부하면 제대로 된 가치투자를 할 수 있다고 생각했다. 하지만 2007년 대세 상승장에 벌어들인 2억 원과 대세 하락장에 벌어들인 돈을 포함해 8억 원이라는 큰돈을 주식시장에 갖다 바치고 말았다. 누군가 나에게 주식투자에서 리스크 관리하는 방법을 알려주었다면 그렇게 큰 수업료를 치르지 않았을 것이다.

'2007년 한화솔루션 월봉 차트'에서 손가락으로 표기된 부분이 고점인데 지표를 보지 않고는 그 누구도 고점인지 알 수 없다. 나의 관점에서 지표를 하나 장착하고 다시 해석해보자.

월봉에서 패스트 스토캐스틱으로 고점 찾기

다음 페이지에 나와 있는 그림은 2007년 한화솔루션 월봉 차트에 패스트 스토캐스틱 지표를 추가한 것이다. 패스트 스토캐스틱과 슬로 스토캐스틱을 어느 봉에 장착하느냐에 따라 돈을 벌 수도 있고 큰 하락의 리스크를 피할 수도 있다. ('PART 3 02 스토캐스틱 활용 방법' 참고)

차트를 보면 주가가 올라갈수록 패스트 스토캐스틱 수치가 지속적으로 내려간다는 것을 알 수 있다. 이것이 내가 후행성 지표를 보는 이유다. 후행성 지표를 이해하지 못하는 사람은 지나간 후행성 지표를 보면 안 된다고 생각할 것이다. 하지만 후행성 지표를 보는 이유는 상승 다이버전스와 하락 다이버전스를 찾기 위함이다.

단순히 봉만 보면 현재 관점에서 세력들이 분산 작업을 하고 있는지를 전혀 알 수 없다. 조금 더 쉽게 설명하면 대응에 뛰어난 사람은 봉만 보고도 수익을 낼 수 있지만, 일반 사람들은 고수들처럼 발 빠른 대응을 할 수 없다. 봉만 보고도 수익을 잘 낸다면 굳이 지표를 볼 필요 없다. 하지만 우리는 고수가 아니기 때문에 조금 더 쉽게 해석하기 위해 지표를 본다.

2007년 패스트 스토캐스틱 지표를 추가한 한화솔루션 월봉 차트

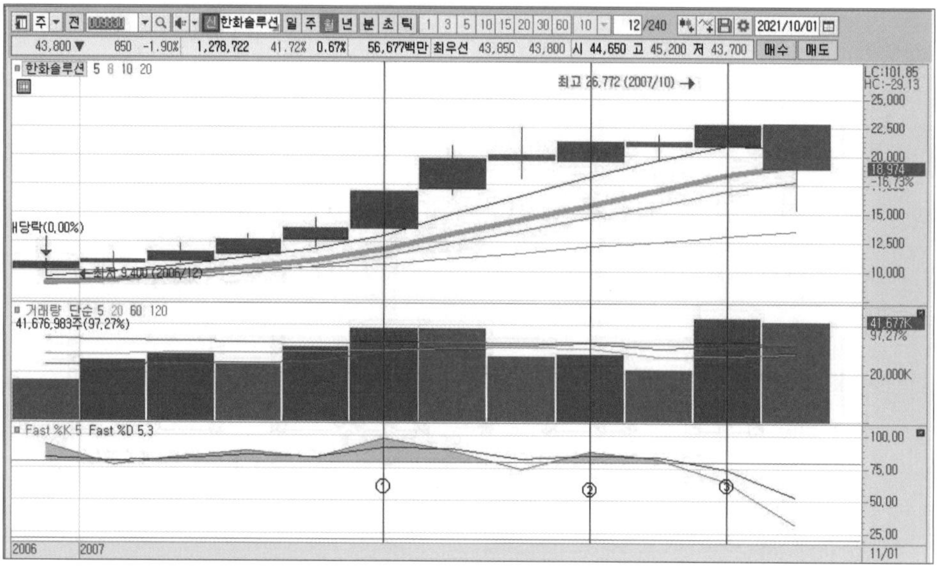

다만, 이론 매매가 아닌 실전 매매에서는 꼭 필요한 지표만 봐야 한다. 그리고 지표를 어떤 방식으로 해석하느냐에 따라 나를 방어할 수 있는 무기 아니면 나를 해치는 위험한 연장이 될 수 있다.

나는 8억 원이라는 피눈물 나는 큰돈을 잃고 값진 경험을 얻었다. 한때 고달픈 생활을 해왔지만 오히려 그 경험으로 오늘날의 내가 있다고 해도 과언이 아니다.

03 돈을 벌 수밖에 없는 나만의 시스템을 만들어라

소액투자로 경험하라

얼마 전 터무니없는 폭리를 취해 논란을 일으킨 약국이 있었다. 마스크, 박카스, 숙취해소제, 반창고 할 것 없이 하나당 5만 원에 판매했는데 법적으로는 이를 규제할 수 없다고 한다. 아무리 급하다 해도 마스크 1장, 박카스 1개, 숙취해소제 1개, 반창고 1개 등을 각각 5만 원에 구입할 수 있겠는가?

주식시장에서는 좋은 경험을 하되 이왕이면 수업료를 적게 내는 것이 좋다. 좋은 상품을 조금이라도 싸게 사려고 하듯이 경험도 최대한 적은 비용으로 쌓는 것이 좋다. 비싼 수업료를 낸다고 빨리 깨닫고, 적은 수업료를 낸다고 늦게 깨닫는 것이 아니다. 또한 비싼 수업료를 낸다고 큰 깨달음을 얻고, 적은 수업료를 낸다고 작은 깨달음을 얻는 것도 아니다. 투자금이 많든 적든 실패의 경험은 똑같다. 편의상 수업료를 냈다고 표현했지만 주식투자에서는 수업료를 '바쳤다'고 표현하는 것이 맞다.

소액투자로 검증하라

많은 고수들이 소액투자로 경험하라고 한다. 그리고 실제 주식투자를 할 때는 레버리지, 즉 신용과 미수를 쓰지 말라고 조언한다. 이 말은 반은 맞고 반은 틀리다. 많은 경험을 쌓아 고수가 되면 주식시장은 그야말로 놀이터가 따로 없다. 상승장, 횡보장, 하락장을 경험하고 1년 이상 꾸준히 수익을 낸다면 신용과 미수를 적절히 사용해도 된다.

그렇다고 공격적으로 매매하라는 뜻이 아니다. 하락장과 횡보장에는 투자 비중을 줄이거나 신용과 미수를 사용하지 않고 매매하더라도 상승장이 왔을 때는 신용과 미수를 적절히 사용할 줄 알아야 한다. 필요할 때는 레버리지를 써야 한다는 것이다.

그렇다면 소액투자의 기준은 얼마일까? 다음과 같이 정리할 수 있다.

1. 10만 원 이하로 투자하라.
2. 종목 비중은 10종목으로 분산투자하라.
3. 종목당 분할매수는 3분할로 하라.
4. 미수, 신용을 적극 활용하라.
5. 10만 원으로 100번의 경험, 즉 1,000만 원을 잃을 생각으로 수많은 경험을 하라.

왜 10만 원으로 투자하라고 할까? 주변에서 피눈물 나는 경험 없이 성공한 사례를 보았는가? 태어날 때부터 고수인 사람은 없다. 수많은 고수들은 깡통을 찬 이후에 성공이라는 달콤한 열매를 맛본 것이다.

나 역시 20번 전후로 수많은 깡통을 경험하면서 여기까지 왔고, 그동안 15억 원이 넘는 수업료를 시장에 갖다 바쳤다. 누군가 나에게 소액투자로 매매해야 하는 이유를 설명해줬다면 긴긴 세월을 어렵게 돌아오지 않았을 것이다.

여러분들은 자신하는가? '나는 예외겠지. 나는 똑똑해서 소액투자를 안 해도 돼'라는 생각을 하고 있는가? 왜 수많은 사람들이 주식투자에 실패할까? 머리가 똑똑하지 않아서인가? 아니면 수익 내는 기법을 몰라서인가? 아니면 투자금이 적어서인가? 단언컨대 그것은 경험 부족 때문이다.

야구에서는 좋은 공이 올 때까지 기다려야 아웃을 당하지 않는다고 했다. 10만 원으로 100번의 깡통을 찬다면 충분히 깨달음을 얻을 것이다. 하지만 처음부터 수천만 원에서 억 단위로 투자해서 깡통을 찬다면 1~10번 이하의 경험을 쌓을 수밖에 없다. 10번 이하의 깡통을 경험하고 깨달음을 얻기란 쉽지 않다.

경험은 확신이 된다

수많은 사람들 중 다이어트에 성공하는 사람들이 과연 몇 명이나 될까? 다이어트하는 방법을 몰라서 실패하는 사람은 단 한 명도 없을 것이다. 유튜브나 포털 사이트에 '다이어트'만 검색해도 온갖 방법들이 나온다.

사람의 뇌는 쾌락과 고통 중 어떤 것에 더 민감할까? 다이어트를 하면 좋다는 것은 누구나 알고 있다. 우선 멋진 몸매를 과시하고 좋은 이미지를 심어줄 수도 있다. 뚱뚱한 몸 때문에 일상생활에서 불편했던 점들도 개선된다.

하지만 사람들은 고통을 먼저 떠올린다. 다이어트를 시작하면 맛있는 스파게티, 라면, 삼겹살, 과자, 탄산음료 등을 먹을 수 없다. 또한 간헐적 단식이라도 한다면 저녁 6시 이후부터 다음 날 오전 12시까지 음식을 먹어서는 안 된다. 다이어트에 성공했을 때의 기쁨보다 당장의 고통이 더 크기 때문에 많은 사람들이 다이어트를 중도에 포기하는 것이다.

담배의 경우도 예를 들어보겠다. 금연하면 건강이 좋아진다는 것은 누구나 알고 있다. 금연하면 담배 찌든 냄새가 나지 않아 사람들에게 좋은 이미지를 심어줄 수도 있다. 하루에 한 갑씩 피운다면 한 달에 담뱃값으로 13만 5,000원을 아낄 수 있다. 금연하면 여러모로 좋은 점이 많다.

앞에서 소액투자를 하면서 100번의 깡통을 차라고 말했다. 100번의 기회를 통해 주식시장에서 그만큼 다양한 경험을 해보라는 뜻이다. 왜 수없이 많은 개인투자자들이 중도에 포기할까?

첫째, 처음부터 소액투자가 아닌 큰돈을 투자하기 때문이다. 가족과 지인들에게 돈을 빌려서 쏟아부으면 더 이상 투자할 금액이 남아 있지 않아 재기하기 쉽지 않다.

둘째, 큰돈을 잃고 나면 부정적인 생각이 앞서기 때문이다. 다시 투자한다 해도 '어느 세월에 내가 잃은 돈을 찾을 수 있을까?', '내가 과연 성공할 수 있을까?'라는 생각이 드는 것이다.

어른들 말씀을 귀담아들어야 한다는 것은 살아온 만큼 경험을 통해 많은 것을 터득했기 때문이다. 많은 경험을 쌓았다는 것은 많은 데이터가 쌓였다는 뜻이다. 실제 본인이 경험한 것이기에 앞으로 어떻게 대처할지 누구보다 잘 알고 있다.

경험으로 증명하라

프로 9단의 바둑기사 이창호는 경기가 끝난 후 승패와 상관없이 복기를 한다. 경기에서 했던 그대로 바둑을 두어보면서 승패의 지점이 어디에 있는지 알아보는 것이다. 이것은 문제를 푼 후에 오답 노트를 작성하는 것과 같다. 바둑의 복기나 오답 노트와 마찬가지로 주식투자에서도 매매일지를 써야 한다.

장기투자, 중기투자, 단기투자 모두 성공했든 실패했든 매매일지를 작성한다. 어디서 매매하면 수익이 나고, 어디서 매매하면 손실이 나는지, 또 어느 때 신용을 쓰면 수익이 극대화되고 손실이 큰지를 기록하고 본인만의 원칙을 만들어 매매해야 수익을 낼 수 있다.

수익과 손실을 반복하다 보면 계좌는 점점 우상향으로 불어날 것이다. 이때 조금 잘된다고 투자금을 늘리면 안 된다. 다시 큰 손실을 보면 정신적으로 붕괴될 수 있기 때문이다. 2배 수익을 세 번 이상 꾸준히 내기 전에는 절대 투자금을 늘려서는 안 된다.

투자금이 크면 수익을 내기가 쉬울까, 아니면 투자금이 적으면 수익을 내기가 쉬울까? 단기매매를 할 때 투자금액이 1억 원 이상인 투자자보다는 1,000만 원 이하인 투자자가 기동성 면에서 당연히 유리하다.

그럼 1억 원이 있으면 2배의 수익을 낼 수 있을까? 10만 원, 100만 원으로 2배를 만들지 못한다면 1,000만 원, 1억 원, 10억 원이 있어도 2배를 만들 수 없다. 이것은 진리다.

10만 원으로 20만 원을 만들고, 20만 원으로 40만 원을 만들고, 40만 원으로 80만 원을 만들었을 때는 어느 정도 투자금액을 늘려도 된다. 그전까지는 절대 투자금을 늘려서는 안 된다.

PART 2

초보 탈출을 위한 기술적 분석의 기본 이해하기

01 봉(캔들) 차트 이해하기

차트의 기본, 양봉과 음봉

봉(캔들) 차트는 일정 기간의 주가 움직임을 막대 모양의 봉으로 나타낸 것이다. 하루의 시가(시작 가격)과 종가(마감 가격)을 모아서

양봉과 음봉

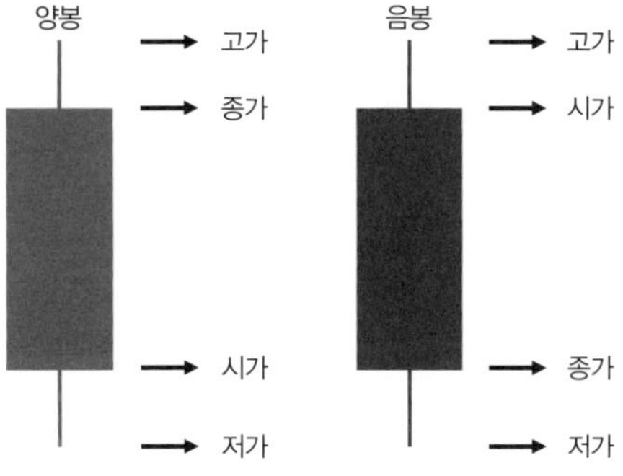

구성한 것을 일봉, 일주일간의 시가와 종가로 구성한 것을 주봉, 한 달간의 시가와 종가로 구성한 것을 월봉이라고 한다.

앞의 그림은 봉 차트를 시가, 고가, 저가, 종가로 나타낸 것이다. 양봉이란 시가보다 종가가 상승한 것이고, 음봉이란 시가보다 종가가 하락한 것이다. 장대양봉은 특별한 기준은 없으나 상하 30% 변동 폭에서 최소 9~13% 이상 상승한 가격으로 마감한 것을 말한다. 반대로 장대음봉은 최소 −9~−13% 이상 하락한 가격으로 마감한 것이다(장대양봉의 정해진 기준은 없다. 최소 9~13%는 내가 정한 값이다).

시가 이해하기

시가는 매수세와 매도세의 힘겨루기에 의해 결정된다. 보통 호재나 악재가 없는 경우 주가 흐름상 시가는 0% 근처에서 시작된다. 최근의 주가가 거래량이 터진 장대양봉으로 상승 또는 큰 상승은 아니지만 지속적인 우상향 추세와 함께 상승한다. 재료가 살아 있다면 시가가 전일 종가보다 높게 형성될 가능성이 높다. 반면 최근의 주가가 하락 추세였고 악재 또한 남아 있다면 시가가 전일 종가보다 낮게 형성될 가능성이 높다.

주의할 점은 전일 세계 증시와 함께 미국의 다우 지수 또는 나스닥 지수가 급락 또는 폭락한 경우 우리나라 증시도 영향을 받을 가능성이 매우 높기 때문에 아무리 호재가 있고 상승 추세가 있는 종목이라 하더라도 시가가 보통의 주가 흐름과는 다르게 하락 출발할 가능성이 높다(이런 경우 탄력적으로 판단하고 대응해야 한다).

종가고가형 양봉이 좋지 않은 이유

상한가인 경우 종가와 고가가 같다는 점을 주의해야 한다. 상한가가 아니더라도 고가가 종가와 같은 것을 종가고가형이라고 하는데 실전에서는 상한가가 아니면 종가고가형은 좋지 않다.

그 이유는 세력들의 입장에서 상한가가 아닌 이상 종가를 다음 날 상승할 것처럼 차트의 모양을 일부러 종가상 만들어 개인투자자들의 매수 참여를 시킬 이유가 없기 때문이다. 내일의 주가를 상승시키려고 한다면 차트를 굳이 좋아 보이게 만들겠는가? 종가고가형이 나오면 장중이 아닌 장마감에 종가고가가 형성될 가능성이 높고, 세력들이 인위적으로 위 꼬리 양봉을 의도적으로 만들지 않았다면 확률상 다음 날 거래 없는 하락 또는 거래 없는 음봉이 나올 가능성이 높다. 아래 그림에서 세력들이 다음 날 주가를 올리기 위해 위 꼬리를 의도적으로 만들었다면 D일의 위 꼬리가 길지 않은 양봉은 D일의 종가고가형 양봉과 다음 날인 D+1일의 음봉을 합친 것으로 해석해도 무방하다.

좀 더 쉽게 설명하면 D−1일과 D+1일을 합친 2일간의 봉(D일＝종가고가형, D+1일＝거래 없는 음봉)을 D일인 위 꼬리 장대양봉(D일의 위 꼬리가 길지 않은 양봉)으로 해석할 수 있다. D일의 봉으로 마감된 경우는 다음 날 주가가 상승하지만, D−1일의 종가

종가고가형 양봉 설명

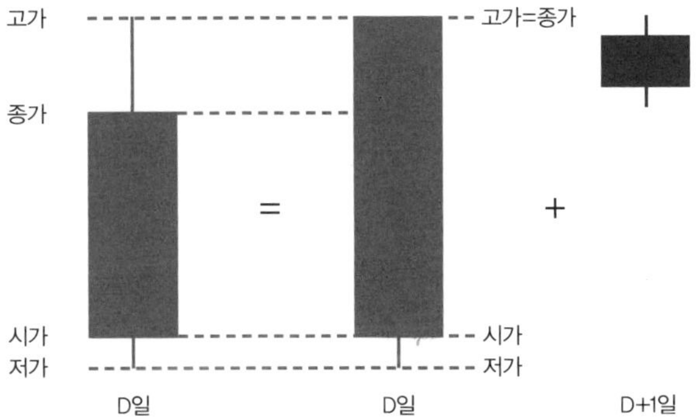

고가인 장대양봉인 경우 세력의 인위적인 개입이 없었으므로 확률상으로 다음 날인 D+1일의 음봉처럼 주가가 상승보다는 하락할 가능성이 상당히 높다.

다음 날 주가가 상승하기 위해서는 왼쪽의 D일처럼 위 꼬리가 반드시 나온 양봉이 좋은데, 오른쪽의 D일은 위 꼬리가 없는 종가고가형이 나왔다. 이런 경우 다음 날 주가가 상승하기보다는 하락할 가능성이 높으니 주가가 하락하는 날 장대음봉으로 대량의의 거래량이 아닌 짧은 단봉으로 거래량이 많이 줄었다면 D+1일의 음봉 다음 날인 D+2일부터 관심을 가져도 된다.

여기서 이런 궁금증이 생길 것이다. 위 꼬리가 없는 종가고가형은 이제 충분히 알겠는데 위 꼬리가 아주 조금 나온 것은 어떻게 대응해야 할까?

꼬리가 아주 살짝 달린 양봉 설명

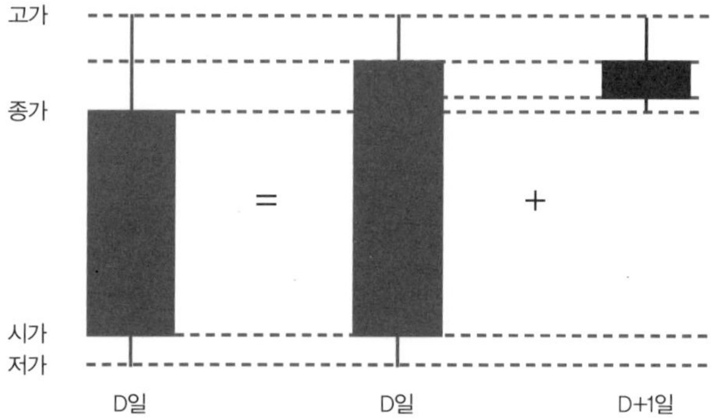

다음 날 주가가 상승하려면 왼쪽의 D일처럼 위 꼬리가 양봉 몸통의 3분의 1 정도가 좋은데, 오른쪽 D일을 보면 위 꼬리가 아주 짧은 종가고가형이 나왔다. 그렇다면 종가고가형이 아닌 위 꼬리가 아주 짧은 양봉은 어떻게 해석해야 할까?

왼쪽 D일은 양봉 몸통의 3분의 1 이하로 위 꼬리가 나오는 것이 좋다. 위 꼬리가 양봉의 몸통보다 더 길면 좋지 않다고 볼 수 있다. 오른쪽 위 꼬리가 아주 짧게 나온 경우도 종가고가형으로 볼 수 있는데 실전에서 매매했던 경험으로 보면 2% 이내의 경우는 종가고가형으로 보는 것이 좋다.

많은 초보 개미들이 위 꼬리가 없는 종가고가형은 무조건 나쁘다고 생각할 수 있는데 유연하게 판단해야 한다. 주가가 상승하는 우상향 추세에서 종가고가형의 봉은 다음 날 추가적인 상승보다는 하락할 가능성이 높고, 종가고가형이 아니더라도 장대양봉에서 위 꼬리가 2% 이내인 경우도 종가고가형 양봉으로 간주해도 무방하다.

저가 이해하기

음봉에서 안 좋은 봉과 좋은 봉을 알아보자.

앞에서 상한가가 아닌 종가고가를 제외하고 상한가를 간 것이 좋은 봉이라고 했다. 그럼 저가인 경우 하한가로 가는 것이 좋은 봉인가, 나쁜 봉인가? 주가의 현재 위치에 따라 봉을 해석하는 데 차이가 있다. 주식투자는 100%라는 것이 없다. 수학처럼 딱 떨어지지는 않지만, 보통의 주가 흐름상 확률적으로 보면 하한가는 대부분 좋지 않다고 해석하는 것이 맞다.

또한 종가와 저가가 같은 봉을 종가저가형이라고 하는데 이 또한 좋은 봉이 아니다. 왜냐하면 주가가 상승해야 하는 구간에 다음 날도 상승하려면 어느 가격대에서는 지지가 있어야 하는데 아래 꼬리가 없다는 것은 지지가 없다는 것을 말하기 때문이다.

좋은 음봉과 나쁜 음봉의 예시

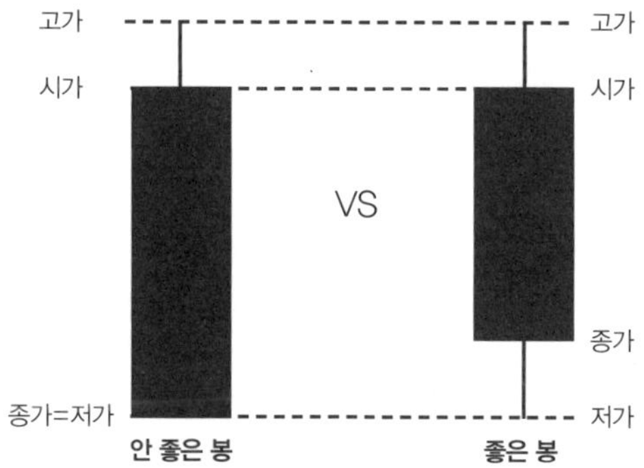

종가가 저가로 마감했다면 세력들이 당일의 주가를 방어했다고 볼 수 없기 때문에 대부분 다음 날도 주가가 하락한다.

그럼 반대로 좋은 음봉은 어떤 것일까? 주가가 바닥권에 있든 상승 추세에 있든 장대음봉은 좋지 않다. 게다가 대량의 거래량과 함께 하한가로 마감한 종목은 대체로 악재가 나온 경우가 많다. 실전에서는 쳐다봐서는 안 되는 종목이며, 장중에 악재가 나왔다면 단기매매인 경우 반드시 손절매해야 한다. 상승 추세에서 주가가 향후 상승을 좀 더 하려면 지지가 있어야 하며 아래 꼬리가 달린 것이 좋은 봉이다.

종가 이해하기

종가는 말 그대로 3시 20분에 동시 호가가 들어가고 3시 30분에 마감된 가격이다. 그렇다면 좋게 마감된 종가와 좋지 않게 마감된 종가를 알아보자.

아래 나와 있는 도표 가)와 나) 둘 다 좋은 봉이다. 가)에서 ②번 봉과 나)에서 ④번

좋은 종가의 예시

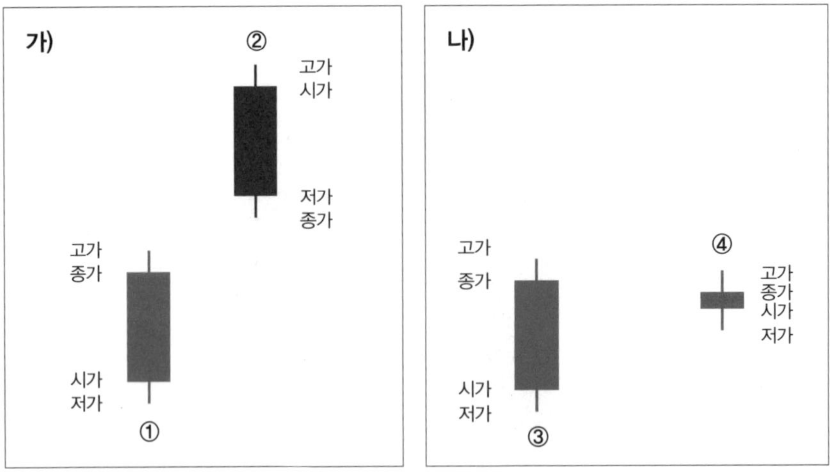

봉은 모두 좋은 봉이다. 쉽게 이해하기 위해서 조금 극단적으로 예시를 들었다. 가)의 ②번은 음봉이 나왔지만 전날 고가 위에서 종가가 마감했다. 이런 경우 ①번의 종가로 마감된 종가를 터치조차 하지 않았기 때문에 아주 좋은 봉이라고 해석할 수 있다. 음봉이라고 해서 무조건 나쁘다는 생각을 버려야 한다. 음봉이어도 전날의 종가보다 높게 마감되었다면 음봉의 길이가 길지 않고 거래량도 많이 줄었다는 가정하에 좋은 봉이라 할 수 있다.

나)의 ④번 봉은 가)의 ②번 봉보다 좋지 않다. ①번 봉에 매수하여 보유했던 사람들 모두가 ②번 봉에서 팔지 않았다는 가정하에 ①번 봉보다 ②번 봉이 음봉이기는 하지만 주가는 상승으로 마감했기 때문이다.

그럼 나)의 ④번 봉은 나쁜 봉인가? 아니다. 우선순위에서 가)의 ②번 봉이 더 좋다는 것이지 나)의 ④번 봉도 좋다. 나)의 ④번 봉은 ③번 장대양봉의 허리(장대양봉의 시가+종가/2)를 터치하지 않았기 때문에 좋다고 할 수 있으며, ④번 봉의 시가가 ③번 봉의 종가보다 낮게 시작했기 때문에 양봉으로 마감된 것이 플러스 요인이다. 다만 나)의 ④번 봉은 종가상 양봉으로 상승 마감했지만 전날인 나)의 ③번 봉 종가보다 가격이 하락했기 때문에 가)의 ②번 봉보다 좋다고 할 수는 없다.

정리하면, 음봉이라고 하더라도 전날의 종가 위에서 끝나는 경우 대량의 장대음봉이 아니라면 좋은 봉이라고 해석할 수 있다. 양봉이라 하더라도 전날의 종가보다 +가 된다는 보장은 없다. 전날 종가보다 시가가 낮게 형성되는 경우 양봉이라고 할지라도 전날의 종가 아래에서 봉이 마감된다면 전날보다 −가 되는 것이다.

장대양봉 다음 날 전날의 머리를 터치하지 않았거나, 터치했다 하더라도 종가상으로 전날의 종가 위에서 마감되었다면 좋은 봉으로 해석할 수 있다. 장대양봉 다음 날 전날의 허리를 침범하지 않은 것이 좋은 봉이며 허리를 침범했다 하더라도 종가상으로 허리 위에서 마감되었다면 좋은 봉으로 해석할 수 있다.

나쁜 종가의 예시

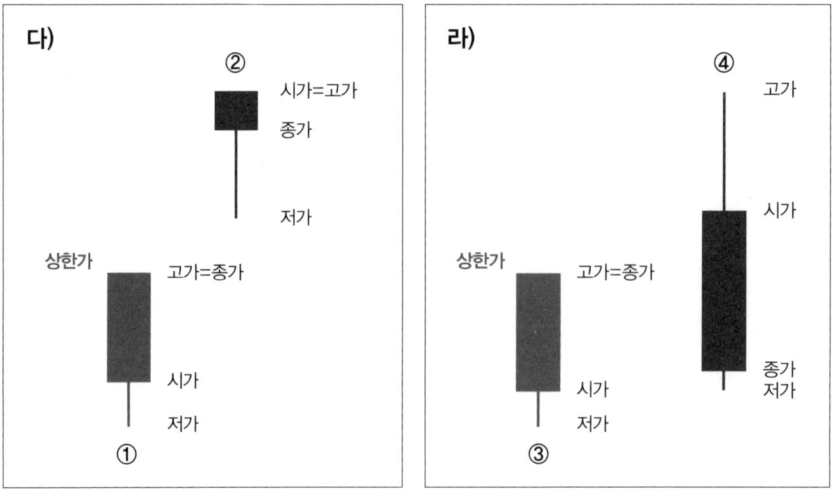

다음은 좋지 않은 봉을 예시로 알아보자. 다)와 라) 모두 좋지 않은 봉이다. 다)의 ②번 봉은 종가상으로 음봉이기는 하지만 아래 꼬리가 나오고 전날 상한가의 종가보다 더 높은 봉으로 상승 마감했다. 주가의 위치에 따라 해석의 차이는 분명 있지만, 좀 더 쉽게 이해하기 위해 거래량을 넣어서 알아보자. 다)의 ②번 봉은 시가가 높게 형성된 것을 볼 수 있다.

다)의 ①번 상한가로 마감한 봉의 거래량이 1,000만 주, 다)의 ②번 봉의 거래량이 2,000만 주라고 가정해보자. 상·하한가가 +30~−30% 구간에서 대량의 장대양봉으로 상한가를 가는 것은 웬만큼 좋은 호재가 아니고서는 상한가로 마감하기 쉽지 않다. 그럼에도 불구하고 1,000만 주 이상의 거래량을 터트리며 상한가를 갔다고 하자. 이런 경우 보편적으로 다음 날 또는 그다음 날 주가가 거래 없는 음봉으로 쉬었다 다시 가는 경우가 대부분이다.

다)의 ②번 봉 거래량이 2,000만 주라고 했을 때 아래 꼬리가 길면 지지를 받는다고 생각할 수 있지만 전날 상한가로 마감하고 시가가 높게 시작한 위치에서 아래 꼬리가 길다는 것은 다)의 ①번 봉 머리를 터치하지 않았다고 하더라도 누군가 매도를 많이 해서 거래량이 터졌다고 생각해야 한다.

다)의 ①번 봉에서 거래량이 1,000만 주로 마감되었다면, 다)의 ②번 봉에서는 거래량 대비 20~40% 이내에서 양봉이든 음봉으로 마감하는 것이 좋은 봉이다. 하지만 다)의 ①번 봉 거래량보다 ②번 봉 거래량이 200% 많기 때문에 좋은 차트라고 볼 수 없다.

라)의 ④번 봉은 라)의 ③번 봉 거래량이 많든 적든 상관없이 머리를 터치했기 때문에 좋지 않은 봉이다. 라)의 ③번 봉은 엄청난 돈을 들여 상한가로 마감했음에도 불구하고 라)의 ④번 봉이 허리(③번 봉의 시가+종가/2)를 침범했기에 좋지 않은 봉으로 해석할 수 있다.

이런 경우 다음 날 라)의 ④번 봉의 시가가 어떻게 출발하는지 봐야 한다. 다음 날 시가가 – 출발과 동시에 라)의 ③번 봉 시가 또는 저가를 침범하는 경우 해당 종목은 단기적으로 끝났다고 해석해도 된다. 다음 날 시가가 + 출발을 한다면 다시 매매할 수 있다.

02 이동평균선 이해하기

단기, 중기, 장기 이동평균선 이해하기

가치투자나 재무제표로 매매하는 사람들은 기술적 분석에서 이동평균선으로 매매할 필요 없다. 하지만 장기적 관점에서 장기이동평균선을 참고하면 많은 도움이 된다. 단기이동평균선, 중기이동평균선, 장기이동평균선에 대해 알아보자.

- 단기이동평균선: 3일선, 5일선, 8일선, 10일선, 13일선, 15일선
- 중기이동평균선: 20일선, 33일선, 60일선
- 장기이동평균선: 120일선, 240일선, 480일선

3일 이동평균선(급등주선)

3일 이동평균선은 급등주 매매를 할 때 꼭 필요한 선이다. 이동평균선을 보지 않고 매매한다면 주가가 현재 위치에서 얼마나 강한지 약한지 알 수 없다. 따라서 급등주 매매를 권장하지는 않지만 소액으로 경험을 쌓고 단기매매에 익숙해지기 위해서는 꼭 알아두어야 한다.

주가가 급등할 때 3일 이동평균선이 일봉상 볼린저밴드(Bollinger Bands) 상단선과 비슷한 위치에 있고 45도 이상 또는 60도 이상인 경우 아주 강한 종목이라 할 수 있다. 단, 모든 이동평균선의 특성상 기준이 되는 이동평균선 대비 주가가 급등해 이격이 벌어진다면 대부분 회귀하는 성향이 있으니 이격이 벌어진 경우에는 바로 매매하는 것보다 욕심을 버리고 이격이 좁혀질 때까지 기다렸다가 지지받을 때 매매하는 것도 하나의 방법이다.

주가가 3일 이동평균선 위에 있으며 3일 이동평균선의 각도가 60도로 강한 종목이고 호가창에서 강한 흐름이 보여 매수했는데 상승하는 듯하다 떨어지면서 3일 이동평균선을 이탈할 경우에는 눈물을 머금고 손절매해야 한다. 왜냐하면 일봉상 3일 이동평균선이 볼린저밴드 상단선과 비슷한 위치인 경우 3일 이동평균선을 하향 이탈한다는 것은 일봉상 볼린저밴드 상단선 밖에 있던 종목이 볼린저밴드 안으로 들어온다는 것으로 볼린저밴드의 특성상 그 안에서 움직일 확률이 95.44%이기 때문이다.

가장 좋은 매수 급소는 손절매 근처에서 잡는 것이다. 따라서 주가가 3일 이동평균선 근처에서 이격이 없는 경우에 분할로 매수하고 이탈할 때는 짧게 손절매하는 것이 바람직한 매매 방법이다.

5일 이동평균선(생명선)

초단기매매가 아닌 이상 단기매매에서 가장 중요한 것이 5일 이동평균선이다. 장기, 중기, 단기, 즉 모든 이동평균선이 정배열이고 단기이동평균선이 정배열 초기라면 보통 주가가 급등하고 다시 가격 조정 또는 시간 조정을 거친 후 최초로 지지받는 선이 5일 이동평균선이다.

상승 추세인 종목에서 5일 이동평균선을 돌파할 때가 최초 매수 시점이며, 주가가 5일 이동평균선 위에 있던 종목이 다시 5일 이동평균선을 이탈할 때가 매도 시점이다. 장기, 중기, 단기 이동평균선이 정배열인 경우 5일 이동평균선을 잠시 이탈했어도 분출 초기로 며칠 이내에 다시 5일 이동평균선을 재탈환하는 경우가 많다. 5일 이동평균선을 이탈했다 하더라도 해당 종목을 관심 종목에서 삭제하지 말고, 지속적인 모니터링을 통해 다시 5일 이동평균선을 돌파하는지 꼭 확인한다.

5일 이동평균선을 이탈하여 해당 종목에 손실을 입었다고 하더라도 손실을 본 종목이 다시 5일 이동평균선을 재탈환하여 돌파 시도를 하는 경우 위축되지 말고 다시 재매수하여 5일 이동평균선을 이탈하기 전까지 수익을 낼 줄 알아야 한다.

또한 주가가 급등한 후 5일 이동평균선의 각도가 45도 이상인 상황에서 다음 날과 그다음 날의 주가가 거래 없는 음봉으로 마감했더라도 주가가 5일선 위에 있다면 세력들이 단기적으로 이탈했다고 판단하기 어렵기 때문에 5일 이동평균선을 이탈하기 전까지는 보유해도 된다.

8일, 10일, 13일, 15일 이동평균선

모든 이동평균선이 정배열이며 단기이동평균선이 정배열 초기라면 주가가 1~2일 또는 5~10일 가격 조정과 시간 조정을 보인 이후 재차 상승하는 경우가 많다. 8일, 10일, 13일, 15일 이동평균선 근처에서 주가가 지지를 받는지 계속 지켜보다 지지를 받는 모습이 보인다면 분할로 매수하는 것도 하나의 방법이다.

이때 양봉이든 음봉이든 상관없으나, 양봉보다는 몸통이 짧은 음봉이 좋으며 거래량이 없는 음봉인 경우 신뢰도가 높다. 양봉보다 음봉이 좋다고 말하는 이유는 몸통이 짧은 거래 없는 양봉에서 8일 이동평균선 또는 10일 이동평균선을 지지받는 척하다가 다시 한 번 하락해 13일 이동평균선 또는 15일 이동평균선에서 지지받고 상승하는 경우도 있기 때문이다. 따라서 8일 이동평균선, 10일 이동평균선에서 거래 없는 양봉은 각별히 조심해야 한다.

8일, 10일, 13일, 15일 이동평균선에서 지지받을 때 이벤트가 있는 종목, 즉 해당 재료의 일정이 아직 살아 있는 종목을 매매하면 수익이 날 가능성이 높다.

20일 이동평균선(세력선)

20일 이동평균선은 세력선이라고 한다. 단기적으로 엄청난 호재가 나타나 주가가 상승하는 경우를 제외하고는 주가를 끌어올리는 세력의 기준이 되는 선이 20일 이동평균선이기에 아주 중요한 선이다.

장기이동평균선이 정배열이 되기까지는 빠르게 급등하는 경우를 제외하고 최소 6개월~2년이 걸린다. 중기이동평균선 역시 정배열이 되려면 빠르게 급등하는 경우를 제외하고 최소 3~6개월 걸린다. 즉, 장기이동평균선은 정말 미미한 거래량으로 최소 6개월~2년 동안 주가가 횡보하는 경우가 대부분이다. 이렇게 긴 시간 동안 횡보하다 대량의 거래량을 동반한 상승으로 단기이동평균선이 정배열이 되는 시점이 오는데 이때부터 해당 종목에 관심을 가져야 한다. 중기이동평균선 역시 동일하다.('PART 2 03 정배열, 역배열 이해하기' 참고)

장기이동평균선과 중기이동평균선이 정배열인 경우 단기이동평균선이 정배열 초기에서 주가가 상승하는 척하다 하락한다. 단기이동평균선을 속일 수는 있어도 장기이동평균선과 중기이동평균선이 정배열이기 때문에 보통의 경우 다시 1~3개월 이내의 단기이동평균선을 정배열로 만든 후 다시 상승하는 이유가 그 때문이다.

좋은 재료는 명분이 있어야 한다. 요즘은 개인투자자들이 상당히 똑똑해져서 세력들도 명분 없이 상승시키는 경우가 드물다. 명분 없이 상승한다고 하더라도 평소 관심종목이 아니라서 매매하지 않는다면 손해 볼 일도 없다.

5일 이동평균선을 타고 상승하던 주가가 5일 이동평균선과 20일 이동평균선의 이격도 때문에 다시 20일 이동평균선 근처까지 내려와서 쉬어 간다. 이때 해당 재료의 일정이 살아 있다면 20일 이동평균선에서 최근 며칠간의 일별 거래량보다 대량 거래량이 터질 때가 단기적으로 매수 신호이다.

33일 이동평균선(외국인선)

20일 이동평균선은 개인, 기관, 외국인 할 것 없이 중요하게 보는 선이다. 따라서 20일 이동평균선에서 맹신하는 개미들을 한 번 더 따돌리고 반등하는 선이 33일선인데 외국인들이 많이 본다고 하여 외국인선이라고 한다. 장기이동평균선, 중기이동평균선이 정배열인 경우 20일 이동평균선과 60일 이동평균선 사이에 있다고 보면 된다.

주가가 20일 이동평균선에서 지지를 받기에 상승할 것으로 보고 매수했는데, 예상과 다르게 떨어졌다면 해당 종목을 삭제하지 말고 33일 이동평균선에서 지지를 받는지 봐야 한다. 15도 이상의 33일 이동평균선이 우상향하면서 일봉상 또는 120분봉, 180분봉, 240분봉이 볼린저밴드 하단선에 근접해 있으면서 33일선과 겹친다면 반등할 가능성이 매우 높으니 당일 포함하여 5일 동안 분할매수를 하면 수익을 올릴 수 있다.

코리아써키트 일봉 33일선 지지받는 모습

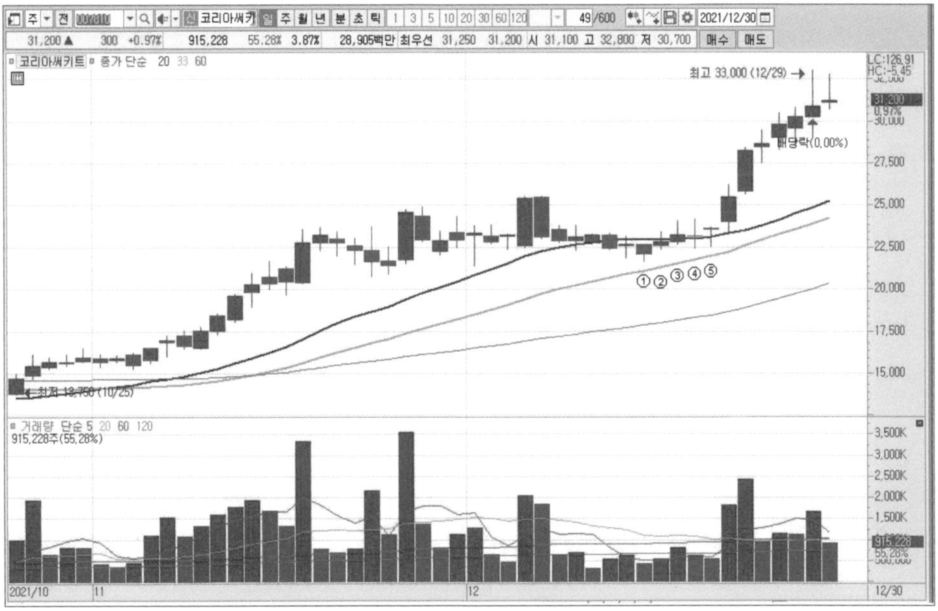

코리아써키트의 일봉을 보면 20일선인 파란 선을 이탈하고 33일선인 노란 선 근처에서 지지받는 모습이 보인다.

60일 이동평균선

추세매매를 할 때 좋은 이동평균선이다. 33일 이동평균선까지는 너무 빠르다는 단점이 있고, 120일 이동평균선 이상은 너무 느리다는 단점이 있다. 이동평균선 역시 후행성 지표인데 그나마 선행성 지표처럼 사용할 수 있는 것이 60일 이동평균선이다.

주가가 60일 이동평균선 위에 있고 우상향을 한다면 상승 추세로 판단하고, 주가가 60일 이동평균선 아래에 있고 우하향을 한다면 하락 추세로 판단할 수 있다.

단기매매를 할 때는 60일 이동평균선이 크게 중요하지 않을 수 있으나, 큰 금액으로 포지션 매매를 하는 경우 60일 이동평균선을 기준으로 삼는 것이 좋다. 초보자들은 단기이동평균선이 정배열되었어도 해당 종목의 주가가 60일 이동평균선 아래 있다면 역배열 초기 구간이기 때문에 많은 경험이 쌓이기 전까지는 절대 매매하면 안 된다.

120일 이동평균선(경기선)

주가는 6개월 정도 국내 경기보다 선행한다는 말이 있다. 한 달 거래 일수를 평균 20일이라고 한다면 120일은 6개월이므로 경기선이라고 부른다.

120일 이동평균선은 저항과 지지를 살필 때 매우 유용한 이동평균선이다. 다만 240일 이동평균선과 480일 이동평균선을 함께 보는 것이 신뢰도가 높다.

240일, 480일 이동평균선

120일, 240일, 480일 이동평균선을 장기이동평균선이라고 부른다. 최근 2년 이내에 상장된 주식은 기간값으로 인해 480일선이 나타나지 않기 때문에 360일선을 대신해도 좋다.

240일, 480일 이동평균선은 배열과 각도만 봐도 현재 상승 추세인지 하락 추세인지 알 수 있다. 수익을 내려면 당연히 상승하는 주식을 매매해야 한다. 120일, 240일, 480일 이동평균선이 주가보다 위에 있는 역배열 종목이 아니라 주가 아래에 있고 우상향 각도가 최소 30도 이상인 종목으로 매매해야 수익을 낼 수 있다.

단기매매로 수익을 내려고 했다가 어쩔 수 없이 장기투자를 하게 되었다면 역배열 상황에서 240일, 480일 장기이동평균선이 우하향으로 내려오는 상황에서 주가가 일시적으로 급등하여 240일 또는 480일 이동평균선에 닿거나 근처에 왔다면 눈물을 머금고 손절매하는 것이 바람직하다. 또한 단기매매로 주가가 급등한다고 하더라도 역배열인 종목은 아예 쳐다보지 않아야 한다.

03 정배열, 역배열 이해하기

완전정배열, 중기정배열, 단기정배열

정배열은 상승 추세에서 주로 나타나고, 역배열은 하락 추세에서 주로 나타난다. 모든 종목이 그런 것은 아니지만 상승 추세에서는 정배열의 종목 수가 많고, 하락 추세에서는 역배열의 종목 수가 많다고 보면 된다.

정배열은 위부터 단기이동평균선, 중기이동평균선, 장기이동평균선 순으로 배열된 것을 말하고, 반대로 역배열은 위부터 장기이동평균선, 중기이동평균선, 단기이동평균선 순으로 배열된 것을 말한다.

- 정배열: 장기이동평균선 〈 중기이동평균선 〈 단기이동평균선
- 역배열: 단기이동평균선 〈 중기이동평균선 〈 장기이동평균선

정배열은 다시 장기이동평균선, 중기이동평균선, 단기이동평균선의 배열에 따라 완전(장기)정배열, 중기정배열, 단기정배열로 세분화된다.

완전정배열은 위부터 단기이동평균선, 중기이동평균선, 장기이동평균선 순으로 배열된 것을 말한다(완전정배열 : 장기이동평균선〈중기이동평균선〈단기이동평균선).

중기정배열은 위부터 중기이동평균선, 장기이동평균선 순으로 배열된 것을 말한다. 이때 장기이동평균선과 중기이동평균선이 정배열되었다는 것은 오랜 기간 주가가 바닥부터 하락 없이 우상향했다는 것이다. 이때 단기이동평균선의 위치는 크게 중요하지 않기 때문에 단기매매를 하지 않는 한 단기이동평균선은 무시해도 된다(중기정배열 : 장기이동평균선〈중기이동평균선＝단기이동평균선).

단기정배열은 위부터 단기이동평균선, 중기이동평균선 순으로 배열된 것을 말하고, 중기이동평균선과 장기이동평균선은 가격대가 비슷한 위치에 있는 경우를 말한다(단기정배열 : 장기이동평균선＝중기이동평균선〈단기이동평균선).

완전(장기)역배열, 중기역배열, 단기역배열

역배열 또한 장기이동평균선, 중기이동평균선, 단기이동평균선의 배열에 따라 완전(장기)역배열, 중기역배열, 단기역배열로 세분화할 수 있다.

완전역배열은 위부터 장기이동평균선, 중기이동평균선, 단기이동평균선 순으로 배열된 것을 말한다(완전역배열 : 단기이동평균선〈중기이동평균선〈장기이동평균선).

중기역배열은 위부터 장기이동평균선, 중기이동평균선 순으로 배열된 것을 말하는데, 이때 단기이동평균선이 중기이동평균선을 정배열로 만드는 과정에 있는 종목인 경우 해당 산업이 침체기에서 벗어서 활황기로 가려는 단계라고 할 수 있다. 이 경우 기업분석을 해보면 실적 부진에서 실적 향상 또는 내부적으로 개인투자자들이 모르는 호재가 숨어 있을 가능성도 있으니 장기적인 관점에서 틈틈이 주가 흐름을 파악해야 한다. 이러한 종목은 단기정배열로 가는지 틈틈이 확인한다(중기역배열 : 단기이동평균선 = 중기이동평균선〈장기이동평균선).

단기역배열은 위부터 단기이동평균선, 중기이동평균선 순으로 배열되어 있고, 중기이동평균선과 장기이동평균선은 가격대가 비슷한 위치에 있는 경우를 말한다(단기역배열 : 단기이동평균선〈중기이동평균선 = 장기이동평균선).

다음은 완전정배열, 중기정배열, 단기정배열에서 매매하는 방법을 알아보자.

완전 정배열

실전에서는 장기, 중기, 단기 이동평균선 모두 완전정배열인 경우 주가가 많이 상승한다. 이때는 장기, 중기, 단기 이동평균선의 이격도가 벌어지기 전에 매매하는 것이 좋은데 완전정배열에서도 초기 구간에서 매매하는 것이 바람직하다.

완전정배열 초기에서 매매해야 할 것은 중기이동평균선이 장기이동평균선보다 위에 있는 상태에서 주가가 일정 부분 거래 없이 1~2개월 전후로 횡보하다가 재차 상승하는 종목군이다. 단기이동평균선이 장기이동평균선과 중기이동평균선을 이미 긴 시간 동안 장악했기에 단기이동평균선이 정배열되면 주가가 급등할 가능성이 높다.

하지만 이론상으로는 그런 매매가 가능하나 실전에서는 후행성인 단기이동평균선이 정배열된 이후에 주가가 상승한다는 100% 보장이 없기 때문에 장기이동평균선과 중기이동평균선이 정배열인 상황에서 주가가 단기이동평균선인 5일선, 10일선에서 거래 없는 양봉이 나온다면 분할매수하고 주가가 대량의 거래량과 함께 급등할 때 마지막 물량을 매수하는 것이 바람직하다.

중기 정배열

중·장기투자를 하거나 가치투자를 하는 사람들은 중기정배열 종목을 발견했다면 시간은 조금 걸릴 수 있지만 중기이동평균선이 장기이동평균선을 장악(중기이동평균선이 장기이동평균선보다 위에 있다는 뜻이다)했기에 완전정배열 초기에서 완전정배열 말기로 주가가 상승할 가능성이 높으니 중·장기매매를 하기 좋은 타이밍이다.

하지만 스윙 트레이딩(Swing Trading, 하루나 며칠 간격으로 매매해서 이익을 얻는 기법) 이상으로 짧은 단기매매를 원하는 경우에는 장기적으로 너무 지루할 수 있으니 일단 관심종목에 등록하고 일평균 300~500% 이상 거래량이 발생한다면 스윙 이상의 매매를 하는 것도 조금 비싸게 사기는 하지만 오래 기다리지 않는 장점이 있다.

단기 정배열

단기정배열은 상승 초기 단기정배열과 하락 초기 단기정배열 2가지로 구분된다. 상승 초기 단기정배열은 최근 주가가 단기역배열에서 단기정배열로 가는 과정을 말하며, 하락 초기 단기정배열은 최근 주가가 완전정배열에서 단기정배열로 가는 과정을 말한다. 실전에서는 장기적인 관점에서 상승 초기 단기정배열이 좋으며, 하락 초기 단기정배열은 10종목 중 다시 상승하는 종목들이 확률상 3종목이라면 하락할 가능성이 7종목이므로 장기이동평균선의 지지를 보고 매수했다 하더라도 10~20% 전후로 수익을 내고 나오는 것이 바람직하다.

다음은 완전역배열, 중기역배열, 단기역배열에서 매매하는 방법을 알아보자.

완전 역배열

주식은 매수 후 상승해야 수익이 나는 투자이기 때문에 완전역배열에서는 절대 매매하지 않는다.

중기 역배열

단기매매는 가능하나 해당 종목의 재료 크기를 파악할 줄 알아야 하며, 코스피, 코스닥 상승장에서만 짧게 수익을 얻고 빠져나오는 것을 추천한다. 하락장에서는 절대 매매하지 않는 것이 좋으며 초보자는 코스피, 코스닥의 상승장, 하락장 상관없이 매매하지 않는 것이 바람직하다.

중기역배열에서는 매각, 인수, 합병 공시 외에 매매하지 않아야 한다. 왜냐하면 대형 호재는 역배열 차트와 상관없이 주가가 상승할 가능성이 높지만 그 외에는 단발성으로 상승하더라도 단기간에 호재가 끝나면 다시 장기이동평균선이 우하향할 경우 자칫 큰 피해를 입을 수 있다.

또한 역배열 차트에서 대형 호재가 나왔다고 할지라도 실제로 확실하고 유효한 재료인지 반드시 파악해야 한다. 매각, 인수, 합병 등의 대형 호재라고 할지라도 거짓 정보로 역이용하여 주가를 팔아치우는 파렴치한 세력들도 있으니 주의한다.

단기 역배열

장기이동평균선과 중기이동평균선이 수렴했다(장기이동평균선 = 중기이동평균선)는 것은 최근 6개월~1년간 거래량이 터진 장대양봉이 어느 정도 발생했다는 것을 의미한다. 장기이동평균선과 중기이동평균선의 평균값이 추후 상승 시 세력들의 평균 단가일 가능성이 매우 높다.

단기역배열에서도 가급적 매매하지 않는 것이 바람직하지만, 중기 이동평균선과 장기이동평균선이 수렴했다는 것은 특정 세력이 최근 6개월~1년간 주가 관리를 하고 있다는 뜻이다. 이런 종목은 개인투자자들이 모르는 재료가 내포되어 있을 가능성이 높으니 네이버 종토방(jongto.net) 또는 다트(dart.fss.or.kr) 전자공시에 들어가서 해당 종목에 어떠한 호재가 있는지 확인한다.

또한 단기역배열 차트에서는 중기 이동평균선과 장기이동평균선이 수렴했기에 언제든지 개인투자자들이 모르는 재료와 함께 거래량을 터트리며 상승 초기 단기이동평균선을 정배열로 만들 가능성이 높으니 관심 종목에 등록하여 일평균 거래량이 300~500% 이상 되는 시점을 수시로 확인한다.

기간값이 길수록 이동평균선의 신뢰도는 더 높다. 가령 정배열 구간에서 단기이동평균선인 3일선, 5일선, 8일선, 10일선, 15일선을 지지받는 것보다 중기이동평균선인 20일선, 60일선을 지지받을 가능성이 높으며, 장기이동평균선인 120일, 240일, 480일 이동평균선을 지지받을 가능성이 매우 높다. 반대로 역배열 구간에서 단기이동평균선을 장악(정배열)한 상태에서 중기이동평균선보다 장기이동평균선이 저항으로 작용할 가능성이 매우 높다.

역배열에서는 중기이동평균선인 20일 이동평균선과 60일 이동평균선이 정배열이라 할지라도 머리 위에 장기이동평균선인 120일선, 240일선, 480일선이 있다면 단기매매도 가급적 하지 않는 것이 바람직하다. 반대로 정배열에서는 주가가 60일 이동평균선을 지지받고 재차 상승할지라도 단기적인 관점에서는 20일 이동평균선을 돌파한 뒤부터 관심을 갖는 것이 좋다. 왜냐하면 60일 이동평균선에서 지지받고 상승하는 척하다 20일선에서 저항을 맞고 하락할 경우 20일선과 60일선의 이격이 좁혀져 상승보다는 횡보 하락할 가능성이 높기 때문이다.

04 거래량 이해하기

거래량의 수요와 공급 이해하기

단기매매이든 중·장기매매이든 주식매매의 특성상 싸게 사서 비싸게 팔아야 수익을 낼 수 있다. 이동평균선이나 특정 지표, 거래량 분석 등 여러 가지 지표 중에서 가장 해석하기 어렵고 까다로운 것이 거래량이다. 거래량은 다른 후행성 지표와 다르게 선행성 지표로 볼 수 있기 때문에 잘만 해석한다면 그 어떤 지표보다 수익을 내는 데 탁월하다.

주가는 거래량의 그림자이며, 거래량은 세력들의 지나간 발자취라고 한다. 여기서 거래량의 원리를 하나 설명하려고 한다. 거래량의 원리를 알아야 거래량을 조금 더 쉽게 이해할 수 있기 때문이다.

주가가 상승하기 위해서는 거래량이 필수적으로 동반되어야 한다는 사실은 누구나 알 것이다. 초대박 호재로 인한 점상한가를 제외하고 말이다. 예를 들어 1년간 거래량 없이 횡보한 주가가 바닥권에서 일평균 거래량의 1,000% 이상 거래되면서 주가가 급등한다고 하자. 바닥권에서 오랜 기간 손실을 본 개인투자자들의 매도세가 많아서 거래량이 증가한 것일까, 아니면 매수세가 많은 것일까? 자전거래가 아닌 이상 주가가 상승할 때 거래량이 반드시 늘어나는 이유는 매수하려는 사람들이 매도하려는 사람들보다 월등히 많기 때문이다.

그렇다면 반대로 주가가 하락할 때 거래량이 줄어드는 것은 매도하는 사람들이 줄어서일까, 아니면 매수하려는 사람들이 줄어서일까? 주가가 하락할 때 거래량이 줄어드는 것은 매수하려는 사람들이 줄어들었기 때문이다. 주식은 일반적인 수요와 공급의 법칙으로 이해하면 안 된다.

거래량은 매수 주체가 기준이 된다

조금 더 쉽게 풀어서 설명해보자. 주식을 매수하는 이유는 수익을 내기 위함이다. 따라서 내가 해당 종목을 보유하고 있고 수익을 내기 위해서는 팔아야 한다. 하지만 내가 팔아야 할 수량만큼 호가창에 매수할 수요가 없다면 매도 자체를 할 수 없다. 거래량이 증가한다는 것은 반드시 매수하려는 수요가 있어야 한다.

주식 경력이 조금 있는 사람들은 다음과 같은 질문을 할 것이다. "고점에서 대량의 거래량이 터지고 장대음봉이 나오는 것은 매수세가 많기 때문인데, 장대음봉이어도 상승으로 봐야 하나요?"

아니다. 세력들이 저가에서 매집한 물량을 자전거래로 좀 더 올라갈 것처럼 유혹해서 개인투자자들에게 떠넘기려는 트릭으로 봐야 한다.

입대하기 전에 3주간의 훈련병을 거치는데, 일명 '막타워'라고 하는 공수훈련탑이 있다. 인간이 가장 공포를 느끼는 11미터 높이의 막타워를 처음 타보는 훈련병은 정말 무섭게 느껴질 것이다. 하지만 좀 더 높은 위치에서 아래를 내려다보면 막타워보다 공포심이 반감된다.

주식도 막타워와 마찬가지다. 상승 초기에 15% 이상 급등 또는 상한가를 간 종목은 당일 많이 오른 것 같아서 개인투자자들이 매매하기 두려워한다. 상승 초기에 급등했을 때는 두려움 때문에 매수하지 못하던 개인투자자들이 첫 상승 이후 재차 상승하면 한참 많이 올랐는데도 더 올라갈 것 같은 희망을 갖고 공포에서 탐욕으로 바뀌면서 매수한다.

이때 15% 이상의 양봉에서 최근 첫 장대양봉의 거래량의 70%를 초과한다면 아무리 좋은 호재가 있다 하더라도 신규 거래자는 현재의 자전거래를 보고 매수를 참아야 한다. 또한 기존 보유자는 분할매도로 차익 실현을 해야 하며 장 초반도 아닌 장 후반인 경우 전량 매도하는 것이 바람직하다.

대량의 거래량으로 대박 차트를 찾아낼 수 있다

가치투자 역시 명확한 기준을 가지고 해야 한다. 배당이든 실적이든 ROE(Return on Equity, 자기자본이익률)든 명확한 기준이 있어야 한다. 기술적 투자 역시 명확한 기준을 바탕으로 기술적 분석을 해야 한다. 무엇보다 대량의 거래량이 터진 월봉이나 연봉인 종목에서 매매해야 한다.

연봉에서 대량의 거래량이 터진 후 주가가 어떻게 되었는지 다음 페이지 상단에 나와 있는 '네오위즈홀딩스 연봉 차트'를 살펴보자. 물론 연봉 또는 월봉에서 대량의 거래량 없이도 상승하는 종목이 분명 있다. 하지만 연봉과 월봉에서 대량의 거래량이 터진 후 상승하는 경우가 확률상 월등히 높기 때문에 초보자들은 확실한 종목에서 매매해야 손실을 줄이고 수익을 높일 수 있다.

네오위즈홀딩스 연봉 차트

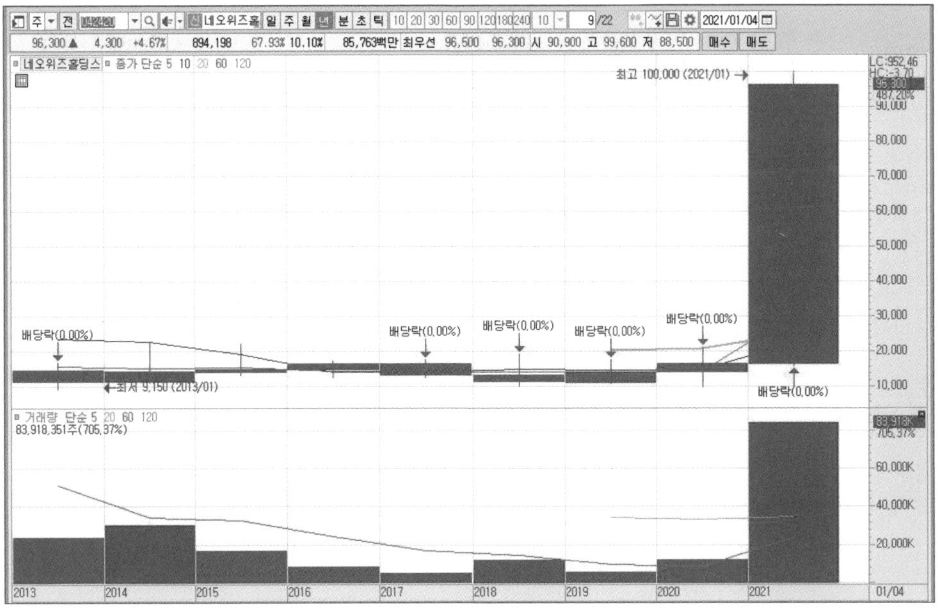

주성엔지니어링 월봉 차트

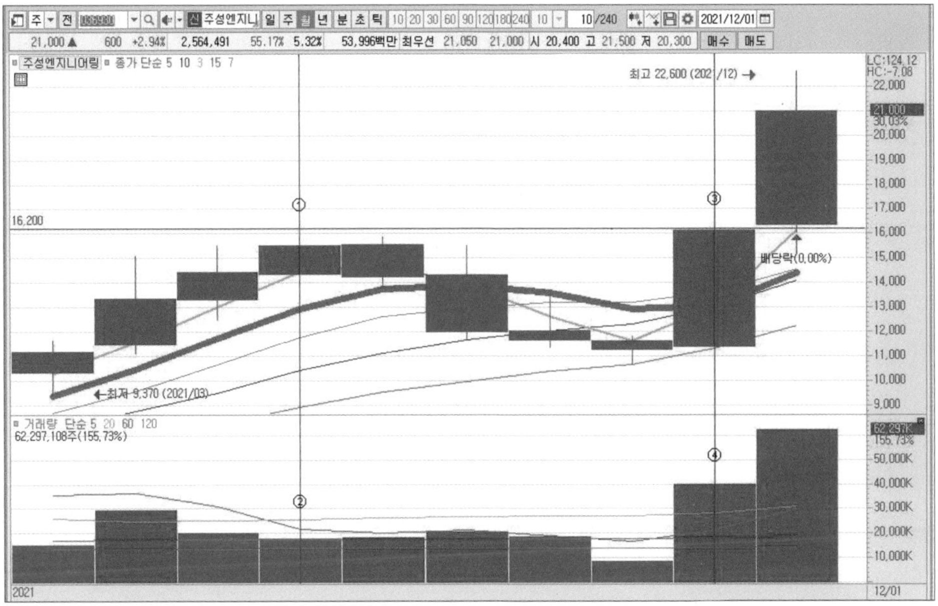

앞 페이지 하단에 나와 있는 '주성엔지니어링 월봉 차트'를 보자. ①번과 ③번은 봉을 나타내며 빨간 선은 ①번의 위 꼬리 고점을 나타낸다. ①번 봉 아래 ②번의 거래량, ③번 봉 아래 ④번의 거래량이 보인다. ④번의 거래량이 ②번보다 2배 이상 월등히 늘었다. 앞서 말한 바와 같이 주가가 상승할 때는 매수세가 많아야 한다. 따라서 ④번 거래량의 매수세가 월등히 많기 때문에 앞으로 주가도 긍정적으로 해석할 수 있다.

통상적으로 전고점의 매물대를 소화하고 돌파할 때는 전고점의 예전 거래량보다 현재 거래량이 월등히 많아야 예전의 물려 있던 악성 매물을 소화하고 주가가 안정적으로 상승한다고 보면 된다.

물론 예외적으로 예전에 못 미친 거래량으로 주가가 우상향하는 경우도 있지만 주식투자에 100%는 없기 때문에 확률이 높은 매매를 해야 한다. ②번의 거래량보다 ④번의 거래량이 2배 이상 많다면 추후 주가가 상승할 가능성이 높은 것으로 해석해야 하며, 적극적인 매수 시점이다.

거래량으로 상승을 예감할 수 있다

'일동제약 월봉 차트'를 보자. 빨간 선은 ①번의 위 꼬리 고점을 나타내고, ①번과 ③번은 월봉, ②번과 ④번은 해당 월의 거래량을 나타낸다.

③번 월봉을 보면 최근 거래량이 많아서 상승할 가능성이 높은 것은 알겠는데, 전고점 돌파 기준을 어떤 것으로 잡아야 할지 모를 것이다. 이때는 월봉 기준으로 최근 1~3년 이내에서 전고점을 잡으면 된다. 2021년 12월의 ④번 거래량이 월등히 많아서 그렇지 2021년 11월의 거래량도 결코 적지 않다. 2011년 11월의 거래량을 보고 상승을 예감해도 된다는 뜻이다.

연봉과 월봉 거래량으로 좋은 종목을 찾는 방법을 배웠다. 그럼 이러한 해석을 바

일동제약 월봉 차트

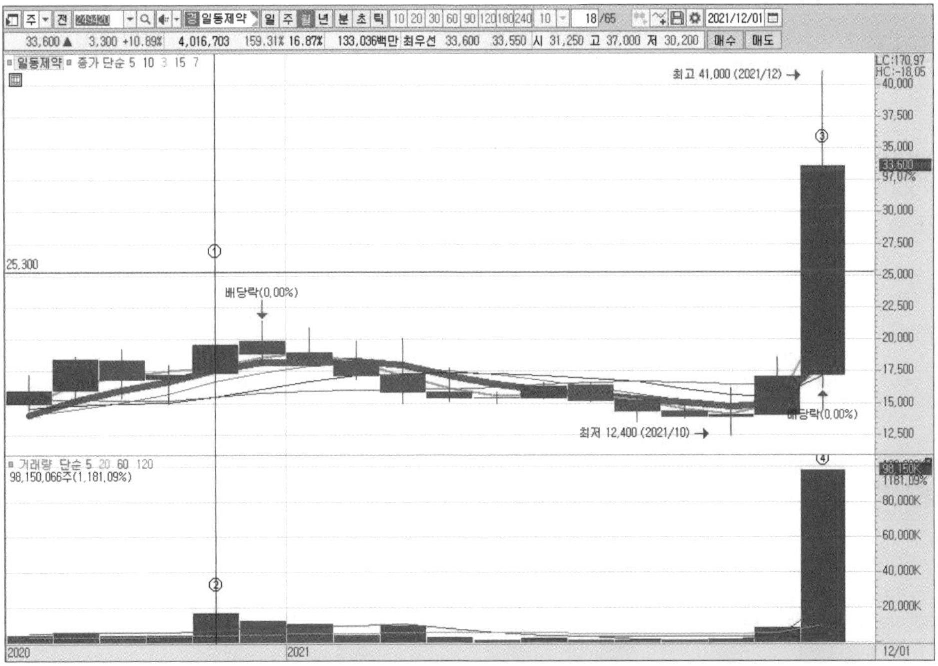

탕으로 단타매매인 단기매매도 분봉에서 어떻게 적중률을 높이는지 배워보자.

분봉에서 단타매매의 적중률 높이는 방법

다음 페이지에 나와 있는 '인포뱅크 일봉 차트'를 보자. 이동평균선을 설명할 때 배웠듯이 인포뱅크는 완전정배열이다. 일봉상에서 매매 시점은 ③번인데 왜 ③번에서 단기매매가 가능한지 분봉(분 단위로 변하는 주가의 변동을 보여주는 봉 차트)을 보면서 알아보자.

③번 봉 기준 당시 노란 선(2개 중 아래 있는 노란 선을 말한다)인 240일 이동평균선이 미세하게 우상향했다. 또한 분홍 선인 60일 이동평균선이 20도 이상 각도로 우상향했

인포뱅크 일봉 차트

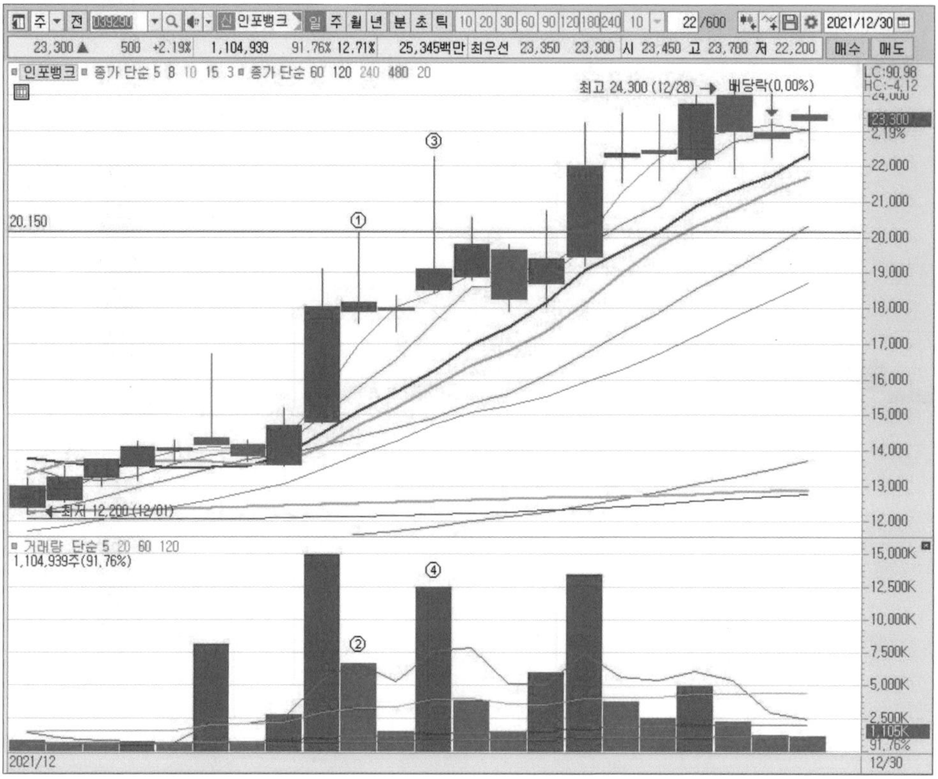

지만 ③번 봉 기준 당시 240일 이동평균선과 60일 이동평균선이 정배열되어 있지 않기 때문에 완전정배열 초기 종목에서 주가가 완전정배열 말기까지 좀 더 상승할 것으로 판단할 수 있다.

여기서 완전정배열 초기와 말기를 구분해보자. 완전정배열 초기는 장기이동평균선보다 중기이동평균선이 위에 있어야 하며 중기이동평균선보다 단기이동평균선이 위에 있어야 한다. 주가가 단기 급등했는데도 중기이동평균선과 장기이동평균선이 정배열되지 않은 경우 완전정배열 초기로 볼 수 있다.

단기이동평균선이 중기이동평균선과 장기이동평균선 위에 있기 때문에 주가가 하락하지 않는다는 가정하에 우상향한다면 장기이동평균선보다 빠른 중기이동평균선이 우상향하여 추후에 정배열 초기가 될 수 있기 때문이다. 단, 정배열 초기가 되기도 전에 한참 급등하는 경우 정배열 초기로 볼 수 없다.

완전정배열 말기는 장기이동평균선보다 중기이동평균선이 위에 있어야 하며 중기이동평균선보다 단기이동평균선이 위에 있어야 한다. 주가가 단기 급등하고 모든 이동평균선이 정배열인 상황에서 단기이동평균선의 이격도가 많이 벌어져 있으며, 단기이동평균선인 3일 이동평균선과 5일 이동평균선의 각도가 45~60도 이상인 경우 완전정배열 말기로 볼 수 있다. 완전정배열 말기에는 스윙 이상의 관점으로 보유하기보다 매매하지 않거나 단기매매만 하는 것이 안전하다.

지나간 것을 가지고 여기서 사고 저기서 팔라고 하는 것은 아무 의미 없다. 그렇다면 무엇을 보고 앞으로 상승할 수 있다고 판단할까? 일봉에서는 완전정배열 초기이기

인포뱅크 30분봉 차트

때문에 아직 상승 여력이 있다고 이야기했다. 그럼 분봉에서는 상승 신호를 어떻게 알아낼까? 가장 중요한 선행성 지표인 거래량을 보면 상승 신호를 알 수 있다.

단기매매는 움직일 때만 매매해야 승률이 높다. 주가가 상승하려면 결과적으로 매수세, 즉 돈이 들어와야 한다. 대부분의 지표가 상승을 알린다고 하더라도 매수세, 즉 돈이 들어오지 않는다면 상승은 불가하다.

앞 페이지의 '인포뱅크 30분봉 차트'에서 ①번과 ②번의 파란 원을 보면 거래량이 확연히 줄어들었음을 알 수 있다. 거래량이 줄어든다는 것은 매수세가 없기 때문이다. 매수세가 줄어서 거래량이 줄어든 경우 다른 새로운 추세가 나타나는 것이 보통인데 다음 날 주가는 대량의 거래량을 터트리며 상승하고 있다. 마찬가지로 빨간 선의 14일 아침 거래량보다 월등히 더 많은 거래량을 터트렸다. ①번과 ②번의 매수세가 실종된 상황에서 다시 폭발적인 매수세가 들어왔을 때 상승을 예감하고 매수해야 한다.

언뜻 보기에는 쉬워 보여도 막상 매매하다 보면 머리가 하얘질 것이다. 소액으로 많은 연습을 하다 보면 단기매매도 가능해지니 꾸준히 소액투자를 해보자.

05 현재가창 이해하기

현재가창에 너무 집착할 필요 없다

주식투자를 할 때 가장 중요한 것은 무엇일까? 차트? 거래량? 이동평균선? 재료? 지표? 상승장? 현재가창? 수익을 내는 데 무엇이 중요하다는 원칙은 없다. 모두 다 중요하다는 뜻이다.

예를 들어 분봉이 A의 모습이면 주가가 무조건 상승할까? 내가 거액의 수업료를 바쳐가면서 깨달은 것이 있다. 일봉이 분봉보다 상위라는 것이다. 일봉을 무시하고 분봉이 좋으면 주가가 상승하는 경우도 분명 있다. 하지만 확률상 일봉이 좋지 않으면 분봉에서 아무리 좋은 흐름을 보여도 주가는 상승하지 않는다.

호가창도 마찬가지다. 호가창이 좋으니 주가가 상승했다는 착각을 하지 말아야 한다. 주식투자에서 마지막으로 확인할 부분이 호가창이다. 여러 가지 변수가 많은 주식투자에서 100%는 아니지만 호가창 역시 10% 확률은 있기 때문에 차트, 거래량, 재료 등 모든 것을 확인한 후 마지막에 호가창의 흐름이 좋을 때 매매하면 수익을 낼 수 있다.

좋은 호가창

'성호전자 호가창'을 통해 좋은 호가창에 대해 알아보자. 먼저 아래에 있는 빨간 네모 박스를 보자. 매수의 합이 33만 3,982주, 매도의 합이 99만 3,435주이다. 보통의 경우라면 주가가 상승하기 위해서는 매수보다 매도가 최소 2~3배 정도 더 많아야 한다.

그럼 왜 호가창에서 매수보다 매도가 많아야 주가가 상승하는 것일까? 그것은 세력들이 본인들의 물량을 단기적으로 털어먹기 때문이다. 매수 물량이 많으면 매수 1호가부터 매수 10호가까지 세력들이 본인 보유 물량을 매도하면 되지 않을까 생각할 수도 있을 것이다. 이것은 반은 맞고 반은 틀리다. 상한가 또는 13% 이상 주가를 급등시킨 세력들의 입장에서 허매수를 이용해 개인들이 따라붙게 만들어 특정 가격을 떠받친 매수 세력들에게 보유 물량의 전부를 매도하기는 말처럼 쉽지 않다. 세력들의 입장에서도 주가를 끌어올렸으니 미실현 수익을 실현 수익으로 바꾸기 위해서는 분명 매도해야 한다.

본인들의 물량을 매수가 아닌 매도로 걸어두고 그것을 본인들이 매수하여 주가

성호전자 호가창

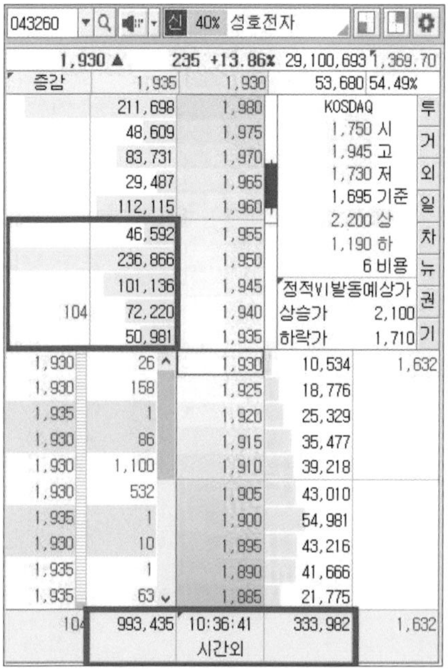

가 상승하면 이를 보고 발 빠른 스캘핑(Scalping, 하루에 수십, 수백 번씩 매매하며 차익을 얻는 기법)으로 추격 매수하는 개인투자자들이나 주가의 추가 상승을 보고 매수에 동참하는 단타 트레이더들도 참여하면서 주가는 한층 더 상승한다. 주가는 일정 부분 추가 상승을 하므로 개인투자자들도 그쯤 되면 주가가 좀 더 상승할 것으로 판단하고 매수에 참여하는 경우가 많다. 따라서 호가창이 100% 확률은 아니지만 매수보다 매도의 합이 최소 2~3배 정도 많으면 주가가 곧 상승할 가능성이 높다고 판단하면 된다.

이번에는 왼쪽 상단 매도의 빨간 네모 박스를 보자. 실전에서 매수할 때는 촘촘하게 매도 1호가부터 매도 5호가까지 매도가 많은 종목들이 좋다. 주린이들을 위해 좀 더 부연 설명을 하면 매도 1호가인 1,935원부터 매도 5호가인 1,955원의 합이 50만 7,795주이고, 매수 1호가인 1,930원부터 매수 5호가인 1,910원의 합이 12만 9,334주이므로 매수의 합보다 매도의 합이 4배 이상 많기 때문에 매도 1호가부터 매도 5호가까지 차츰 먹어 들어가는 매수 물량과 함께 주가는 상승할 것이다.

반대로 매수 1호가부터 매수 5호가까지 매수가 많은 경우 주가는 그 방향으로 떨어질 가능성이 높다. 매수가 적고 매도가 많은데 저 많은 물량을 누가 살까? 이런 걱정은 하지 않아도 된다. 주식투자 경험이 많은 고수들, 돈 많은 투자자들이 매수할 것이다.

나쁜 호가창

다음 페이지 '희림 호가창'에서 네모 박스 2개를 보자. 매수 1호가인 8,360원부터 매수 5호가인 8,320원까지는 매수가 많고, 매도 1호가인 8,400원부터 매도 5호가인 8,470원까지는 매도가 거의 없다. 이런 호가창에서는 주가가 상승하기보다 하락할 가능성이 높다. '매수이든 매도이든 간에 물량이 많은 방향으로 주가가 흘러간다'고 이해하면 좀 더 쉽다. 매수 5호가까지 많기 때문에 주가는 매수 방향으로 하락할 가능성이 높다고 이해하면 된다.

매수와 매도의 합을 한번 보자. 맨 아래 있는 네모 박스를 보면 매수 3만 3,097, 매도 1만 1,427로 매수가 매도보다 3배 정도 많다. 매도가 적으니 이제 주가가 올라갈 것으로 판단되는가? 매도는 적지만 매수하는 주체가 없고 매도하는 주체만 있다면 주가는 어떻게 되겠는가? 항상 호가창의 변화와 함께 실시간 잡아먹는 매수세, 매도세를 확인해야 한다. 희림의 호가창을 보면 주가는 상승보다 단기적으로 하락할 가능성이 높고, 세력들이 개인투자자의 물량을 받기 위한 모습으로 판단된다.

희림 호가창

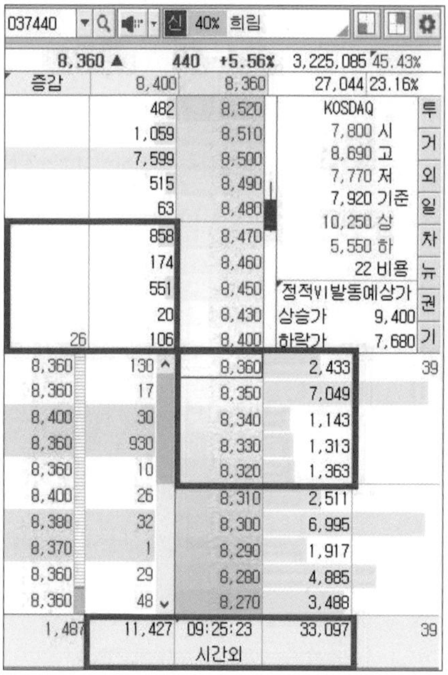

여기서 주식 초보자들은 매수가 많아야 올라가는 것 아닌가 하고 착각할 수 있다. 매수가 많다는 것은 주가를 상승시키기보다는 특정 가격까지 인위적으로 하락시키기 위해 받치는 경우가 많다. 아무리 호가창에 매수 1호가부터 매수 10호가까지 매수 물량이 많다고 할지라도 실시간으로 매도 물량을 잡아먹는 매수량이 나오지 않는 한 주가는 상승할 수 없다.

반대로 아무리 호가창에 매도 1호가부터 매도 10호가까지 매도 물량이 많다고 할지라도 실시간으로 매도 물량을 잡아먹는 매수 물량이 나온다면 주가는 상승할 수밖에 없다. 호가창의 변화와 상관없이 실제로 체결되는 매수 물량과 매도 물량에 의해 주가는 상승 또는 하락한다는 것이다.

허매수 호가창

'에이비엘바이오 호가창'에서 하단의 빨간색 큰 네모 박스를 보면 매수 2만 6,406주, 매도 4만 9,998주로 매수보다 매도의 합이 약 2배가량 차이 난다. 즉, 상승할 호가창으로 보면 된다. 그런데 3만 3,100원의 빨간색 작은 네모 박스에는 1만 745주가 있다. 여러 명이 참여했겠지만 1만 주 정도 매수로 걸어두었다면 허매수일 가능성이 높다. 여기서 초보자들은 허매수인지 어떻게 알 수 있을까?

허매수는 실제로 체결될 생각은 없으면서 매수를 걸어두는 것이기 때문에 매수 1호가부터 매수 5호가가 아닌 매수 6호가부터 매수 10호가에 걸어둔 물량을 말한다. 반대로 허매도는 실제로 체결될 생각은 없으면서 매도를 걸어두는 것이기 때문에 매도 1호가부터 매도 5호가가 아닌 매도 6호가부터 매도 10호가에 걸어둔 물량을 말한다.

3만 3,100원에 있는 1만 745주는 매수 7호가에 있기 때문에 허매수일 가능성이 높다. 실전에서는 굳이 신경 쓰지 않아도 된다. 단, 호가창에서 매도보다 매수의 합이 많은 경우 주가는 상승보다는 하락할 가능성이 높기 때문에 단기적으로 주가가 상승할 것으로 판단되며 3만 3,100원의 아래위 호가인 3만 3,050원, 3만 3,100원, 3만 3,150원 3개의 호가에 매수를 걸어둔다면 좀 더 낮은 가격에 체결될 가능성이 높다.

에이비엘바이오 호가창

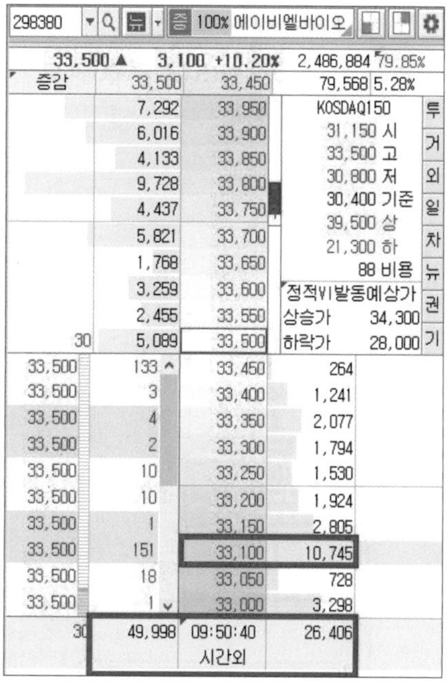

PART 3

고수가 되기 위해 꼭 필요한 기술적 분석 지표

01 볼린저밴드 활용 방법

표준편차를 활용한 주가 예측

많은 사람들이 다음과 같은 질문을 자주 한다. "대표님은 도대체 뭘 보고 매수 매도를 하나요? 매도하고 나면 주식이 정말로 떨어져요. 신기합니다."

내가 애지중지하는 지표 중의 하나가 볼린저밴드(Bollinger Bands)이다. 대다수의 초보자들이 볼린저밴드는 시시각각 움직이기 때문에 어렵다고 한다. 그래서 변동성이 덜한 엔벨로프(Envelope)를 사용하는 사람도 있는데 나에게는 맞지 않다. 왜냐하면 월봉, 주봉, 일봉, 분봉도 1분봉, 3분봉, 5분봉, 10분봉, 15분봉, 20분봉, 30분봉, 60분봉, 90분봉, 120분봉, 180분봉, 240분봉을 수시로 확인하기 때문에 시시각각 움직이는 볼린저밴드의 확률을 더 신뢰한다.

먼저 볼린저밴드의 원리부터 이해하고 넘어가자. 볼린저밴드는 1980년 초에 기술적 분석가인 존 볼린저가 만든 것이다. 볼린저밴드는 상단선, 중심선, 하단선으로 나뉘는데 20일 이동평균선을 중심선으로 사용하며 상단선과 하단선의 변동 폭은 중심선의 표준편차로 계산한다. 즉, 볼린저밴드는 주가가 20일 이동평균선을 중심으로 표준편차 범위 안에서 움직인다는 전제로 개발된 것이다.

볼린저밴드에서는 주가가 밴드 안에서 움직일 확률이 95.44%이고, 반대로 밴드 밖에서 움직일 확률이 4.56%라고 본다. 좀 더 자세히 설명하면 볼린저밴드 상단선 밖에서 움직일 가능성이 2.28%, 볼린저밴드 안에서 움직일 가능성이 95.44%, 볼린저밴드 하단선 밖에서 움직일 가능성이 2.28%이다.

볼린저밴드를 보고 주가가 상단선에 근접할 때는 현재 주가가 높다는 의미이므로 매도하고, 반대로 하단선에 근접할 때는 현재 주가가 낮다는 의미이므로 매수하는 것이 보통이다. 하지만 실전에서는 볼린저밴드 상단선 밖과 하단선 밖에서 매매하는 방법도 있다.

하단선에서 매수,
상단선에서 매도가 정답일까?

볼린저밴드를 활용한 실전으로 넘어가 보자. 지나간 차트로 이야기하는 것은 의미 없지만 공부를 위해 과거 '크래프톤 일봉 차트'를 예시로 살펴보자.

'크래프톤 일봉 차트'를 보면 볼린저밴드 하단선에서 정확히 지지받고 상단선에서 저항받는 모습이다. 하단선에서 지지받는 구간은 ①, ②, ③, ④번이고, 상단선에서 저항받는 구간은 ⑤, ⑥, ⑦번이다.

볼린저밴드의 기술적 분석을 기계적으로 반영해 ①번 구간에서 매수, ⑤번 구간에서 매도, ②번 구간에서 매수, ⑥번 구간에서 매도, ③번 구간에서 매수, ④번 구간에서 추가 매수 후 ⑦번 구간에서 볼린저밴드 상단선이라 좀 더 상승할지 하락할지 모르는 상황에

크래프톤 일봉 차트

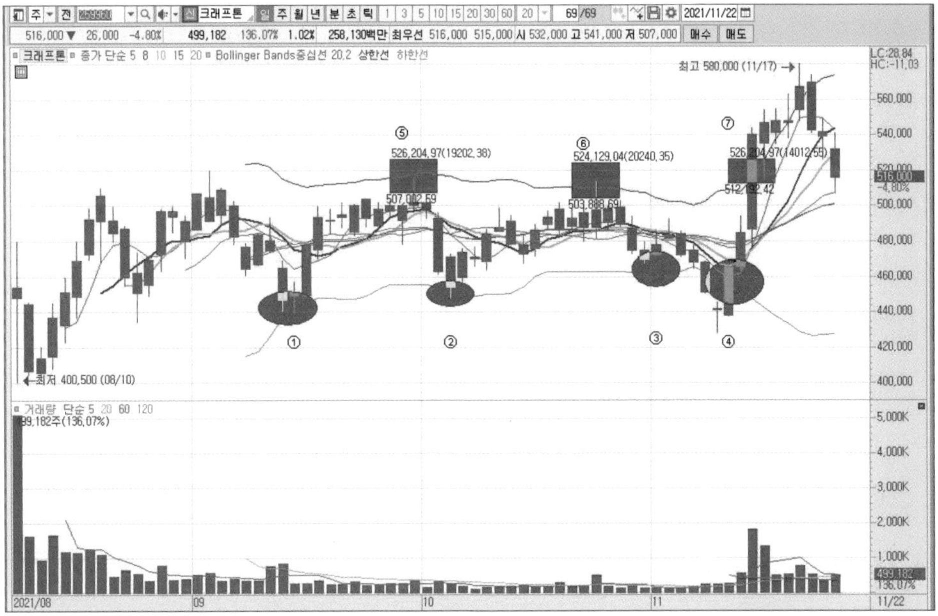

서 지나간 결과를 보고 좀 더 상승했으니 매수해야 한다고 말하는 사람은 사기꾼이다.

볼린저밴드를 기계적으로 적용해서 매수와 매도 타이밍을 조언해서는 안 된다. ①번에서 매수, ⑤번에서 매도했을 때 해당 종목의 이슈나 재료가 끝나지 않았거나 살아 있다는 가정하에 신규 진입이 아니고 물려 있는 경우라면 손절매가 아니라 분할매수로 물타기가 가능하다.

또한 평균 구매 단가가 ⑤번의 저항 구간인 52만 6,000원보다 낮다면 분할매도로 대응해야 한다. 하단선에서는 반등할 가능성이 높으니 이미 보유한 사람은 (빠르게 손절매하지 못했다면) 손절매하기보다는 하단선에서 추가 매수 후 상단선에 닿았을 때가 아닌 닿기 전에 적당히 매도하는 것이 좋다. 이때는 자금을 고려해서 추가 매수분은 1~5%의 수익에서 정리하고 나머지는 원래 매수했던 금액만 볼린저밴드 상단선에 닿을 때 또는 닿기 전에 전량 매도하면 된다.

일봉보다는 주봉으로!

'삼성SDI 주봉 차트'를 살펴보자. 차트를 보면 ①번 구간에서 지지받고 ③번 구간에서 저항받고 하락하는 것을 알 수 있다. 실전에서 매매할 때는 하단선까지 찍고 반등한다는 보장이 없기 때문에 하단선 근처부터 분할매수로 접근하고, 상단선까지 상승한다는 보장이 없기 때문에 상단선 근처에서 적당히 분할매도하는 것이 바람직하다.

여기서 나의 노하우를 하나 소개한다. 초보자들은 일봉도 봐야 하고 주봉도 봐야 하니 헷갈릴 수 있다. 그럼 주봉이 우선일까, 일봉이 우선일까?

한 가지 예를 들어보자. 어른들은 '인생을 살아보니'라며 조언을 건넬 때가 있다. 50대와 60대 중에 누가 인생 경험이 더 많은가? 당연히 60대가 더 많다. 볼린저밴드도 마찬가지다. 하루 3시간 30분간의 데이터가 모여 일봉 차트가 완성되었다면, 일봉의 5일간의 흐

삼성SDI 주봉 차트

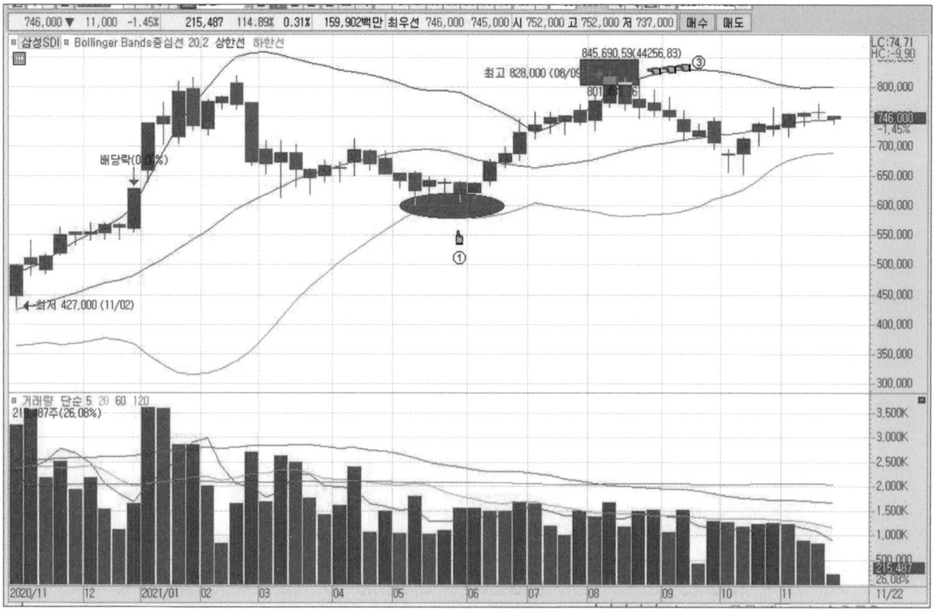

름이 모여 하나의 주봉이 탄생한다. 따라서 일봉보다는 주봉의 신뢰도가 더 높다.

일봉에서 볼린저밴드 상단선에 닿아 있어도 주봉에서 볼린저밴드 상단선에 닿아 있지 않다면 일봉상 볼린저밴드 상단선의 저항 때문에 단기적으로 하락할 수는 있으나, 상승 추세가 형성되어 있고 지수가 상승장이라면 단기적으로 조정될지언정 다시 주봉의 상단선 근처까지 상승할 가능성이 높다.

반대로 일봉에서 볼린저밴드 하단선에 닿아 있어도 주봉에서 볼린저밴드 하단선에 닿아 있지 않다면 일봉상 볼린저밴드 하단선의 지지 때문에 단기적으로는 상승할 수 있으나, 하락 추세가 형성되어 있고 지수가 하락장이라면 단기적으로 반등될지언정 다시 주봉의 하단선 근처까지 하락할 가능성이 높다.

볼린저밴드의 또 다른 활용법

지금까지는 볼린저밴드 상단선의 저항과 하단선의 지지를 활용한 매도와 매수 타이밍을 알아보았다. 그런데 볼린저밴드를 활용한 또 하나의 매매 방법이 있다. 볼린저밴드가 오랜 기간 횡보했을 때 볼린저밴드의 폭이 줄어드는 특성을 활용한 방법이다. 볼린저밴드의 폭이 줄어들었다 함은 곧 주가가 상승 또는 급락할 가능성이 높다는 것을 의미한다.

다음 페이지의 '2019년 5월부터 2020년 9월까지의 신일제약 주봉 차트'를 보자. 볼린저밴드 수축은 주봉, 일봉, 분봉 모두 잘 맞지만 일봉보다는 더 느리고 확률도 높은 주봉 차트를 예로 들었다. 2019년 5월부터 2020년 6월까지 큰 진폭이나 거래량도 없이 횡보하는 모습을 보였고, 2020년 6월 둘째 주에 그동안 없던 대량의 거래량과 함께 주가가 볼린저밴드 상단선을 돌파한 후 안착했다. 그 후 주가 흐름이 어떻게 되었는가? 차트가 보여주듯이 볼린저밴드의 상단선과 하단선의 폭이 마치 악어 입처럼 매우 커졌음을 알 수 있다.

신일제약 주봉 차트

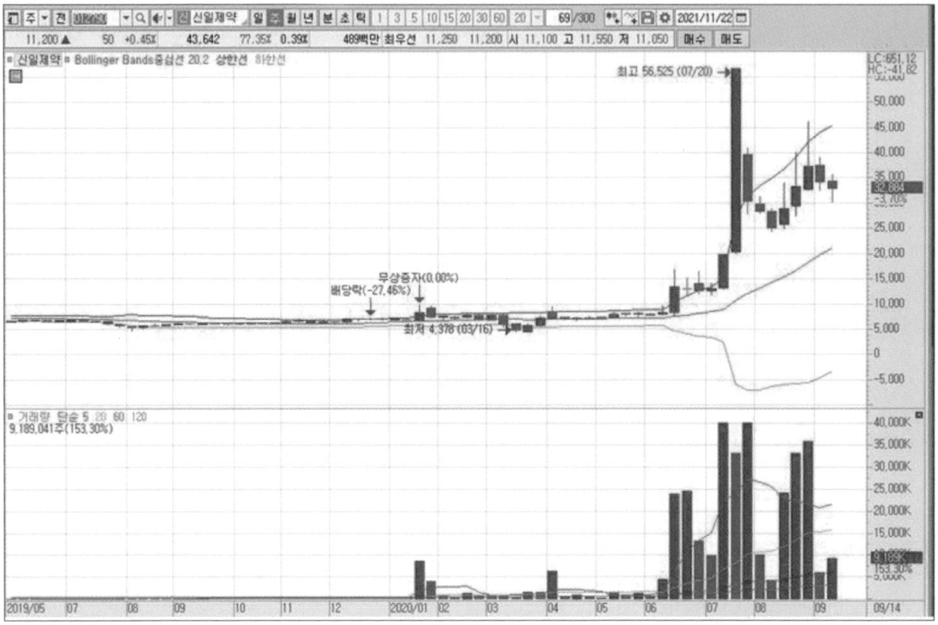

볼린저밴드의 폭이 줄어들고 오랜 시간 횡보한다고 해서 주가가 무조건 급등한다는 것은 절대 아니다. 오랜 시간 횡보하면서 볼린저밴드의 폭이 줄어들었다면 주가는 상방은 물론이고 하방으로도 얼마든지 급락할 수 있다.

여기서 초보자들은 해당 종목을 좀 더 싸게 사려고 미리 매수한다. 하지만 실전에서는 싸게 사려다 오히려 결과적으로 비싸게 사서 손절매해야 하는 경우가 종종 있다. 따라서 볼린저밴드가 주봉에서 오랜 기간 횡보했다면 미리 매수하지 말고 볼린저밴드 상단선을 돌파하고 지지받는 것을 확인한 후 분할매수해도 절대 늦지 않다.

첫 거래량이 터지면 흐름을 관찰하자

주가가 오랜 기간 횡보하며 볼린저밴드의

폭이 좁혀진 종목 중에서 호재가 있는 종목은 급등할 수 있다는 것을 알아야 한다. 처음으로 대량의 거래량이 터진 후 주가 흐름을 관찰해야 하는 이유가 여기에 있다.

재료를 보면 사야 할 시기와 종목이 보인다

'신일제약 일봉 차트'에서 2020년 4월 6일의 고점인 9,340원으로 많은 거래량도 아닌 점상한가로 더 높은 가격에서 종가가 마감되었다. 이 종목이 왜 아무도 살 수 없게끔 점상한가를 갔는지 재료를 한번 파악해보자.

다음 페이지에 나와 있는 키움증권 0700(종합 시황 뉴스) 화면에서 2020년 6월 17일의 재료를 보자. 2021년 12월 1일을 기준으로 우리나라의 코로나19 백신 접종 완료자는 79.97%로 80%에 육박했으며 먹는 약도 곧 출시된다는 언론 보도도 있다. 하지만

신일제약 일봉 차트

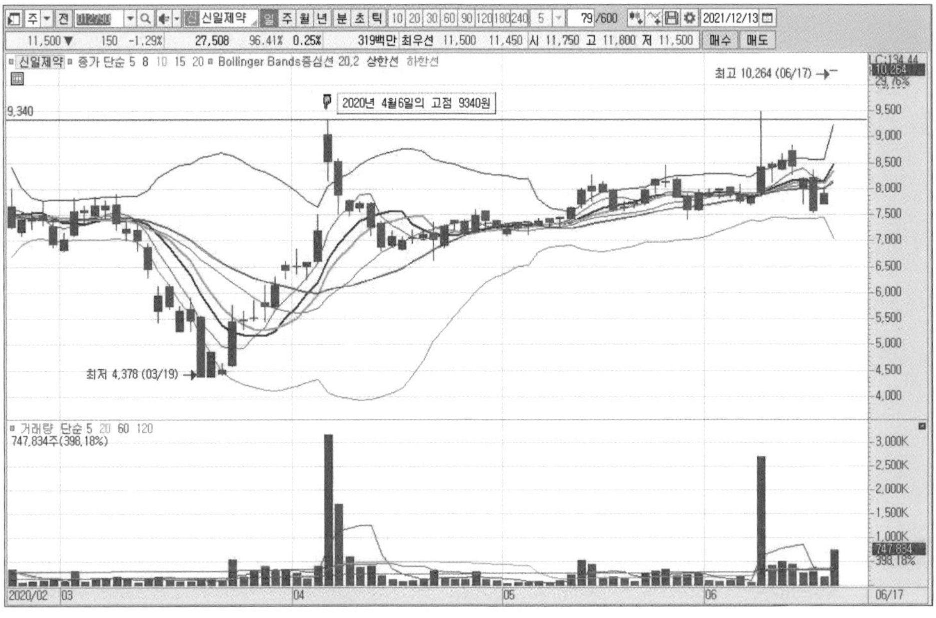

신일제약 재료

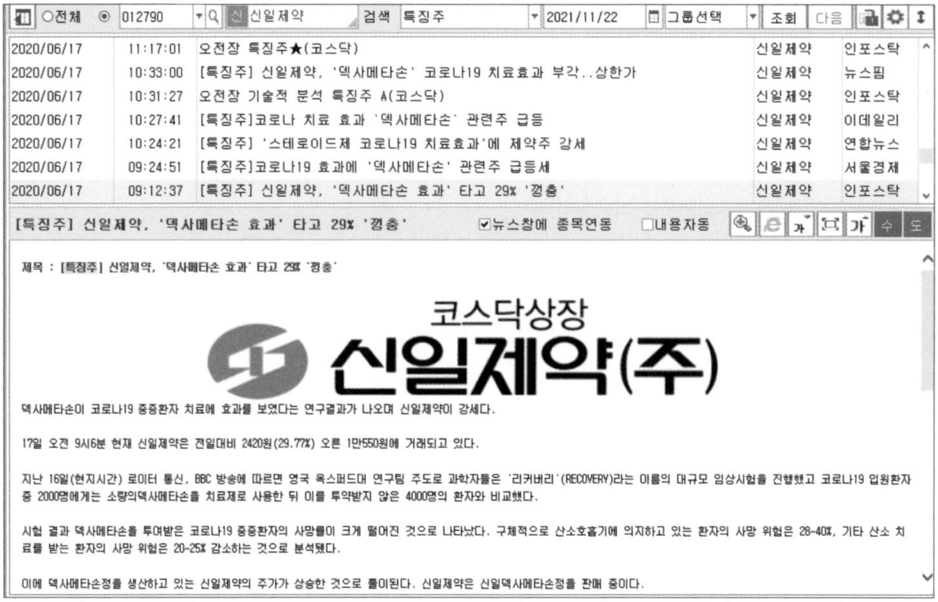

○전체 ◉ 012790 신일제약 검색 특징주 2021/11/22 그룹선택 조회 다음

2020/06/17	11:17:01	오전장 특징주★(코스닥)	신일제약	인포스탁
2020/06/17	10:33:00	[특징주] 신일제약, '덱사메타손' 코로나19 치료효과 부각..상한가	신일제약	뉴스핌
2020/06/17	10:31:27	오전장 기술적 분석 특징주 A(코스닥)	신일제약	인포스탁
2020/06/17	10:27:41	[특징주]코로나 치료 효과 `덱사메타손` 관련주 급등	신일제약	이데일리
2020/06/17	10:24:21	[특징주] '스테로이드제 코로나19 치료효과'에 제약주 강세	신일제약	연합뉴스
2020/06/17	09:24:51	[특징주]코로나19 효과에 '덱사메타손' 관련주 급등세	신일제약	서울경제
2020/06/17	09:12:37	[특징주] 신일제약, '덱사메타손 효과' 타고 29% '껑충'	신일제약	인포스탁

[특징주] 신일제약, '덱사메타손 효과' 타고 29% '껑충' ☑뉴스창에 종목연동 ☐내용자동

제목 : [특징주] 신일제약, '덱사메타손 효과' 타고 29% '껑충'

코스닥상장

신일제약(주)

덱사메타손이 코로나19 중증환자 치료에 효과를 보였다는 연구결과가 나오며 신일제약이 강세다.

17일 오전 9시6분 현재 신일제약은 전일대비 2420원(29.77%) 오른 1만550원에 거래되고 있다.

지난 16일(현지시간) 로이터 통신, BBC 방송에 따르면 영국 옥스퍼드대 연구팀 주도로 과학자들은 '리커버리'(RECOVERY)라는 이름의 대규모 임상시험을 진행했고 코로나19 입원환자 중 2000명에게는 소량의덱사메타손을 치료제로 사용한 뒤 이를 투약받지 않은 4000명의 환자와 비교했다.

시험 결과 덱사메타손을 투여받은 코로나19 중증환자의 사망률이 크게 떨어진 것으로 나타났다. 구체적으로 산소호흡기에 의지하고 있는 환자의 사망 위험은 28~40%, 기타 산소 치료를 받는 환자의 사망 위험은 20~25% 감소하는 것으로 분석됐다.

이에 덱사메타손정을 생산하고 있는 신일제약의 주가가 상승한 것으로 풀이된다. 신일제약은 신일덱사메타손정을 판매 중이다.

2020년 6월에는 백신이 언제 만들어질지 미지수였으며, 전 세계가 코로나19로 힘든 시기였기 때문에 코로나19 백신이나 치료제 관련 뉴스가 엄청난 결과를 불러오는 것은 당연했다.

뉴스 창에 뜬 기사를 해석하면 다음과 같다. "소량의 덱사메타손을 치료제로 사용한 뒤 이를 투약받지 않은 4,000명의 환자와 비교했다"라는 부분은 실제 사례이고 "시험 결과 덱사메타손을 투여받은 코로나19 중증 환자의 사망률이 크게 떨어진 것으로 나타났다"는 예상이 아닌 결과이며, "구체적으로 산소호흡기에 의지하고 있는 환자의 사망 위험은 28~40%, 기타 산소 치료를 받는 환자의 사망 위험은 20~25% 감소하는 것으로 분석됐다"는 팩트이며 결과이다.

이것은 중증 환자의 사망률을 최대 40%까지 낮춘다는 엄청난 결과이므로 '초대박 재료'라 판단할 수 있다. 기사를 읽는 것도 처음에는 어렵게 느껴질 수 있지만 꾸준히 경험을 쌓다 보면 자신만의 노하우가 생기게 마련이다.

02 스토캐스틱 활용 방법

바닥 잡는 노하우는 지표에 있다

가끔 주식 모임을 하는 제자들이 “바닥을 잡아내는 건 대표님이 대한민국 원탑인 것 같습니다”라고 말하곤 한다.

이제부터 주가의 바닥과 고점을 예측하는 방법을 알아보자. 봉만 보고 해당 종목의 현재 주가 위치를 맞힌다는 것은 사실상 불가능에 가깝다. 우리는 산에서 길을 찾을 때 나침반을 이용한다. 물론 지리적인 감각이 뛰어나서 나침반 없이도 길을 잘 찾아가는 사람도 있지만 몇 명이나 되겠는가?

따라서 봉만 보고도 수익을 잘 내는 사람은 굳이 지표를 배울 필요 없다. 하지만 대부분은 봉만 보고 수익을 내기 어렵다. 그들과 주린이들을 위해 해당 주가의 위치를 판단하고 수익 내는 방법을 알아보자.

중·장기매매가 아닌 한 주가의 위치를 어떻게 판단하겠는가? 그래서 나만의 바닥 잡는 노하우와 고점 신호를 맞힐 확률이 높은 지표를 이야기해보겠다.

스토캐스틱(Stochastic)은 주가나 환율의 마감 가격이 일정 기간(N으로 표기한다) 동안 어느 곳에 있었는지를 관찰하기 위해 백분율로 나타낸 지표이다. 조지 레인(Geroge C. Lane)이 만들었으며 주가의 기술적 분석에 사용되는 보조 지표라고 보면 된다. 주가는 오르고 내리기를 반복하는데, 과열 구간에 들어가면 머잖아 하락할 것으로, 반대로 침체 구간에 들어가면 머잖아 반등할 것이라는 속성을 지표화한 것이다.

스토캐스틱은 주가가 상승 추세로 향하고 있을 때는 해당 일의 종가가 최고점 근처에서 형성될 가능성이 높고, 반대로 하락 추세로 향하고 있을 때는 해당 일의 종가가 최저점 근처에서 형성될 가능성이 높다는 데 초점을 두고 있다. 이를 근거로 최근 주가의 변동 폭과 해당 일의 종가 관계를 이용하여 해당 종목의 주가 흐름을 현재 관점에서 앞으로 어떻게 흘러갈지 해석하는 지표이다.

스토캐스틱은 크게 슬로 스토캐스틱과 패스트 스토캐스틱으로 나뉜다. 패스트 스토캐스틱은 주가나 환율의 변동이 자주 일어나서 단기매매, 즉 빠른 매매에 유리한 지표이다. 반면 슬로 스토캐스틱은 패스트 스토캐스틱의 잦은 매수 매도 신호로 인하여 투자 판단에 어려움이 발생하고 자칫 빠른 신호로 엇박자가 날 수 있다는 점을 보완하여 만든 지표이다.

패스트 스토캐스틱 원리 이해하기

패스트 스토캐스틱은 주가의 현재 위치를 판단할 수 있는 지표로 단기매매와 중·장기매매 모두 사용할 수 있지만 단기매매에 특히 유용하다. 하지만 실전에서는 너무 빠른 매수 매도 신호로 매매가 자칫 엇박자가 날 수 있으므로 일봉보다는 주봉과 월봉에 장착하여 사용할 것을 추천한다.

패스트 스토캐스틱의 계산법을 알면 단기매매에서 적절히 활용할 수 있다. 패스트 스토캐스틱의 지표는 %K로 표기하고 이동평균선을 %D라고 표기한다.

패스트 스토캐스틱 = '해당 일의 종가 − 해당 기간값의 최저가' / '해당 기간의 최고가 − 해당 기간값의 최저가 × 100

$$\%K = \frac{C - L5}{H5 - L5} \times 100$$

%D = %K의 3일 이동평균선

(C: 오늘의 종가, L5: 최근 5일간 최저가, H5: 최근 5일간 최고가)

위에서는 %K를 구하는 기간값은 5로 '%D선 = %K의 3일 이동평균선'으로 기준을 정했지만 실전에서는 조금 더 안전하게 매매하기 위해 %K의 기준값을 10으로 '%D선 = %K의 6일 이동평균선'으로 정해도 된다.

패스트 스토캐스틱을 예제 차트와 함께 살펴보면 이해하기 훨씬 쉬울 것이다.

스토캐스틱의 계산값 구하기

다음 페이지 '제노코 일봉 차트'를 보고 5일간(2021년 11월 22일~26일)의 최저가, 최고가, 오늘의 종가를 알면 오늘의 수치값을 알 수 있다.

- 최저가: 11만 9,400원(2021년 11월 26일)
- 최고가: 14만 5,000원(2021년 11월 22일)
- 해당 일의 종가: 14만 원(2021년 11월 26일)

제노코 일봉 차트

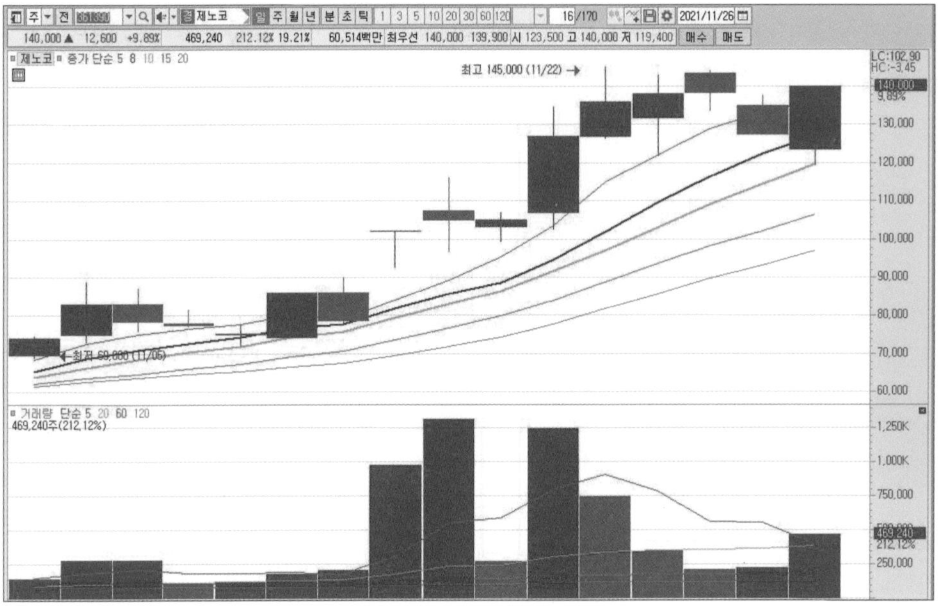

제노코 종목으로 패스트 스토캐스틱을 계산하는 과정

$$\frac{140{,}000 - 119{,}400}{145{,}000 - 119{,}400} = \frac{20{,}600}{25{,}600} \times 100 = 80.47\%$$

패스트 스토캐스틱을 계산해보면 80.47%K(80.46875%)라는 결과가 나온다.

일봉에서 패스트 스토캐스틱 활용

'제노코 일봉 차트'에 패스트 스토캐스틱 지표를 추가해보자. 다음 페이지 차트를 보면 ①번의 음봉과 ②번의 음봉에서는 %K가 신호선보다 아래 있어서 데드크로스인 것을 알 수 있다. ③번의 양봉에서 드디어 %K가 신호선을 골든크로스했다. ③번의 양봉인 이날의 주가를 보면 저가가 −6.28%에서 +9.89%

제노코 일봉에 패스트 스토캐스틱 장착

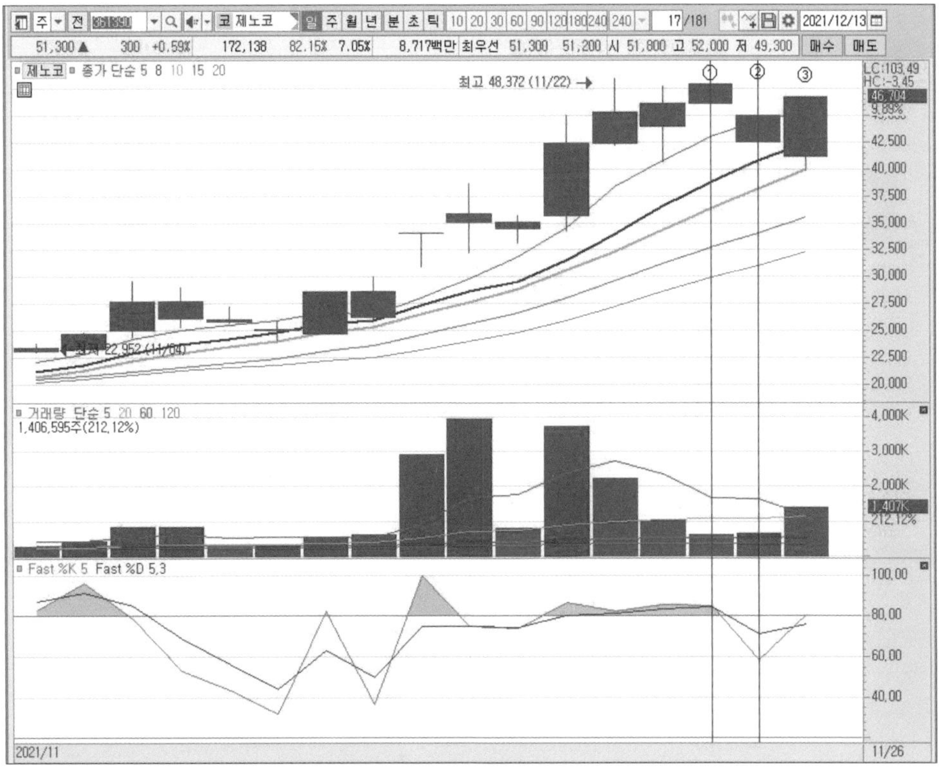

까지 상승했다.

물론 일봉에서 패스트 스토캐스틱의 신호를 보고 매매해도 되지만 약 10%(+9.89%)까지 그냥 보고만 있을 수는 없다. 따라서 단기이동평균선인 5, 8, 10, 15일 이동평균선이 정배열인 상황에서는 다시 반등하는 경우도 많기에 일봉보다는 분봉을 보고 매수 타점을 잡는 것이 좋다.

분봉에서 패스트 스토캐스틱 활용

③번의 양봉인 2021년 11월 26일의 분봉을

제노코 60분봉 차트 매수 타점

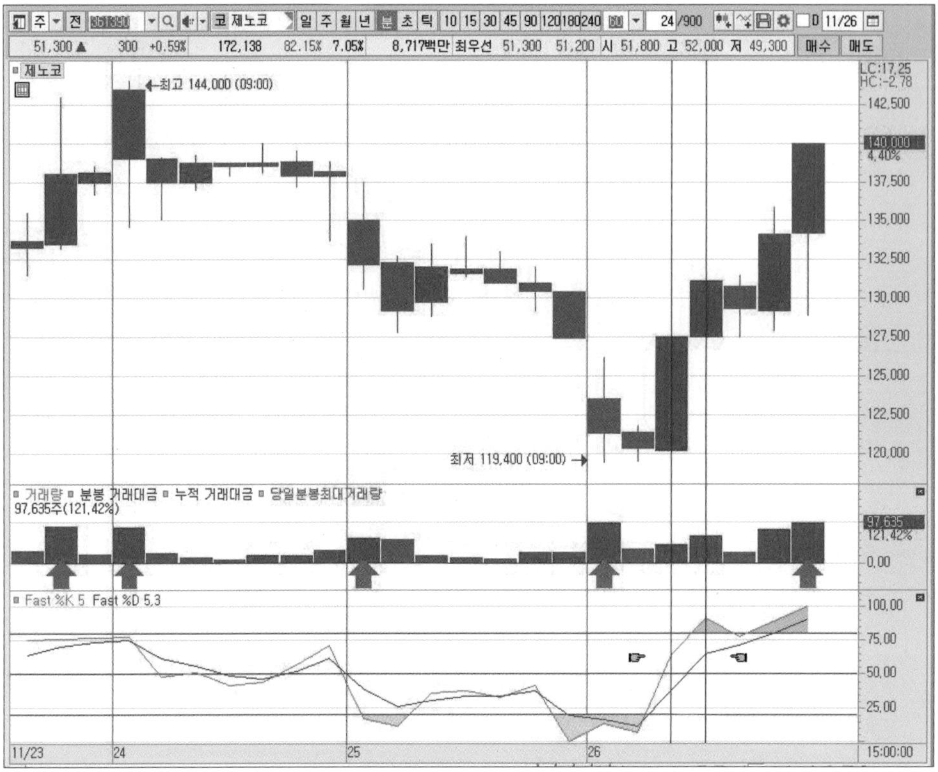

보면서 매수 타점을 잡는 방법을 알아보자. 대부분의 사람들은 실전에서 후행성 지표를 어떻게 해석하고 어떻게 사용하는지 잘 모른다. 후행성 지표는 느린 신호를 알리기 때문에 매수 시점을 나타내면 매도이고, 매도 시점을 나타내면 매수라고 말하는 사람들이 있다. 하지만 이것은 하나만 알고 둘은 모르는 것이다.

아무 지표나 일봉, 주봉, 월봉, 분봉에 깔아서 지표 매매를 하는 것이 아니다. 어떤 지표는 저항과 지지를, 또 어떤 지표는 바닥과 고점을, 또 어떤 지표는 매수 시점을 찾아준다.

'제노코 60분봉 차트'를 보면서 패스트 스토캐스틱으로 매수 시점을 잡는 방법을 알아보자. 여기서 주의할 점은 분봉에서 모든 차트가 이런 모양이라고 해서 상승한다는 보장이 없다는 것이다. 분봉에서 이러한 신호가 나온 것을 보고 상승을 이야기한다면 그 역시 결과론적으로 맞힌 차트로만 설명했기 때문에 사기꾼으로 봐야 한다.

매수 타점이라고 했지만 일봉에서 단기이동평균선이 정배열인 경우가 아니면 분봉에서 이런 타점이 나와도 절대 매매해서는 안 된다. 5, 8, 10, 15일 단기이동평균선이 정배열이기 때문에 제노코의 2021년 11월 26일 분봉 차트를 보면 지지 매매가 맞을 가능성이 높다.

60분봉에서 패스트 스토캐스틱이 매수 타점으로 나와 상승한 것이 아니라 일봉에서 단기이동평균선이 정배열이었기 때문에 60분봉에서 매수 타점이 나오면서 상승했다는 것이 맞다. 매수 시점은 패스트 스토캐스틱으로 찾아낼 수 있지만 반드시 일봉에서 단기이동평균선이 정배열인지를 확인하고 매매해야 안전하다.

매수 시점은 어떻게 되는지 패스트 스토캐스틱의 60분봉을 보고 알아보자. %K가 중심선인 50을 돌파할 때가 1차 분할매수 시점이며, 시그널 선인 %D선이 중심선인 50을 돌파할 때가 2차 매수 시점이다.

패스트 스토캐스틱은 단기매매에 탁월하지만 성격상 빠른 매매가 불가능한 사람 또는 직장인에게는 위험할 수 있다. 나 역시 패스트 스토캐스틱과 슬로 스토캐스틱을 어떻게 사용해야 할지 몰라서 적지 않은 수업료를 갖다 바쳤다. 내가 경험한 바로는 패스트 스토캐스틱은 실전에서는 일봉에 장착하여 매매하는 것보다는 빠르다는 장점을 이용하여 아주 느린 월봉 또는 일봉보다는 조금 느린 주봉에 장착하여 활용하는 것이 탁월한 매매 방법이다.

제노코의 60분봉 매수 타점에서 보았듯이 30분봉 이하에서는 잦은 매수 매도 신호가 나오기 때문에 패스트 스토캐스틱을 이용할 경우 60분봉, 90분봉, 120분봉, 180분봉, 240분봉에서 매수 시점을 잡기 바란다. 분봉에서는 50이 기준이라는 것을 꼭 기억하자.

제노코 일봉에 슬로 스토캐스틱과 패스트 스토캐스틱 동시 장착

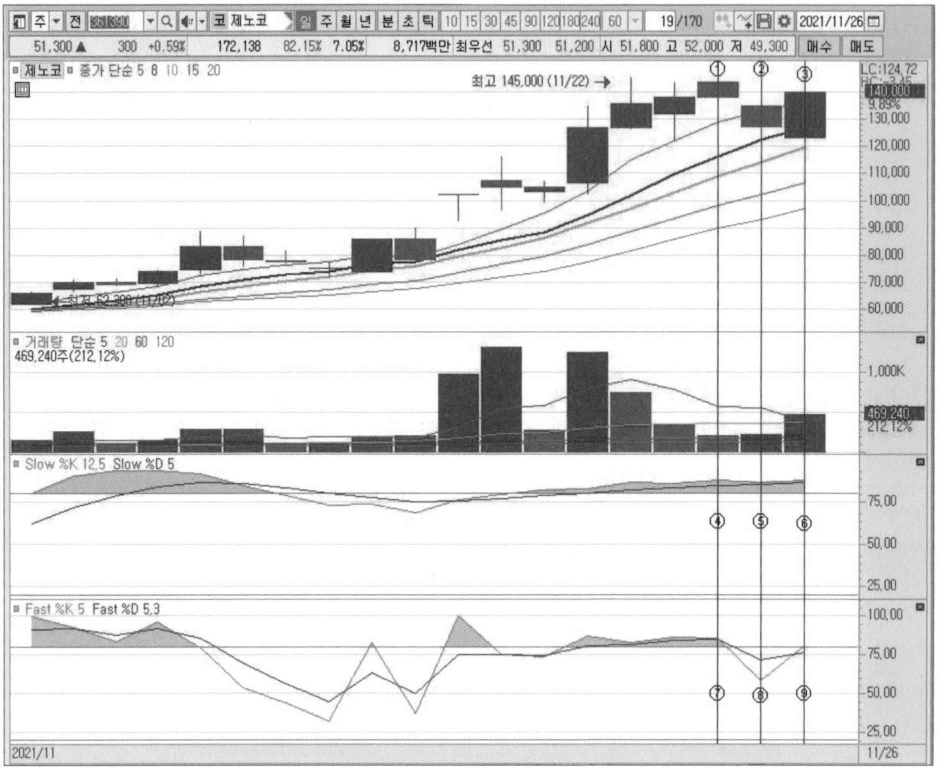

일봉에서 패스트 스토캐스틱을 사용하지 않는 이유

제노코 일봉에 패스트 스토캐스틱과 슬로 스토캐스틱을 동시에 장착해보았다. ①번, ②번, ③번은 봉, ④번, ⑤번, ⑥번은 슬로 스토캐스틱 신호, ⑦번, ⑧번, ⑨번은 패스트 스토캐스틱 신호를 나타낸다.

패스트 스토캐스틱은 빠르다는 장점으로 ①번 음봉에서 ⑦번 매도 시점으로 빠르게 고점에서 매도하는 탁월함을 보였고, ②번 음봉과 함께 ⑧번의 지표를 보면 매도 시점을 나타내어 결과적으로 볼 때는 매도를 잘한 것으로 볼 수 있다. 하지만 슬로 스토캐스틱을 보면 과매수권에서 이탈 없이 지속적으로 상승할 것임을 알 수 있다. 패스트 스토캐스틱은 ③번 양봉과 함께 ⑨번의 매수 신호가 다시 나왔다.

물론 일봉의 기준을 패스트 스토캐스틱으로 사용할지 슬로 스토캐스틱으로 사용할지는 온전히 본인 몫이다. 하지만 수많은 경험에 따르면 패스트 스토캐스틱은 일봉보다 주봉과 월봉에서 사용하는 것이 탁월하다. 분봉에서는 빠르다는 장점을 활용하여 60분봉 이상에서 사용하는 것이 좋다.

보통의 경우 주가가 대세 상승장 또는 대세 하락장이 아닐 때 패스트 스토캐스틱은 50을 기준으로 하여 80 이상이면 과매수권, 20 이하이면 과매도권으로 판단한다. 실전에서는 50을 기준으로 활용하지 않고 과매도권과 과매수권에서 매매하는 것을 추천한다.

패스트 스토캐스틱의 경우 상승장일 때 월봉 또는 주봉에서 과매수권에 들어간 종목을 매매하는 것을 추천하며, 하락장일 때는 과매도권에 들어간 종목은 우량주가 아닌 이상 쳐다보지 말아야 한다.

초보자 또는 주린이들은 많이 상승한 종목을 보면 무서워서 매매하지 못하거나 조금만 수익을 내고 나오는 경우가 많다. 하지만 실전에서 상승장일 때는 추세의 원리상 과매수권에서 계속 과매수권을 유지하면서 더 상승하는 경우가 많다. 월봉에서 패스트 스토캐스틱이 주는 신호를 믿고 하락 다이버전스가 나오기 전까지는 보유하여 큰 수익을 내거나 단타매매를 하더라도 그러한 종목군들로 매매하면 좀 더 빠르게 수익을 낼 가능성이 상당히 높다. 이처럼 패스트 스토캐스틱은 일봉과 주봉, 월봉에서 해석하는 데 천지 차이를 보이니 일봉보다는 느린 주봉과 항공모함같이 정말 느린 월봉에서 사용하는 것이 현명하다.

슬로 스토캐스틱 기본 개념과 원리 이해하기

슬로 스토캐스틱은 패스트 스토캐스틱의 단점을 보완하고자 만들어진 지표이다. 패스트 스토캐스틱을 일봉이나 분봉에 장착하여 사용하면 스캘핑이 아닌 이상 너무 빠른 신호로 기준을 잡기 어려운 경우가 많다. 이에 반해 슬로 스토캐스틱은 단기매매, 장기매매 모두 사용 가능하다.

패스트 스토캐스틱을 설명하는 과정에서 %K가 5, %D가 3이라면 안정적으로 %K를 10, %D를 6으로 사용하는 방법도 안내했다. 또한 수치값을 조금 더 느리게 15, 9 또는 20, 12로 하는 방법도 있다. 하지만 이렇게 하면 안전성은 있으나 패스트 스토캐스틱의 빠르다는 장점을 놓칠 수 있기에 이것을 보완하기 위해서 만들어진 지표가 슬로 스토캐스틱이다.

실전에서는 패스트 스토캐스틱보다 느리지만 안정감이 있어서 월봉, 주봉, 일봉에 모두 사용 가능하지만, 나는 주로 일봉과 분봉에서 사용한다.

슬로 스토캐스틱을 이용한 매수, 매도 방법

'기아(이전의 기아차) 일봉 차트'를 보면서 슬로 스토캐스틱을 이용하여 매수, 매도 시점을 알아보자. 매수 시점과 매도 시점을 파란색 세로선으로 표기했다. ①번 봉에서 매수 시점, ②번 봉에서 매도 시점, ③번 봉에서 매도 시점, ④번 봉에서 매수 시점을 나타냈다. ⑤번 지표에서 매수 시점, ⑥번과 ⑦번 지표에서 매도 시점, ⑧번 지표에서 매수 시점을 나타냈다.

실전에서는 일봉에서 슬로 스토캐스틱이 과매도권(일명 늪)에 빠졌을 때가 아니라 과매도권에 빠진 후 상향 이탈하는 시점에서 매수한다. 매도는 과매수권에 진입할 때 1차 매도, 과매수권 진입 후 이탈할 때 2차 매도 시점인데 과매수권에서 %K선이 시그

기아 일봉 차트

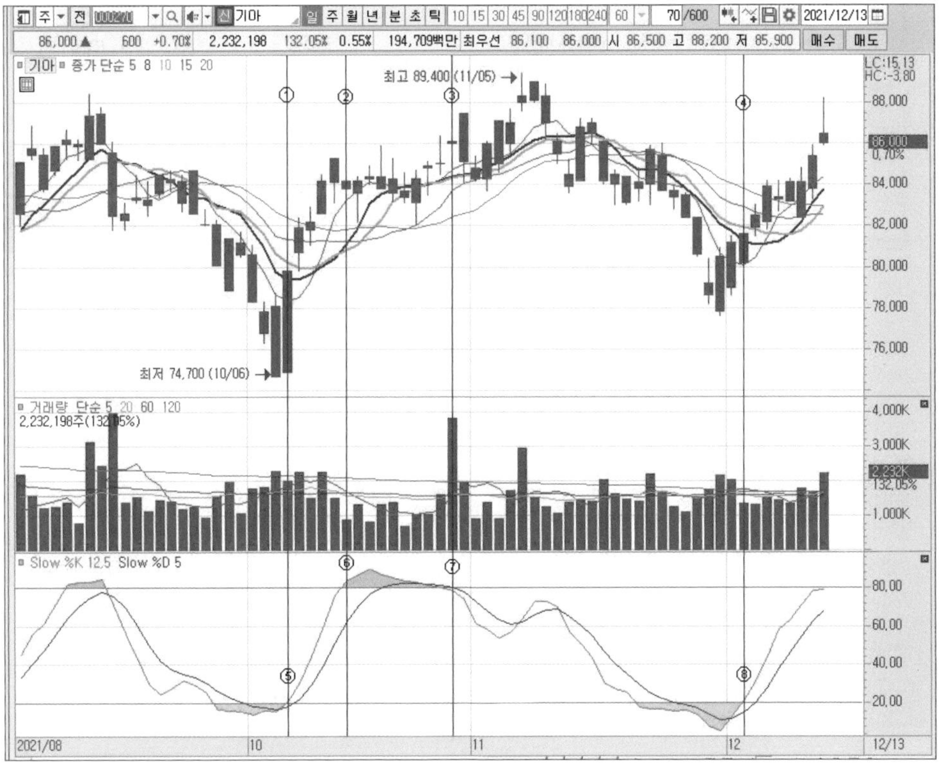

널 선인 %D선을 이탈할 때 분할매도해도 무방하다.

또한 한 템포 빠르게 매도하기 위해서는 굳이 일봉의 신호를 보는 것보다 하위 분봉인 240분봉, 180분봉, 120분봉을 보고 매도하면 된다. 매수는 느리게 하는 것이 가장 안전하고 좋지만, 매도는 빠르게 해도 무방하다.

주식 초보자들은 일봉만 생각하고 60분봉 이상의 분봉, 즉 90분봉, 120분봉, 180분봉 등은 생각하지 않는데 실전에서는 남들보다 때로는 조금 빠르게, 때로는 조금 느리게 매매할 줄 알아야 한다. 실전 매매로 수익을 내려면 여러 가지 방법을 다양하게 구사해서 30분봉과 60분봉 말고도 90분봉, 120분봉, 180분봉, 240분봉도 간간히 사용해야 한다.

03 CCI 활용 방법

CCI 지표의 정의와 원리

CCI(Commodity Channel Index, 추세 채널 지수)는 추세를 확인하기 위한 보조 지표로서 1980년 도널드 램버트(Donald Lambert)가 만든 것이다. 변동성이 심한 선물매매에서 위험을 헤지(hedge)하기 위해 만들었는데, 현재 가격(주가)과 이동평균값의 차이를 이용하여 현재 시점이 과매수 구간인지 과매도 구간인지를 판단하는 데 사용한다. CCI 지표의 고점은 해당 주가의 평균가격에 비해 현 시점이 특히 높다는 것을 나타내고, 저점은 해당 주가의 평균가격에 비해 현시점이 너무 낮다는 것을 나타낸다.

CCI는 변동성이 심한 선물 매매에서 착안한 지표이므로 매수나 매도 신호가 나오면 한 번에 매매하지 말고 분할매매하는 것이 좋다.

선물이 아닌 현물, 즉 주식 매매에서는 이동평균선으로 주가의 변동을 측정하는데, 주가가 이동평균선과 어느 정도 벌어지면 다시 이동평균선으로 회귀하려는 성향을 이용하는 것이다. 현물에서는 CCI 값이 높을수록 현재 주가가 이동평균값보다 높아지면서 차이가 커지고, 반대로 낮을수록 현재 주가가 이동평균값보다 낮아지면서 차이가 커지는 원리다.

CCI가 상승할 때는 주가가 오르기 때문에 분할매수하고, 하락할 때는 주가가 내리기 때문에 분할매도하면 된다. 실전 매매에서는 적용하기 쉬워 보이지만 빠른 매매 신호로 자칫 엇박자가 날 수 있으므로 초단타가 아닌 이상 일봉과 분봉보다 주봉이나 월봉에 장착하여 사용하는 것이 바람직하다.

CCI 계산하는 방법

CCI를 계산하려면 다음의 순서를 밟아야 한다. 우선 해당 기간의 고가, 저가, 종가를 합하여 3으로 나눈다. 여기서 나온 값(M)을 해당 기간(n) 동안의 단순이동평균값으로 나눠 m을 구한다. 이제 M에서 m을 뺀 절댓값을 해당 기간(n)의 단순이동평균값으로 나눈 뒤 0.015를 곱한다.

- CCI=(M − m) / (d × 0.015)
- M=(고가 + 저가 + 종가) / 3
- m=M의 n일 단순이동평균값=M / n
- d=절댓값(|M − m|)의 n일 단순이동평균=(|M − m|) / n

여기서 0.015는 램버트가 사용한 값으로 CCI가 −100에서 +100 사이에서만 움직일 수 있도록 설정한 수치값이라고 보면 된다. 실제 계산해보면 CCI 값의 70~80%가 ±100 사이에 있다는 것을 알 수 있다.

CCI 지표를 어떻게 해석할까?

증권사의 HTS(홈트레이딩 시스템)는 정말 많은 발전을 거듭해왔다. 우리는 증권사에서 만들어놓은 지표를 그대로 쓰면 되고, 실전에서는 나에게 맞는 수치값으로 나만의 지표를 만드는 것도 하나의 방법이다. 계산 방식은 어려울 수 있으나 실전에서는 CCI 지표를 어떻게 활용하느냐가 더 중요하다.

CCI가 과매수권, 즉 +100 이상에 머무른다면 주가는 상승하고 있으나 머지않아 하락할 수도 있다고 판단해야 한다. 반대로 과매도권, 즉 −100 이하에 머무른다면 주가는 하락하고 있으나 머지않아 상승 또는 반등할 수 있다고 판단해야 한다.

이론상으로는 이렇게 해석되지만 실전에서는 조금 다르게 해석한다. 지표 자체가 민감하기 때문에 일봉과 분봉에서는 사용하지 않으나(물론 초단타매매에서는 일봉과 분봉에도 적용 가능하다) 주봉과 월봉에서 애지중지하는 지표 중 하나이다.

실전에서는 대량의 거래량(1,000만 주 이상)과 대량의 거래대금(1,000억 원)이 터진 장대양봉(장대양봉은 고가 26% 이상, 종가 13% 이상에서 마감한 종목)이 나온 종목 중에서 +100 이상을 돌파할 때 또는 돌파 중인 종목을 주로 매매하며 +100이었다가 +100을 하향 이탈할 때 매도한다.

CCI의 기준점은 0이며 과매수를 +100, 과매도를 −100이라 한다. CCI는 다이버전스(Divergence)를 빠르게 찾기 위함이며 과매수와 과매도에서도 매매가 가능하다. 주가는 지속적으로 상승하는데 지표의 수치값은 내려가는 것을 하락 다이버전스라 하고, 주가는 지속적으로 하락하는데 지표의 수치값은 올라가는 것을 상승 다이버전스라고 한다.

CCI 지표를 보고 매수하는 방법은 3가지다.

첫 번째, CCI가 과매도권인 −100에 머물러 있다가 갑자기 −100을 상향 돌파할 때

두 번째, CCI가 0선 아래 있다가 0선을 상향 돌파할 때

세 번째, CCI가 과매수권인 +100을 처음으로 상향 돌파할 때(매도는 과매수권인 +100을 이탈할 때)

단, 세 번째는 조금 위험한 매매일 수 있으니 많은 연습과 경험이 필요하다.

CCI 지표가 민감하고 빠르기 때문에 매수는 한 번에 하는 것보다 분할로 하며, 매도는 한 번에 해도 무방하다. 신호 자체가 빠르고 민감하기 때문에 일봉과 분봉보다는 주봉과 월봉에 장착하여 사용한다면 한층 더 높은 수익률을 올릴 수 있다.

CCI 지표의 활용

다음 페이지에 나와 있는 '삼성전자 일봉 차트'를 보면 CCI 늪에 들어간 것과 과매도권에 들어간 것을 파란색 세로선으로 표시했다. 실전에서는 −100인 과매도권에서 매수하는 게 아니라(과매도권을 일명 늪에 빠졌다고 표현한다) 늪에서 빠져나온 것을 확인한 후 매수해야 한다. 매도는 +100인 과매수권에 진입할 때부터 분할로 하고, +100인 과매수권을 다시 빠져나올 때(+100에서 +100을 하향 이탈할 때) 전부 매도하면 된다.

CCI는 빠른 신호가 장점인 반면 상승 추세에 있는 종목은 보통 −100인 과매도권, 일명 늪에 빠지는 경우가 많지 않으니 참고하기 바란다.

CCI가 빠르기 때문에 일봉과 분봉보다 주봉과 월봉에 장착하여 사용하라고 말했다. 일봉에서 사용한다면 시가총액 9조 원 이상인 대형주에 적용한다. 대형주의 느린 특징을 살려 지표의 단점을 줄일 수 있으며, 최근 급등한 종목군들 중 거래대금 1,000억 원과 상승률 13% 이상의 종목군들에서 매매하면 승률을 높일 수 있다(여기서 최근이라 함은

삼성전자 일봉 차트

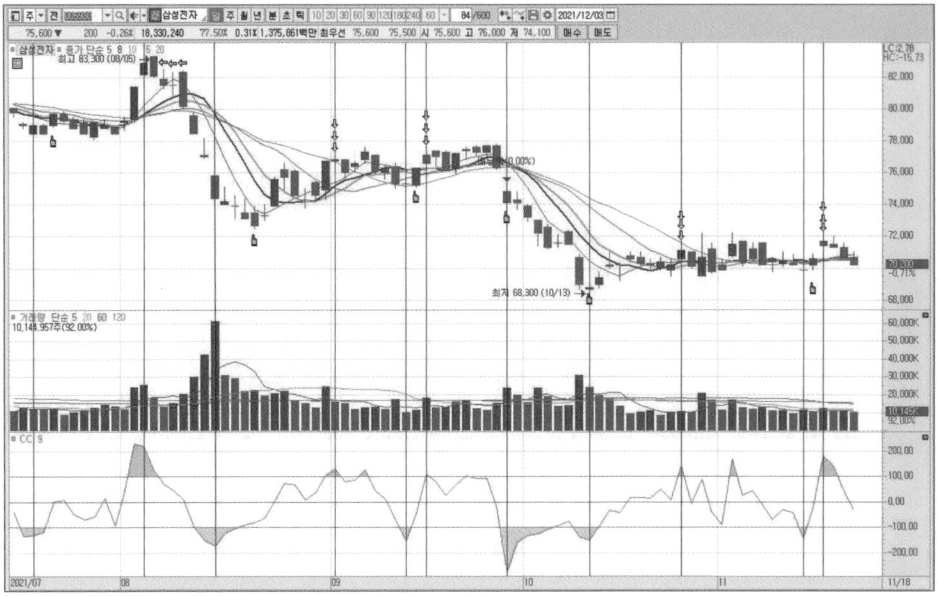

13일 이전에 종가상으로 13% 이상의 급등 또는 고가 26%의 급등을 말한다).

매수 시점은 CCI의 −100을 상향 돌파하는 시점으로 손가락 표시를 해두었다. 매도 시점은 결과가 아닌 노란색 화살표로 표기했다.

삼성전자 일봉 차트로 CCI를 사용해 과매도권에 사서 과매수권에 매도하는 기본적인 매매 기준에 대해 알아보았다. 하지만 방법을 알았다고 해서 바로 큰돈을 투자하면 실패할 가능성이 높다. 소액으로 자신만의 매매 방법을 만들고 어느 정도 확률 높은 데이터가 나왔을 때 실전 투자하기 바란다.

상승 다이버전스에 대처하는 방법

상승 다이버전스(Positive Divergence)는 해당 종목의 가격은 지속적으로 하락하는데 지표의 수치값은 반대로 상승하는 것을 말한다. 다음은 다이버전스로 매수 매도하는 방법을 알아보자.

앞에서 지난 차트로 과매도권에서 매수해 과매수권에서 매도하는 방법을 알아보았지만 실전에서는 앞으로 어떻게 될지 모르는 상황에서 오직 가능성만을 가지고 매매해야 한다. 어디서 사고 팔아야 하는지 단정 지을 수 없다는 것이다.

또한 아무리 확률이 높은 매매 방법이라 할지라도 세계 증시와 갑작스런 돌발 악재가 나온다면 주가는 하락할 수밖에 없다. 절대적인 것은 없으나, 지금 설명하려는 다이버전스는 확률이 상당히 높기 때문에 목표 수익률만 욕심 내지 않으면 승률 높은 매매가 가능하다.

상승 다이버전스로 매수 시점 찾기

'삼성전자 일봉 차트'로 상승 다이버전스를 설명해보겠다. 다음 페이지에 나와 있는 차트를 보면, 상승 다이버전스는 주가는 지속적으로 하락하는데 지표의 수치값은 반대로 올라가는 현상으로 곧 내부적으로 누군가 주가를 끌어올릴 가능성이 높다고 판단할 수 있다.

실전에서 과매도권이 나온 후 주가가 상승할 것을 예측했으나 반대로 더 하락하는 경우가 간간이 발생한다. 이런 경우 2차 매수를 해도 되지만 물리지 않고 스윙 트레이딩을 한다면 1차 매수보다 2차 매수에서 상승 다이버전스를 보고 과감히 매수할 줄 알아야 한다.

상승 다이버전스는 분봉, 일봉, 주봉, 월봉 모두 적용되지만 월봉 이상에서는 사용하지 않는 것이 바람직하며 분봉과 일봉에서 적절히 사용할 것을 추천한다.

월봉에서 사용하지 않아야 하는 이유는 월봉에서 과매도권에 빠진 종목군들은 보통 장기적으로 하락 추세에 있고 내부적으로 악재가 있거나 또는 해당 업종이 호황보다 불황인 경우가 많기 때문이다. 단, 시가총액 50위 이내의 기업 중 개별 악재나 다른 문제가 없

삼성전자 일봉 차트 상승 다이버전스

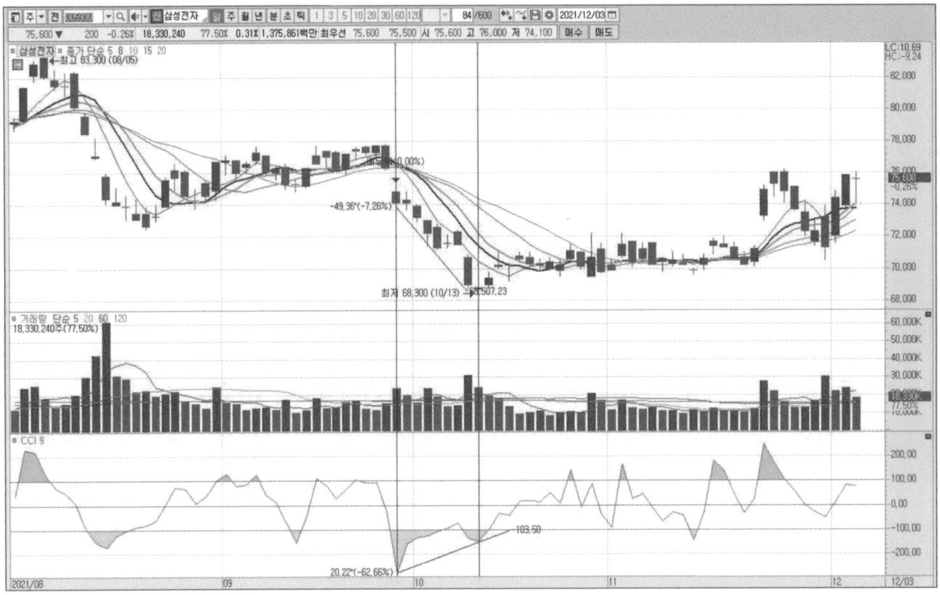

는 종목군들에 한해, 투자금액이 상당히 많고 3년 이상 장기투자로 보유해도 아무 이상이 없는 투자자의 경우에 한하여 매매해도 된다.

하락 다이버전스에 매도 시점 찾기

하락 다이버전스(Negative Divergence)는 해당 종목은 지속적으로 상승하는데 지표의 수치값은 반대로 하락하는 것을 말한다.

다음 페이지에 나와 있는 '삼성전자 주봉 차트'에서 ①번은 CCI가 과열권에 들어간 모습으로 ①번 파란 세로선 이후의 주가를 모른다고 가정하고 해석해보자. 실전에서는 +100일 때 매수해서 +100을 빠져나올 때 매도한다고 설명했다. ①번 세로선에서 잘 매수했다고 가정했을 때, 당시 전 세계가 주식에 미쳐 있다는 재료가 뜰 만큼 증시 상황이 좋은 시기로 코스피를 대표할 만한 삼성전자 역시 예외는 아니었다.

삼성전자 주봉 차트 하락 다이버전스

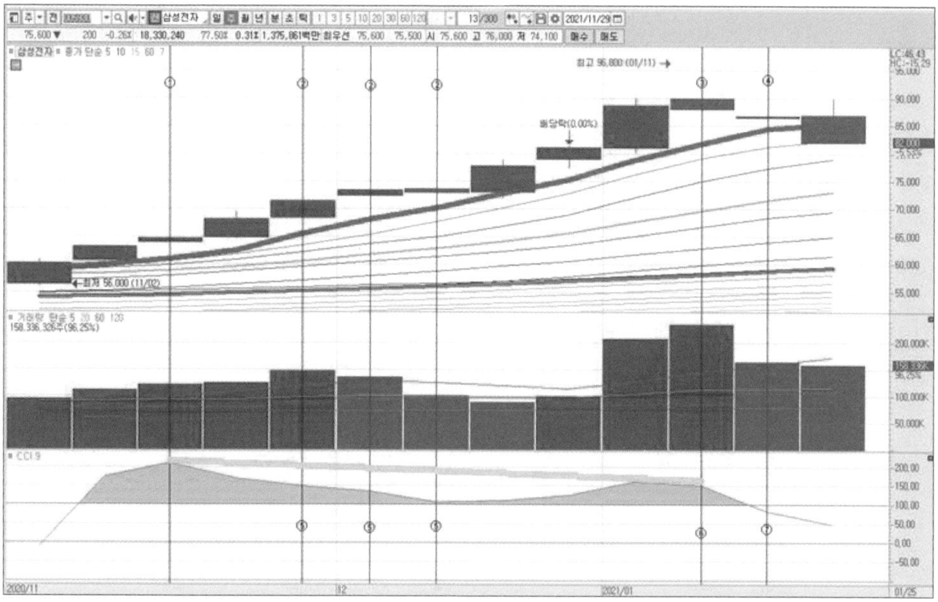

세로선 2, 3, 4번째에 ②번으로 표기했다. 그 아래 ⑤번으로 표기했는데 지나간 차트를 현재 관점에서 모른다고 가정하고 해석하면 ②번의 3개 줄 모두 상승하는데 ⑤번의 CCI 수치값이 내려가고 있으므로 주가는 앞으로 하락할 가능성이 높다고 볼 수 있다. 따라서 ②번의 3개 줄에서 분할매도하면 된다.

지나간 결과를 보니 어리석은 매매로 보일 수는 있으나 ①번 봉에서 ②번은 미래였기 때문에 지표가 주는 신호를 믿고 분할매도해야 한다. 전부 매도하지 않아도 되는 이유는 CCI 특성상 빠른 신호로 자칫 엇박자가 날 수 있기 때문이다. 또한 CCI가 +100에서 +100 이하로 하향 이탈하지는 않았기 때문에 전량 매도하지 않아도 된다.

다음은 ③번의 세로선과 그 아래 ⑥번의 수치값이 보일 것이다. 실전에서는 이렇게 정석대로 가는 경우가 많지 않으나 대형주는 6주 정도, 중·소형주, 즉 시가총액으로 5,000억 원 이하인 경우 첫 대량의 거래량과 대량의 거대대금이 터진 시점을 기준으로 3주 정도로 하락 다이버전스를 판단하면 어느 정도는 맞다. 물론 좀 더 상승하는 종목들도 있지만 확률상 그렇다는 것이다.

삼성전자의 경우 10주 이상 상승했으나 ⑥번의 지표가 하락을 알리므로 이때는 전량 또는 대부분 매도하는 것이 바람직하다. 전량 매도하는 이유는 6주라는 시간도 지났으며 ①번 아래 CCI 수치값에서 ③번 아래 CCI를 노란 선으로 연결해둔 것을 보면 삼성전자의 가격은 지속적으로 상승하는 데 반해 CCI의 수치값은 지속적으로 하락하는 하락 다이버전스가 나왔기 때문이다. 하락 다이버전스가 명확하게 나오면 전량 매도가 바람직하다.

차트가 아무리 좋고 지표가 매수 신호라고 할지라도 주가가 많이 상승했다면 언제 하락할지 모르니 욕심을 버리고 분할매도하는 것이 정답이다.

마지막으로 ④번 세로선과 ⑦번 CCI를 보면 +100 이상에서 머물러 있던 CCI 수치값은 +100 이하로 하향 이탈, 즉 과매수권에서 빠져나온 것을 볼 수 있다. 이때는 전량 매도해야 한다. 자신만의 원칙을 세우면 되는데 급등주나 시가총액이 적은 종목들은 사실상 과매도권에서 빠져나오기 전에 주가가 상승할수록 하락 다이버전스가 보인다면 중소형주의 빠른 움직임으로 인해 선매도하는 것도 좋은 방법이다.

우량주는 +100 이상의 수치값이 +100 이하의 수치값으로 하향 이탈하는 과매수권의 이탈을 보고 매도하는 것도 하나의 방법이다. 이것은 개개인마다 각자의 원칙을 세워서 만들기 바란다.

04

DMI 활용 방법

지표 매매의 오해와 진실

수많은 지표를 연구해본 결과 DMI(Directional Movement Index, 방향 이동성 지수) 지표만큼 적중률이 높은 지표는 없었다. 'DMI 지표가 잘 맞는다'는 것은 다른 후행성 지표들보다 DMI 지표 자체가 상당히 느리기 때문이라고 할 수 있다. 수많은 고수들은 지표를 보고 매매하지 말라고 한다. 그것은 지표를 안 보고는 수익을 냈지만, 지표를 보고는 수익을 내지 못했다는 뜻이다.

물론 지표를 보지 않고도 수익을 낼 수 있다면 상관없다. 하지만 태어날 때부터 두 발로 걷는 아이가 없듯이 날 때부터 주식 고수인 사람은 없다. 초보자는 봉만 보고 수익을 내기까지 오랜 시간과 시행착오를 겪는데, 그 시간을 조금이라도 단축해주는 것이 지표이다.

단, 맞을 차트에서만 봐야 한다. 매매하지 말아야 할 차트를 제외하고 매매해야 하는 차트에서 매수 신호가 나올 때 매수하면 수익이 난다는 이야기다. 그럼 매매해야 할 종목과 매매하지 말아야 할 종목은 무엇인가? 매매해야 할 종목은 정배열 초기 종목 또는 단기매매인 경우 최근에 급등한 종목군이다. 매매하지 말아야 할 종목은 역배열 중기, 말기부터 역배열 초기 종목 또는 거래량 없이 횡보하는 종목군이다.

단기매매로 이야기해보자. 최소 3개월 이상 거래량이 없다가 최근 3개월 이상 평균 거래량 대비 500~1,000% 이상의 거래량과 1,000억 원 이상의 거래대금이 터진 종목 중 당일 13% 이상 상승한 종목이 있다고 하자. 이런 경우에 대입한 지표에서 매수 시점이 나온 경우 매수해서 수익을 낼 수 있다. 매수 시점이 나와서 상승한 게 아니라 최근 급등할 조건을 갖춘 종목에서 매수 시점이 나왔기 때문에 상승한다는 것이다.

확률상 빠른 지표보다는 느린 지표가 수익 낼 가능성이 높다

그럼 왜 느린 지표를 보아야 수익을 낼 수 있을까? 왜 느린 지표가 잘 맞는지 예를 들어 설명해보자.

A는 25세에 갓 대학을 졸업하고 직장을 알아보는 청년이다. B는 35세에 대기업을 다니고 중형차 한 대와 함께 서울에 괜찮은 집 한 채를 보유하고 있다. 여기서 사랑이라는 감정은 배제하고 누구를 결혼 상대로 선택하겠는가? 누가 봐도 B를 선택할 가능성이 높다. 결혼 적령기를 떠나 B는 결혼 준비가 되어 있기 때문이다. 나이가 어리더라도 결혼할 정도의 여건을 마련해두었다면 결혼을 반대할 부모는 없다.

지표 매매에도 이와 같은 원리가 담겨 있다. 매수 신호가 나오고 누가 봐도 상승할 수치값인데도 주가가 상승하지 않았다면 보통 거래량을 터트리며 상승하는 경우가 많다. 따라서 이런 종목을 지표로 찾아내고 수익을 내는 나만의 방법을 만들면 된다.

그렇다면 느린 지표가 왜 잘 맞을까? 여기에서도 매수 신호가 나오고도 주가가 오르지 않은 종목군을 찾는 것이다. 단기매매를 제외하고 중·장기매매에서는 정배열 초입 구간에서 빠르게 오르지 않는 구간을 찾아야 하는데, 느린 지표를 보면 그런 매수 시점을 찾을 수 있기 때문이다. 주가가 급등하고 지표가 따라가는 것을 후행성이라고 한다. 후행성일 때 매수하는 것이 아니라 주가가 이 정도면 상승해도 되는데 아직까지 상승하지 않은 종목들을 지표로 찾아낸다는 것이다. 그래서 빠른 지표보다 느린 지표가 잘 맞는 것이다.

DMI를 활용한 매매 방법

아마도 해당 지표가 매수 시점을 나타냈을 때 후행성으로 빠르게 매수 시점을 나타냈는지 아니면 느리게 매수 시점을 나타냈는지를 명확히 알 수 없을 것이다. 예제 차트를 보기 전에 먼저 DMI의 활용 방법을 알고 넘어가자.

1. 표기

DI플러스는 PDI 또는 +DI(상승 추세의 강도를 알려주는 지표)라고 하며, DI마이너스는 MDI 또는 -DI(하락 추세의 강도를 알려주는 지표)라고 표기한다.

2. ADX선 파악하기

ADX선(Average Directional Movement Index, 평균 방향 운동 지수)은 주가가 상승하든 하락하든 주가의 방향과는 상관없이 현재 진행 중인 추세의 강도를 나타낸다. ADX선이 간혹 +DI 또는 −DI보다 낮은 수치로 주가가 형성되는 경우가 있는데 주가가 바닥이거나 매수 주체인 거래량이 없어 움직임이 없는 것이라고 해석할 수 있다.

3. +DI 30, -DI 30 확인하기

+DI가 30 이상이면 과매수권이라 하고 일반적인 장세에서는 상승이 제한될 가능성이 높으며, −DI가 30 이상이면 과매도권이라 하고 일반적인 장세에서는 단기 조정이 나타날 가능성이 높다. 우량주가 아닌 이상 급등주나 테마주인 경우 +DI보다 ADX선이 더 높은 경우가 있다. +DI가 30 이상에서 ADX선이 +DI보다 높은 경우 상승 추세가 단기적으로 좀 더 진행될 가능성이 높으며, −DI가 30 이상에서 ADX선이 −DI보다 높은 경우 하락 추세가 단기적으로 좀 더 진행될 가능성이 높다.

4. 3번 매매 상황에서의 빠른 매도 상황

+DI가 30 이상이고, ADX선이 +DI보다 더 높은 위치에 있는 경우 상승 추세가 좀 더 이어질 가능성이 높다고 이야기했다. 후행성 지표이다 보니 빠른 매도 시점은 +DI선과 ADX선이 같은 방향으로 상승하다가 ADX선이 꺾이는 시점일 가능성이 높다. 이때 저점에서 일찍 매수하여 많은 수익이 나면 분할매도를 해도 상관없지만 전량 매도할 필요는 없다. 왜냐하면 ADX선이 꺾인다는 것은 바로 하락 추세로 전환된다는 것이 아니라 상승하는 속도가 줄어들었다는 의미이기 때문에 전량 매도를 할 필요는 없으며, 분할매도로 대응하는 것이 좋은 매매 방법이다. 만약 최근에 매수했고 단기로 진입했다면 전량 매도를 해도 된다.

2차 매도 시점 또는 전량 매도 시점은 +DI가 30 이상의 과매수권에 있고, −DI가 10 이하의 과매도권에 있다가 2개 선의 이격이 좁혀지는 시점이다. 즉, +DI가 30 이상의 과매수권에서 30 이하로 하향 이탈할 때 또는 −DI가 10 이하의 과매도권에서 10 이상으로 상향 이탈할 때를 2차 매도 시점으로 보면 된다.

5. 수치값 설정하기

모든 지표는 후행성이다. 하지만 +DI와 −DI, 2개의 선이 특정 수치를 나타내면 고점과 바닥인 경우가 많은데 +DI가 52 이상, −DI가 6 이하인 경우(각각의 수치값이 동시에 이루어져야 한다) 주가가 상투인 경우가 많았으며, 반대로 –DI가 52 이상, +DI가 6 이하인 경우(각각의 수치값이 동시에 이루어져야 한다) 주가가 바닥인 경우가 많았다. 수치값 역시 절대적인 것은 아니지만 우량주의 경우 +DI가 43 이상, –DI가 9 이하로 –DI가 43 이상, +DI가 9 이하로 설정해도 좋다. 단, 급등주의 경우 나의 소중한 돈을 잃지 않기 위해 좀 더 높은 수치값인 52와 6으로 설정하는 것이 바람직하다. 또한 일봉의 경우 주봉과 월봉보다는 조금 빠르기 때문에 까다롭게 52와 6의 수치값을 쓰면 되고, 주봉과 월봉에서는 일봉보다는 느리기 때문에 조금 관대하게 43과 9의 수치값을 사용해도 무방하다.

6. 주의사항

단기매매를 잘하는 사람은 3개월 이상 평균 거래량이 1,000% 이상이며, 당일 거래대금이 1,000억 원 이상으로 2개 모두 합집합인 경우는 일봉상 예외적으로 고점이 아니고 단기적으로 좀 더 상승할 가능성이 높으니 주의하기 바란다. 단, 우량주에는 잘 맞는 편이니 많은 연습과 함께 잘 연구해보자. DMI는 3개의 선으로 되어 있어서 초보자들이 이해하기 쉽지 않을 수 있다. 많은 예제 차트로 이해의 폭을 넓혀보자.

DMI로 고점과 바닥 알아보기

그럼 DMI로 고점과 바닥을 알아보자. 다음 페이지에 나와 있는 '현대차 월봉 차트'에서 빨간 가로선은 현대차의 최고점을 표시한 것이고, 파란 세로선은 지표의 수치를 찾기 위한 표기다. 최고점인 28만 9,000원에서 DMI의 수치를 보면 ②번 +DI는 56.01, ③번 –DI는 7.89를 나타낸다. 'DMI를 활용한 매매 방법'에서 배웠듯이 월봉에서 +DI가 43 이상이며 –DI는 9 이하이기 때문에 고점임을 알 수 있다.

현대차 월봉 차트

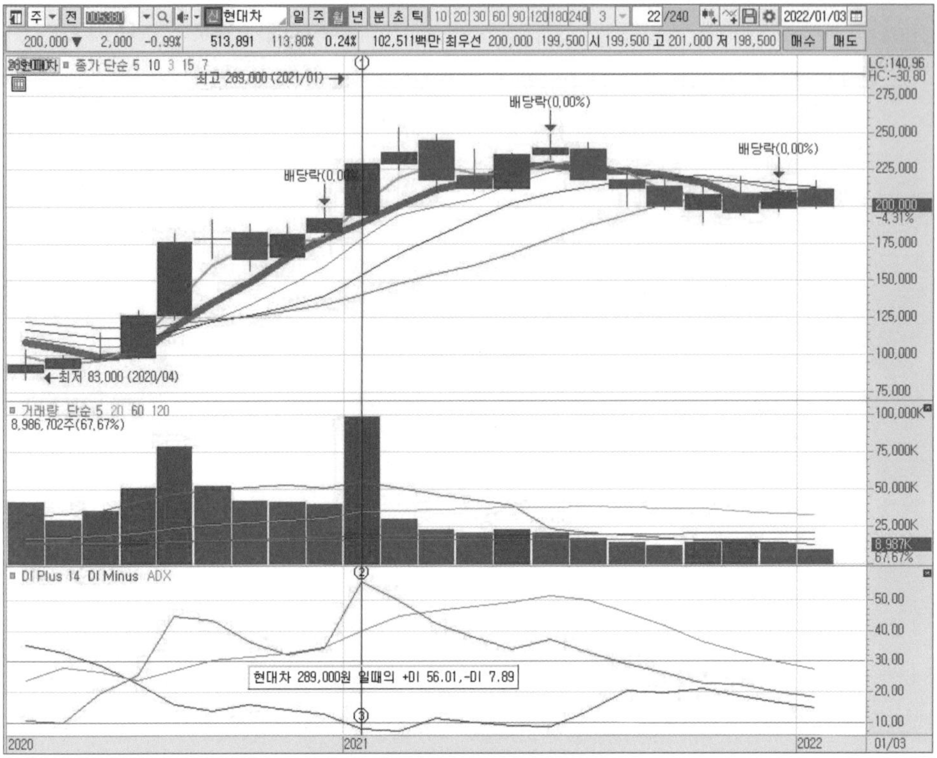

DMI 수치가 잘 맞는 이유는 두 괘선이 각각의 수치값을 나타내는 경우가 사실상 실전에서 자주 나오지 않기 때문이다. 'LG화학 일봉 차트 1'에서 ③번의 네모 박스를 보면 ①번의 −DI 54.31, +DI 6.85로 나타났다. ①번 수치값은 −DI가 54.31로 52 이상은 맞으나 +DI는 6.85로 6 이하로 떨어지지 않아서(−DI 52 이상, +DI 6 이하) 까다로운 수치값은 달성하지 못했다. ④번의 네모 박스를 보면 ②번의 수치값이 −DI 50.87, +DI 5.89로 나타났다. ②번의 수치값은 +DI 5.89로 6 이하로 떨어졌지만 −DI 50.87로 52 이상이 되지 않아(−DI 52 이상, +DI 6 이하) 까다로운 수치값은 달성하지 못했다. 하지만 관대한 수치값인 −DI 43 이상과 +DI 9 이하는 모두 달성했다.

수치값이 꼭 까다로운 52와 6이 아니어도 되고, 관대한 43과 9가 아니어도 된다. 단, 43과 9 이하로 좀 더 관대한 수치값은 만들지 말기를 바란다. 바닥 종목을 찾을 때

LG화학 일봉 차트 1

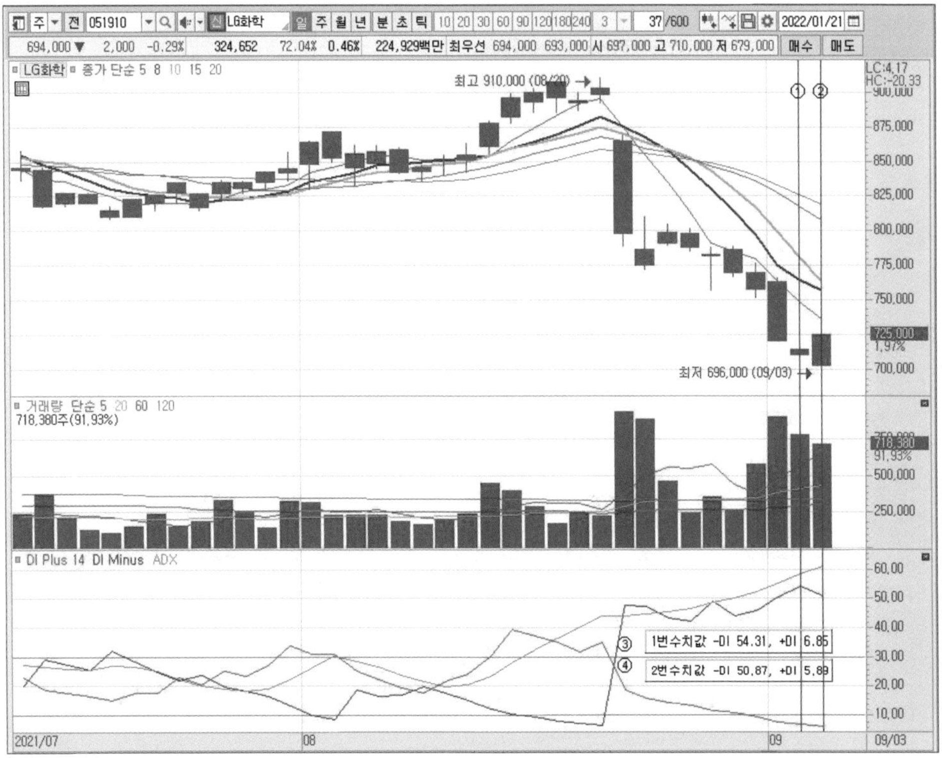

−DI가 43 이상이 아닌 40 이상, +DI가 9 이하가 아닌 12 이하의 값으로 설정하지 말라는 것이다. 또한 까다로운 수치값과 관대한 수치값을 적절히 늘리고 줄여서 바닥 종목을 찾을 때 −DI가 43~52의 숫자로 합하면 95의 수치값을 가지기 때문에 46~49의 수치값으로 정해도 된다. 또한 +DI의 경우 6~9의 숫자로 합하면 15의 수치값을 가지기 때문에 7~8 미만으로 정해도 된다.

다음 페이지에 나와 있는 'LG화학 일봉 차트 2'를 보면 앞의 차트 ①번과 ②번의 세로선이 보인다. LG화학 일봉 차트 2는 'LG화학 일봉 차트 1'의 ①번, ②번에서 매수 후 주가가 어떻게 되었는지 보여준다. 매수가 잘되었다면 이제 매도인데 우량주는 저점 대비 10% 상승이면 분할매도하여 15% 이내에서 전량 정리하는 것이 바람직하다.

LG화학 일봉 차트 2

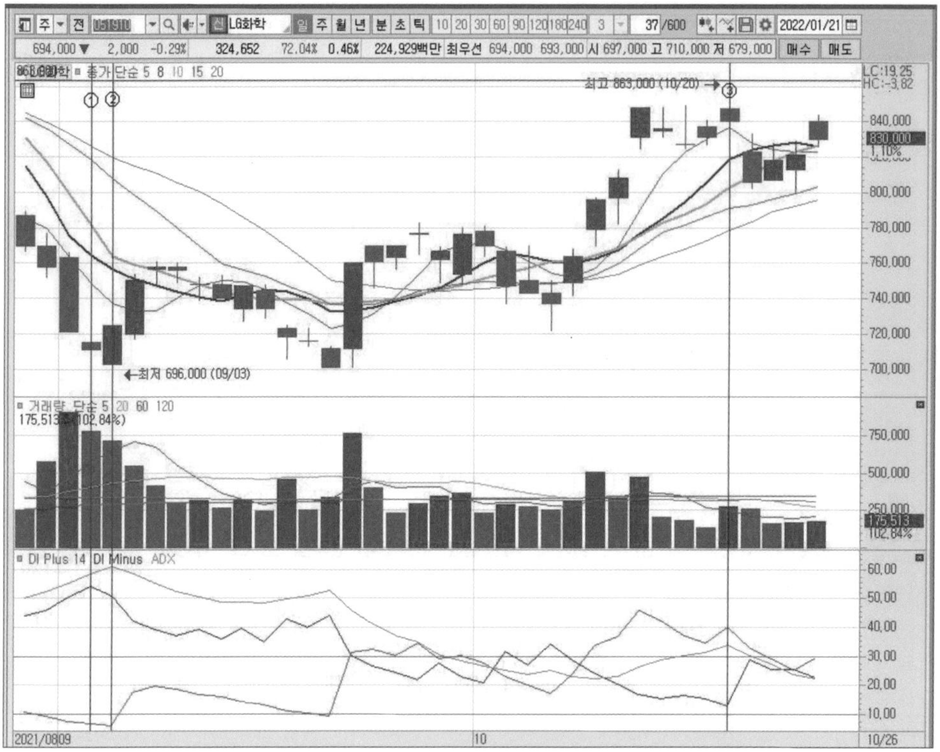

DMI의 교차 신호로 매수 시점 알아보기

다음은 DMI의 교차 신호로 매수 시점을 알아보자. 나는 월봉, 주봉, 일봉, 분봉을 전부 사용하지만 DMI의 지표를 완벽하게 사용하기 전까지는 가급적 월봉에서 사용하기를 바란다. 월봉같이 느린 항공모함에서는 추세가 상승이든 하락이든 한번 결정되면 그 방향으로 상승하는 경우가 많기 때문에 매매하기 쉽다.

'LG전자 월봉 차트'에서 ①, ②, ③번은 DMI에서 +DI의 모습을 나타낸다. ①번은 +DI와 −DI가 이격을 상당히 좁힌 모습으로 ①번에서는 매수하지 못한다. ②번에서

LG전자 월봉 차트

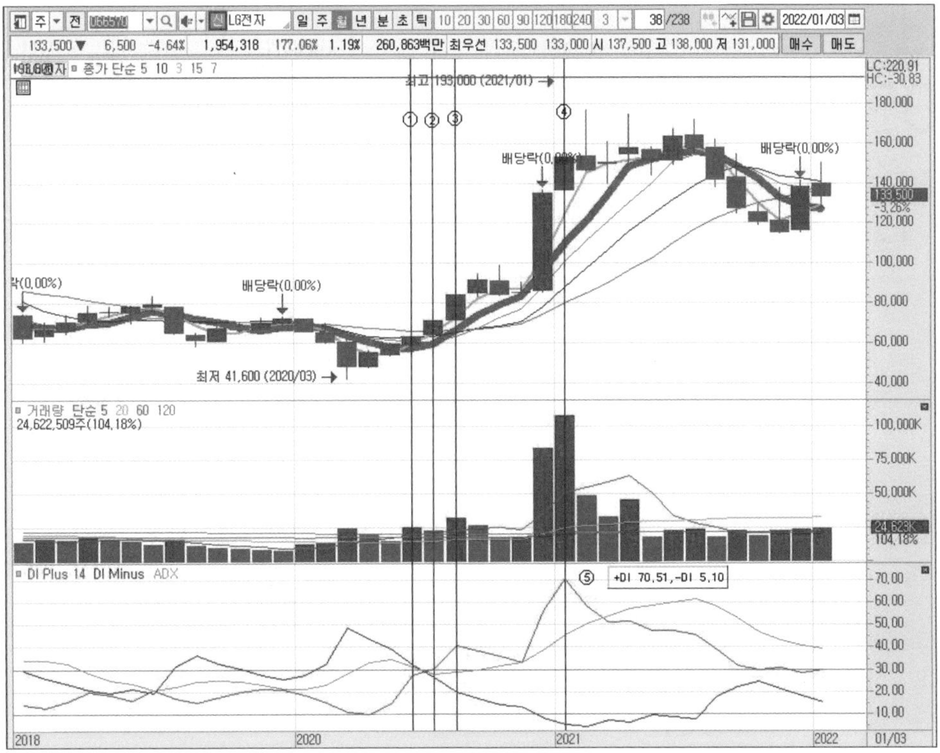

는 +DI가 −DI를 교차했으므로 분할매수 시점이다. ③번은 +DI가 −DI를 교차한 후 30 이상에 과매수권으로 안착하는 모습으로 역시 매수 시점이다. ④번은 우량주인데도 DMI 매매 방법 5)에서 말한 까다로운 수치값인 +DI 52 이상, −DI 6 이하를 달성했다. ④번에 있는 빨간 줄은 ④번의 고점인 19만 3,000원을 나타낸다. DMI 매매는 월봉 이상에서 먼저 경험을 쌓은 후 일봉 이하의 차트에서 경험을 쌓으면 좋다.

05 가격 차트 활용 방법

당신은 확률을 어떻게 생각하는가

가격 차트를 설명하기 전에 2003년에 방영되었던 드라마 〈올인〉의 한 장면을 이야기해보겠다.

포커와 섯다에서 타짜로 이름을 날린 남자 주인공 김인하(이병헌 분)에게 동료인 제니(김태연 분)가 이렇게 말한다. "프로겜블러가 되기 위해서는 도박이 뭔지 포커가 뭔지 처음부터 다시 배우세요." 제니는 인하에게 존슨 교수를 소개해주는데 그는 강의에 앞서 이런 질문을 한다. "어떤 사람이 제안을 했다. 이 주사위를 굴려서 1이 나오면 내가 상대방에게 6달러의 이익을 얻고, 1 이외의 다른 숫자가 나오면 내가 상대방에게 1달러를 잃는 내기를 한다면 제안을 받아들일 것인가?"

여러분이라면 이 제안을 받아들이겠는가? 극중 인하는 제안을 받아들여야 한다고 답한다. 그 이유는 주사위를 120번 굴렸다면 1이 나올 확률이 20번이기 때문에 6달러×20=120달러를 상대방에게 받고, 1 이외의 숫자(2, 3, 4, 5, 6)가 나올 확률은 100번이므로 1달러×100=100달러를 상대방에게 주기 때문에 결과적으로 수익은 120달러, 손실은 100달러가 되기 때문이다. 주사위를 많이 굴릴수록 내가 이길 가능성이 높다는 것이다.

차트 매매로 수익을 꾸준히 내기까지는 정말 많은 시행착오를 겪는다. 차트, 재료, 거래량이 다 좋아서 바로 수익이 날 가능성이 얼마나 될까? 주식이 어려운 이유는 정형화되어 있지 않다는 것이다. 정형화되어 있다면 서울대 학생들은 모두 다 주식투자로 큰돈을 벌 수 있지 않겠는가.

그렇다면 가격 차트는 왜 중요할까? 해당 가격이 상승하면 가격 차트 역시 상승하고, 해당 가격이 하락하면 가격 차트 역시 하락한다. 하지만 가격 차트의 장점은 완전 후행성이라는 것이다. 시시각각 움직이는 호가창에 일봉, 분봉의 움직임을 보고 있으면 어진다 내린다는 것을 금방 알 수 있기 때문에 우왕좌왕할 가능성이 높다.

주식투자와 부동산 투자를 예로 들어보자. 1년간 주식과 부동산에 투자한다고 가정해보겠다. 주식투자는 내가 매수한 후 HTS를 보면 수시로 오르락내리락하는 시세를 알 수 있다. 하지만 부동산은 일부러 내가 알아보러 다니지 않는 한 시세가 올랐는지 내렸는지 알 수 없다.

원숭이와 어린이가 주식 전문가보다 낫다

'원숭이와 어린이가 주식 전문가보다 낫다'라는 말이 있다. 〈월스트리트저널(WSJ)〉이 개최한 주식 투자 수익률 대회 결과를 두고 나온 말이다. 2000년 7월부터 이듬해 5월까지 10개월간 가상의 원숭이 1마리, 펀드매니저 4명, 일반 투자자 4명이 참여해 주식투자를 했다. 원숭이는 지면에 실린 주식시세표에 무작정 다트를 던져 종목을 찍었다. 결과는 어떻게 되었을까? 모두의 예상과는 다르게 원숭이가 1등을 했다. 대회 기간 동안 원숭이의 투자수익률은 −2.7%였고, 같은 기간 펀드매니저들은 −13.4%, 일반 투자자들은 −28.6%를 기록했다.

2002년 영국 런던에서는 5세 어린이와 증권 전문가, 점성술사가 1년간 수익률 게임을 벌였다. 어린이는 런던증권거래소에 상장된 100개 우량 회사(FTSE100)의 이름을 적은 종이쪽지 가운데서 무작위로 뽑아 투자 종목을 골랐다. 역시 어린이가 1위를 차지했다. 투자수익률은 5.8%로 FTSE100 지수가 16% 하락하는 동안에 거둔 성과였다. 점성술사는 −6.2%의 수익률을 기록했고, 증권 전문가는 원금의 절반 가까이(−46.2%) 날리며 '전문가'라는 호칭을 무색하게 했다.

이 2가지 일화가 주는 교훈은 무엇일까? 부동산 투자처럼 단기적으로 주가가 상승하고 하락하는 것에 너무 신경 쓰지 말라는 것이다. 주식투자를 잘해보려고 하는 행위가 오히려 더 잘못된 결과를 초래할 수 있다. 가격 차트는 다 아는 내용이고 너무 쉬워서 우습게 넘기는 사람들은 이 일화를 다시 한 번 되새겨보자.

차트 매매를 하다 보면 오히려 가격 차트를 보고 매매한 것이 수익이 더 좋을 수도 있다. 가격 차트는 특히 우량주가 잘 맞을 뿐 아니라 단기 하락과 상승에 민감하지 않기 때문에 급등주로 크게 수익을 낼 수 있다. 완전 후행성으로 웬만한 하락이 아니고서는 하락 신호, 상승 신호가 잘 나타나지 않기 때문이다.

렌코 차트

가격 차트의 하나인 렌코 차트(Renko Chart)를 보면서 공부해보자. '키움증권 0600 화면'의 왼쪽 상단 기술적 지표에서 '차트 형태'를 클릭하고, 여러 차트 중에 가운데 빨간 네모 박스의 'Renko 차트'를 클릭한다. 일반적으로 봉 차트로 설정되어 있는데 렌코 차트로 설정하면 봉 차트 화면이 빨간색 벽돌과

키움증권 0600 화면 1

키움증권 0600 화면 2

파란색 벽돌로 구성된 렌코 차트로 바뀐다. 추후에 다시 봉 차트를 보고자 한다면 상단 녹색 네모 박스의 '봉 차트'를 클릭하면 된다.

렌코 차트를 이용한 매수, 매도 방법

렌코 차트는 단기매매도 가능할 수 있으나 보편적으로 중·장기매매에 적합한 지표이기 때문에 단기적으로 시세차익을 노리는 사람들에게는 맞지 않다. 중·장기적으로 매매가 가능한 직장인들에게 탁월한 매매 방법이다. 우량주는 일봉, 주봉, 월봉 모두 매매 가능하다.

삼성전자 렌코 차트 월봉

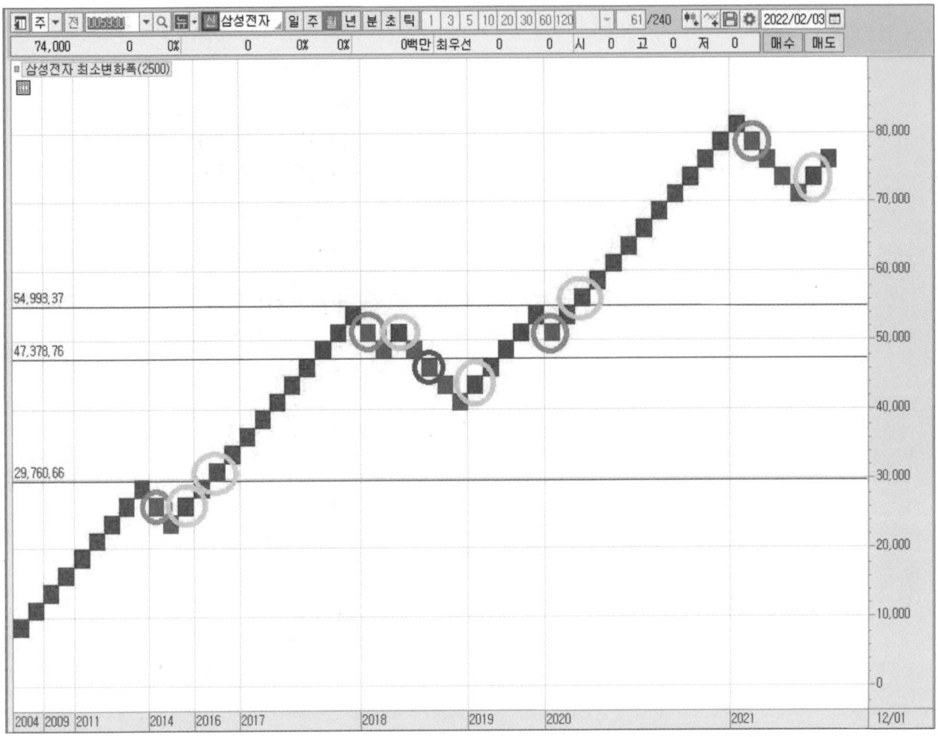

2004년부터 2022년 2월 현재까지의 '삼성전자 렌코 차트 월봉'을 보자. 녹색 원은 매도, 노란 원은 매수를 나타낸다. 월봉에서 빨간 막대기 하나가 월봉당 하나가 절대 아니다. 렌코 차트의 후행성으로 인하여 빨간 막대기가 1년에 하나 나올 때도 있다. 즉, 막대기대로 매매하면 뇌동매매를 줄일 수 있고, 상승장에서는 추세매매가 되기 때문에 추세의 끝을 먹을 수 있다. 중간의 파란 원은 전저점을 깬 모습이기 때문에 매도이기는 하지만, 공매도가 가능한 시점이다. 우량주는 월봉, 주봉, 일봉을 보고 매매해도 되지만 급등주는 월봉, 주봉은 느리기 때문에 일봉을 보고 매매하는 것이 바람직하다.

덱스터는 메타버스 대장주이다. 그렇다면 메타버스 대장주인 걸 어떻게 알까? 테마주에서 가장 빠르게 상승하는 종목, 가장 힘이 센 종목, 가장 많이 상승하는 종목을 대장주로 보면 된다. '덱스터 렌코 차트 일봉'을 보면 노란 원이 매수, 녹색 원이 매도이

덱스터 렌코 차트 일봉

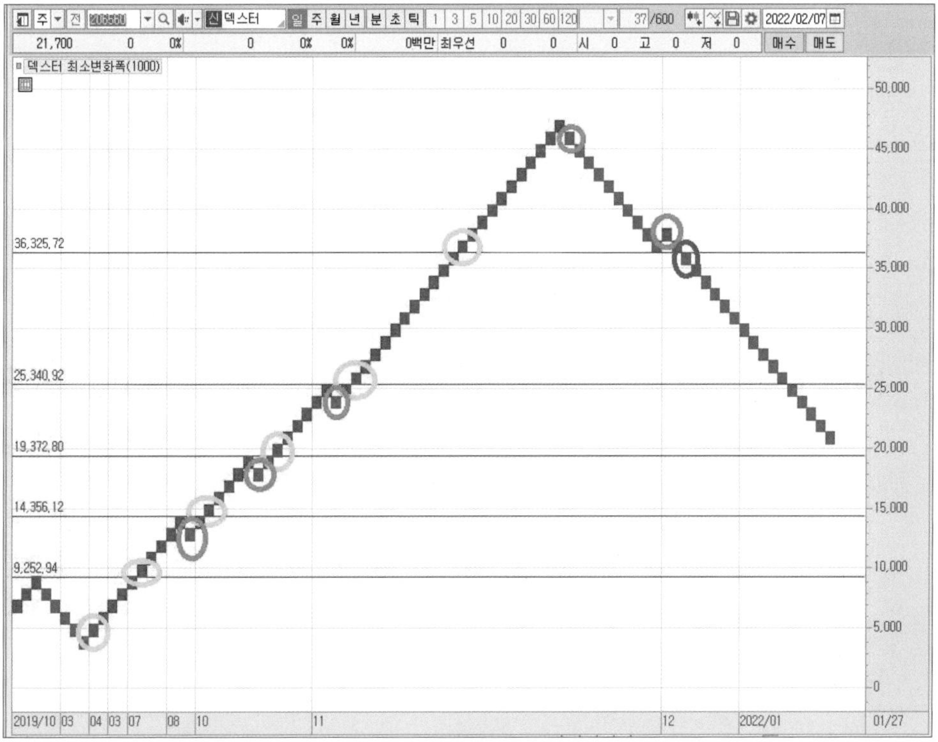

다. 중간중간 그어놓은 빨간 선은 전고점을 돌파하는 지점이다. 전고점을 돌파할 때 적극적으로 2차 매수가 가능하다.

맨 위의 파란색 선에서 전저점을 깬 지점을 파란 원으로 표시해두었다. 마찬가지로 매도이며 공매도가 가능한 시점이다. 파란 원 부분이 3만 6,000원가량이고 현재 2만 원대 초반까지 주가가 하락했다. 즉, 3만 6,000원에 공매도했다면 약 40% 넘게 수익을 올린 셈이다.

이처럼 가격 차트는 후행성이 강하기 때문에 시시각각 움직이는 급등주의 시세에 불안하여 조금 수익을 내고 팔았다가 큰 수익을 날린 경험이 있는 초보자들에게 막강한 무기가 될 수 있다. 매매 방법은 단순하기 때문에 예측하지 말고 렌코 차트가 주는 신호를 믿고 소액으로 많은 연습과 경험을 쌓아보자.

PART 4

좋은 종목 고르는 법

01 추세를 알 수 있는 이동평균선의 비밀

월봉상 20월선을 주목하라

워런 버핏의 스승인 전설적인 투자의 대가 벤자민 그레이엄은 다우 지수, 나스닥 지수, 즉 주가지수는 누구도 예측할 수 없는 '미스터 마켓(Mr. Market)'이라고 표현했다. 그는 장기적(1~3년 이상)으로는 주식시장을 예측할 수 있지만 단기적(1일~일주일 또는 한 달)으로는 예측이 불가능하다고 말했다. 나 또한 기술적 분석으로 "장기적으로 예측할 수 있는 방법이 없을까" 항상 고민한 끝에 추세매매를 완성했다.

기술적 분석으로 추세를 알기 위해 주식 관련 책을 수없이 읽었지만 항상 아쉬움이 남았다. 지나간 것을 가지고 설명한다면 초등학생도 고수가 될 수 있다. 지금부터 지나간 결과가 아닌 과정으로 추세에 대해 이야기할 것이다.

일단 추세가 형성되었다고 판단하기 전에 추세가 형성되려면 어떤 전제 조건이 필요한지 알아보자.

첫째, 우량주이든 테마주이든 급등주이든 상관없이 주가가 급등했던 종목이 다시 추세를 형성하기 위해서는 3~5년이라는 긴 시간이 필요하므로, 최소 3~5년 이전에 주가가 급등했던 전력이 있어야 한다.

둘째, 3~5년 이전에 급등한 전력이 있는 종목이 최근까지 상승 파동 없이 횡보 또는 거래량 급감 현상을 보이면서 하락해야 한다.

셋째, 주가가 월봉상 20월 이동평균선을 돌파해야 하며, 추세매매로 지루하지 않게 포지션 매매를 할 경우 정확한 타이밍은 20월 이동평균선이 15도 이상의 우상향 각도를 보일 때부터이다.

몇 가지 예시 차트를 통해 더 자세히 알아보자.

월봉상 20월선의 기울기를 주목하라

'하나마이크론 월봉 차트'에 전제 조건을 하나하나 대입해보자. 첫 번째, ①번의 시점이 2015년 3월의 모습이다. 여기서 3~5년을 대입해보면 2018년 3월, 2020년 3월이 나온다. 3년과 5년이 지났기 때문에 첫 번째 전제 조건은 충족했다. 그 전에 주가가 상승한다면 추세매매로는 적합하지 않다.

여기서 왜 급등 후 3~5년 동안 횡보하는 종목이어야 하는지 의구심이 들 것이다. 그것은 10년 이상 유지 존속되는 기업이 많지 않기 때문이다. 더구나 10년이면 강산도 변한다는 말이 있듯이 산업과 업황 역시 3~5년 주기로 침체나 활황, 과도기가 있다. 활황기에 급등했던 종목이 하락하여 침체기로 거래량이 급감하는 바닥이 나온 이후 다시

하나마이크론 월봉 차트

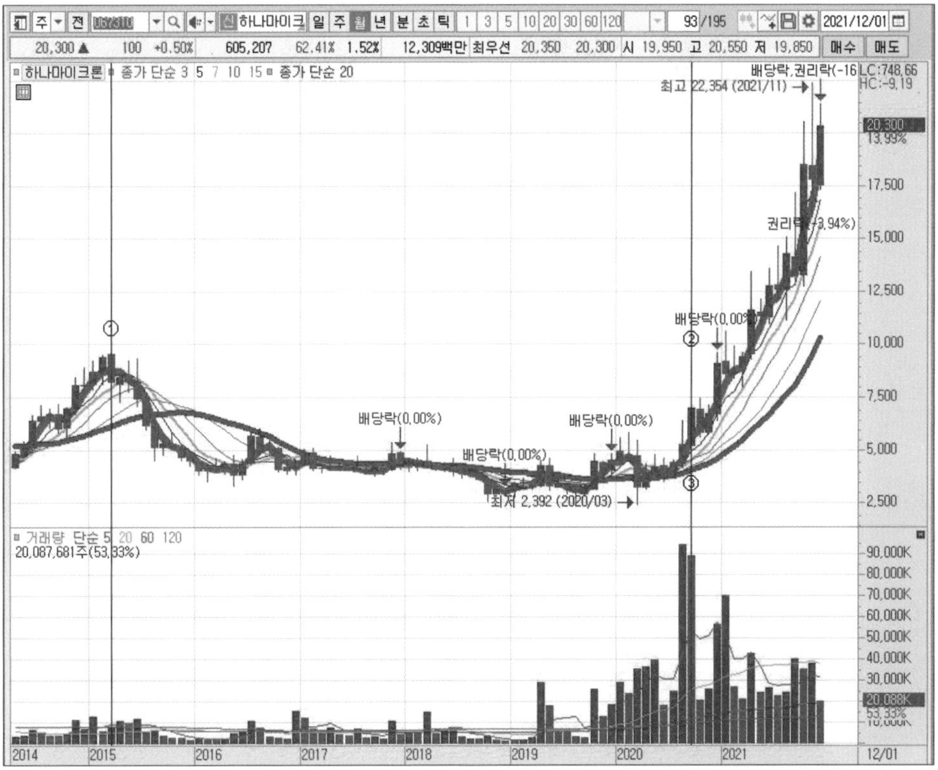

추세를 타고 오르려면 최소한 3~5년이 필요하다.

기술적으로 좀 더 분석해보자. 3~5년간 거래 없이 횡보해야 한다는 것은 세력들의 입장에서 보면 해먹었던 종목을 다시 매집하는 작업 기간이 필요하며, 오랜 기간 매집한 종목일수록 다시 상승할 때 많이 오른다. 또한 3~5년간 주가가 횡보하면 기술적 분석으로 상승할지 하락할지 알 수 없으며, 따라서 20월 이동평균선을 돌파(장악)하고 각도가 15도 이상으로 우상향할 때까지는 어느 정도 시간이 흘러야 한다.

빠른 매매가 무조건 좋은 것만은 아니다

3월, 5월, 7월, 10월, 15월, 20월 이동평균선을 정배열로 만든 후 주가가 지속적으로 우상향하는 경우도 있다. 하지만 발 빠르게 진입한 개인들에게 물량을 떠넘기고자 재차 하락시키는 경우도 있는데, 이것을 블러핑(Bluffing)이라고 한다. 블러핑을 피하기 위해서는 20월선에서 15도 이상의 각도가 나올 때까지는 매매하지 않고 관심 종목에 등록해두고 추이를 지속적으로 파악하는 것이 좋다.

두 번째, 2019년 3월쯤(고점 대비 4년쯤)의 거래량이 최저로 급감한 것을 볼 수 있다. 거래량이 최저로 줄어든 이후부터 세력들이 매집을 시작하는데, 2019년 3월 이후 4월에 대량의 거래량이 나왔으므로 매집으로 볼 수 있다. 이때는 단기매매는 가능하나 월봉상 20월 이동평균선의 기울기가 −15%로 하락하고 있어서 스윙 투자 이상의 매매는 적합하지 않다.

세 번째, ②번 봉을 보면 대량의 거래량이 터진 양봉이 나온다. 대량의 거래량과 월봉상 양봉보다 중요한 것이 20월 이동평균선의 각도이다. ③번은 월봉상 20월 이동평균선이 15도 이상으로 우상향하는 것을 보여준다. ③번의 흐름, 즉 20월 이동평균선이 15도 이상의 상승 신호를 보인 이후 관심 종목으로 등록하여 매매하면 백전백승할 가능성이 상당히 높다.

역사적 신고가 돌파 시 월봉에서 대량의 거래량은 로또다

'심텍 월봉 차트'에 전제 조건을 하나하나 대입해보자. 첫 번째, ①번은 심텍의 2017년 1월 월봉 모습이다. +3년을 대입해보면 2020년 1월이 나온다. 2020년 1월 이전에 주가가 급등한 전력이 없으니 첫 번째 조건

심텍 월봉 차트

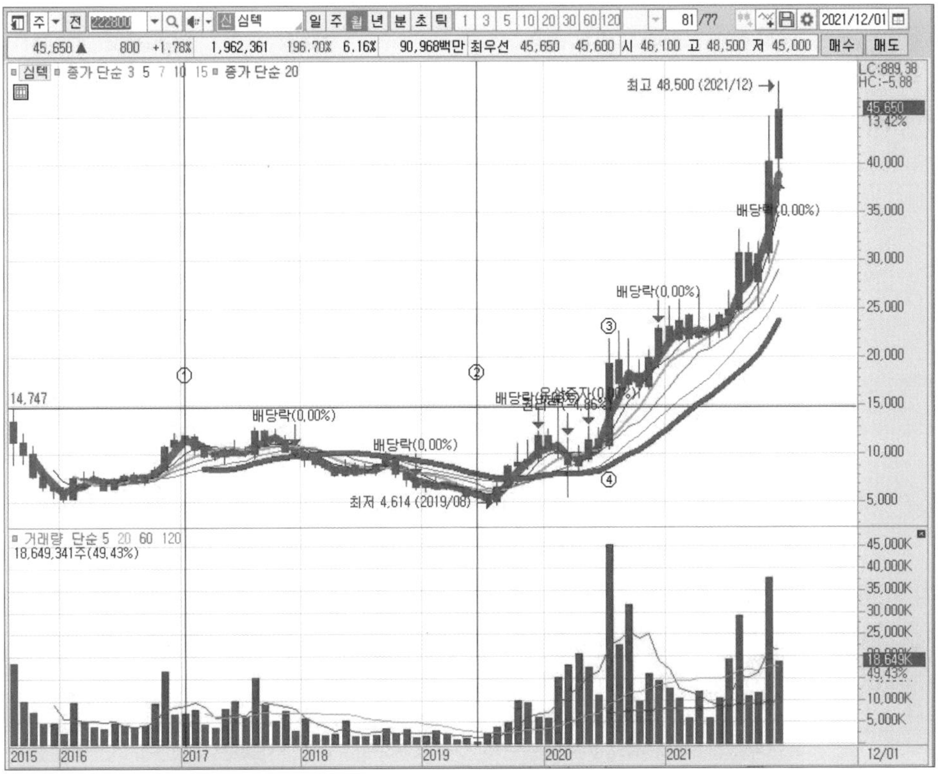

은 충족했다.

두 번째, ②번은 심텍의 2019년 6월 월봉인데, 거래량이 급감한 때가 가장 바닥이라는 것을 알 수 있다. 하지만 바닥 거래량을 함부로 유추해서 매수했다가 매수세 실종으로 더 급감한 거래량으로 인해 주가가 떨어질 수도 있다. 바닥 거래량 다음에는 주가의 바닥이 나오고 다시 상승하는 신호가 나오기 위해서라도 거래량은 재차 증가한다. 바닥 거래량을 유추하는 대신 바닥 거래량이라고 판단된 기준의 거래량 대비 500% 이상 증가했을 때를 바닥으로 해석해도 무방하다. 하락과 거래량 급감 현상을 보였으므로 두 번째 조건도 충족했다.

세 번째, 빨간 선은 상장 이후 고가를 선으로 그은 것이다. 추세매매 조건에 부합된 종목 중에 상장 이후 역대 신고가를 돌파하는 종목은 장기적으로 상승할 가능성이 상당히 높다. ③번 봉은 심텍의 2020년 7월 월봉이다. ③번 봉 아래 20월 이동평균선이 15도 이상의 각도로 우상향하고, ④번은 20월 이동평균선이 우상향한다. 따라서 3가지 전제 조건을 충족했기에 2020년 7월 이후 매매가 가능하다.

여기서 왜 월봉상 20월 이동평균선인지 궁금할 것이다. 월봉에서 20월 이동평균선은 월봉 1개가 일봉에서 20일을 나타내므로 일봉상(20일 × 20월 = 400일봉) 400일 이동평균선과 같다는 이야기다. 월봉에서 20월 이동평균선이 우상향 각도를 보이려면 주가는 최소한 월봉에서 20월 이동평균선을 돌파하고 20월 이동평균선 위에서 머무르는 시간이 어느 정도 지나거나 또는 가격이 빠르게 상승해야 한다.

심텍 일봉 차트 1

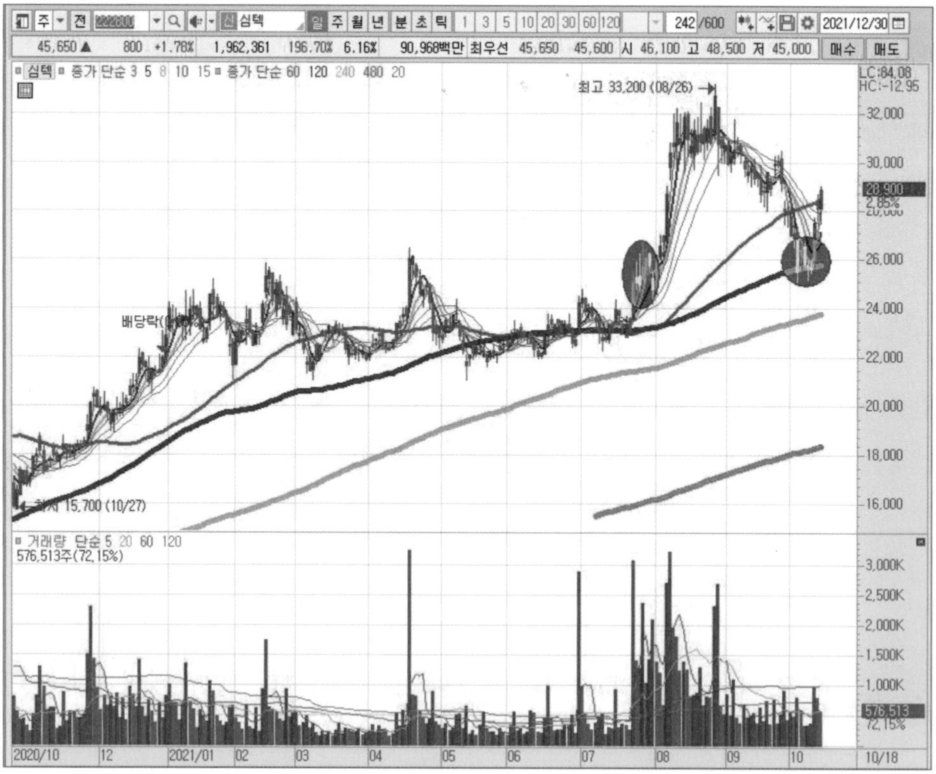

완전정배열 초기에 대박 종목이 탄생한다

'심텍 일봉 차트 1'에서 왼쪽 파란 원이 '심텍 월봉 차트' 구간이며, 이동평균선은 완전정배열 초기의 모습이다. 장기이동평균선을 장악하거나 주가가 장기이동평균선 위에 있으며 이격이 없는 상태에서 중기이동평균선과 단기이동평균선이 모여 있다. 다시 말해 중·장기매매로 분출 초기의 모습이다. 오른쪽 파란 원은 굵은 파란 선인 120일 이동평균선의 완전정배열 중기 구간에서 조정되었고, 우상향하는 120일 이동평균선에서 지지받는 모습이다. 또한 왼쪽 파란 원과 다른 점은 중기이동평균선인 60일 이동평균선이 120일 이동평균선과 이격을 벌리면서

심텍 일봉 차트 2

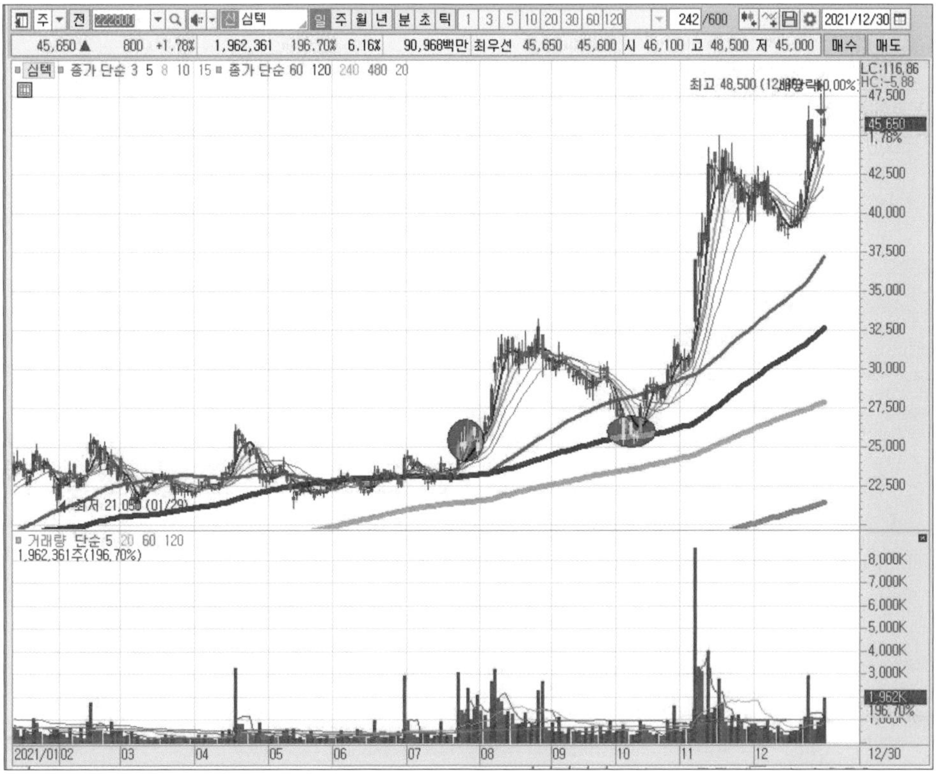

우상향하여 60일, 120일, 240일, 480일선이 완전정배열된 것을 볼 수 있다.

완전정배열 초기 이후 주가가 어떻게 되었는지 한번 확인해보자. 앞 페이지에 나와 있는 '심텍 일봉 차트 2'를 보면 120일, 240일, 480일 이동평균선을 차례로 정배열한 이후 120일 이동평균선에서 지지받으면서 지속적으로 상승하고 있으며, 현재는 단기, 중기, 장기 이동평균선이 모두 정배열되었다.

실전에서 완전정배열 말기는 알 수가 없다. 추세매매를 한다면 원 2개의 파란 선에서 분할매수하여 완전정배열에서 단기이동평균선까지 이격이 벌어졌을 때 매도하는 것도 하나의 방법이다.

02 추세가 있는 종목만 매매한다

상승 추세 이해하기

추세매매는 3가지 전제 조건을 충족하는 종목에서만 해야 한다고 했다. 이 점을 한 번 더 상기해보고 추세매매를 해야 할 종목과 하지 말아야 할 종목을 구분해보자.

다음 페이지에 나와 있는 '추세를 파악할 수 있는 그림'을 꼭 기억해두자. 역사적 신고가 또는 신고가 기간은 최대 3~5년이 가장 좋으며, 5년 이상인 경우 무시해도 좋다. 3년 또는 4~5년까지 역사적 신고가 또는 고점 돌파에서 위와 같은 흐름을 보이는 종목이 가장 좋다는 뜻이다.

20월 이동평균선은 월봉에서 중심이 되는 선으로 아주 중요하다. 일봉에서는 400일선으로 정배열이냐 역배열이냐를 가늠할 수 있는 중요한 기준이 되는 선이다. 매수 시점

20월선 추세를 파악할 수 있는 차트의 그림

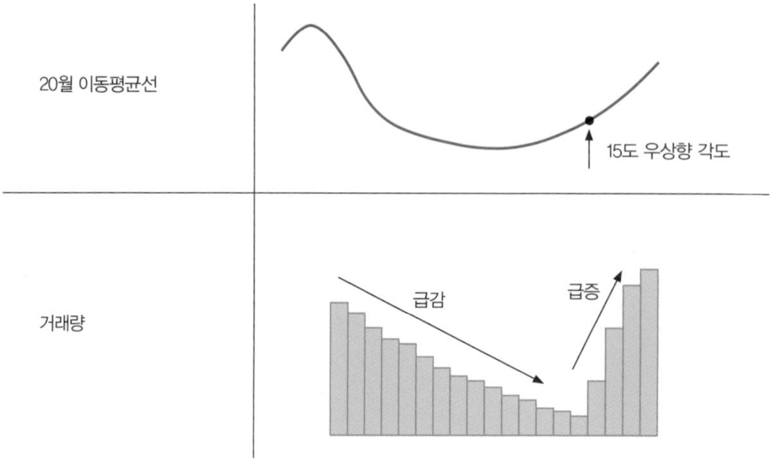

은 3~5년간 주가가 월봉에서 20월 이동평균선이 −30~−45도로 우하향하던 종목이 0도의 수평 작업을 마친 후 다시 15도로 상승하는 때부터이다.

월봉의 20선으로 트릭을 알 수 있다

'한국컴퓨터 월봉 차트'에서 ①번의 2016년 12월 월봉에 +3~5년을 대입해보면 2019년 12월~2021년 12월이 나온다. 20월 이동평균선은 굵은 주황색 선으로 표시해놓았다.

그런데 ⑦번과 ⑧번에서 20월 이동평균선을 돌파하는 모습이 나왔는데 왜 매매하면 안 될까? 20월 이동평균선이 우하향하고 있기 때문이다. ⑨번과 ⑩번을 보면 20월 이동평균선이 아래로 향하고 있는데, 이것이 세력들의 트릭이다.

또한 월봉이 20월 이동평균선 아래에 있다가 그 위로 돌파하려면 대량의 거래량이 반드시 들어와야 한다. 왜냐하면 추세를 전환하기 위해서는 변곡점에서 대량의 거래량이 반드시 필요하기 때문이다. 따라서 ⑦번과 ⑧번의 모습이 나왔을 때 ⑨번과 ⑩번

한국컴퓨터 월봉 차트

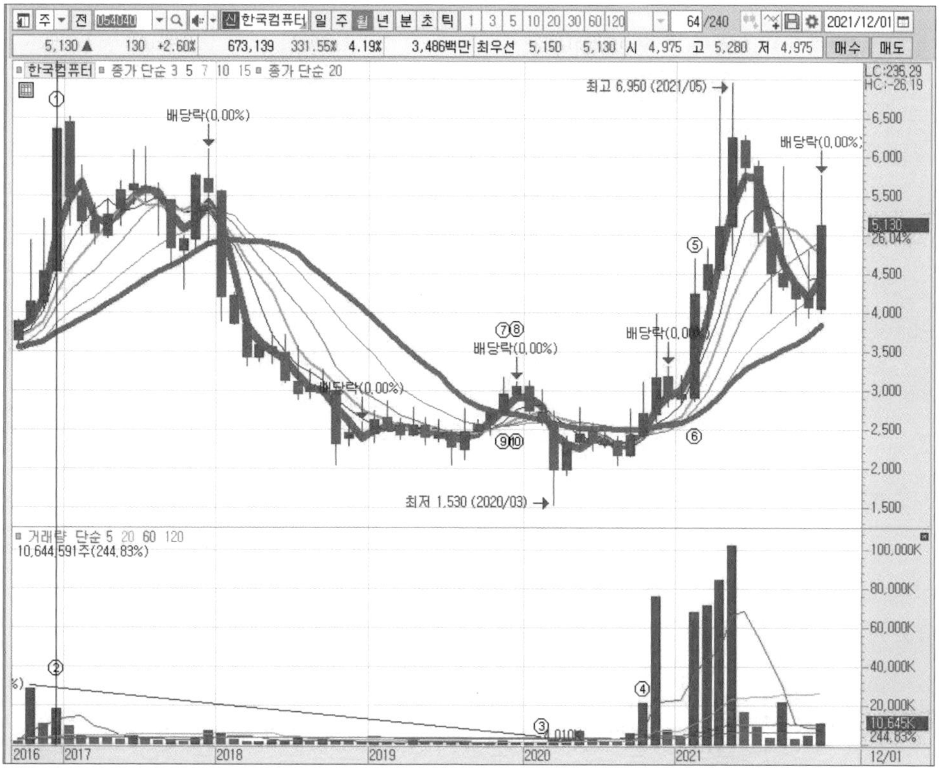

의 20월 이동평균선 기울기를 보고 절대 매수하면 안 된다. 설령 돌파한 후 주가가 우상향해서 좀 더 비싼 가격에 매수할지라도 안전하게 매수하는 것이 가장 중요하다. 일찍 매수해야 한다는 강박관념을 버려라.

④번은 ③번의 최저점 거래량에서 500% 이상 터진 것이다. 앞에서도 말했듯이 바닥 거래량을 유추해서는 안 되지만 추후에 500% 이상의 거래량이 터지면 관심을 가져도 된다.

⑤번은 2021년 2월의 모습이며, ⑥번에서 20월 이동평균선의 기울기가 15도 이상 우상향하므로 절호의 중·장기 매수 타이밍이다.

큰 상승은 오랜 기간의 작업이 필요하다

'이스타코 월봉 차트'에서 ①번의 2014년 6월 월봉에 +3~5년을 대입해보면 2017년 6월~2019년 6월이 나온다. 거래량 급감은 2018년부터 보였으나, 20월 이동평균선이 우하향하는 추세를 되돌리지는 못했다.

2019~2020년 그동안 우하향했던(20월 이동평균선의 기울기가 −15~−45도 이하) 20월 이동평균선이 수평 작업(20월 이동평균선의 기울기가 0도)이 이루어졌으며, 이후 ②번에서 거래량 급감을 보였다. ③번은 2021년 3월의 모습이며, ④번을 보면 2021년 3월에 20월 이동평균선이 15도 이상의 우상향으로 바뀌었다.

2021년 3월의 시가가 1,025원, 고가가 1,635원으로 저점 대비 60% 정도 상승했다.

이스타코 월봉 차트

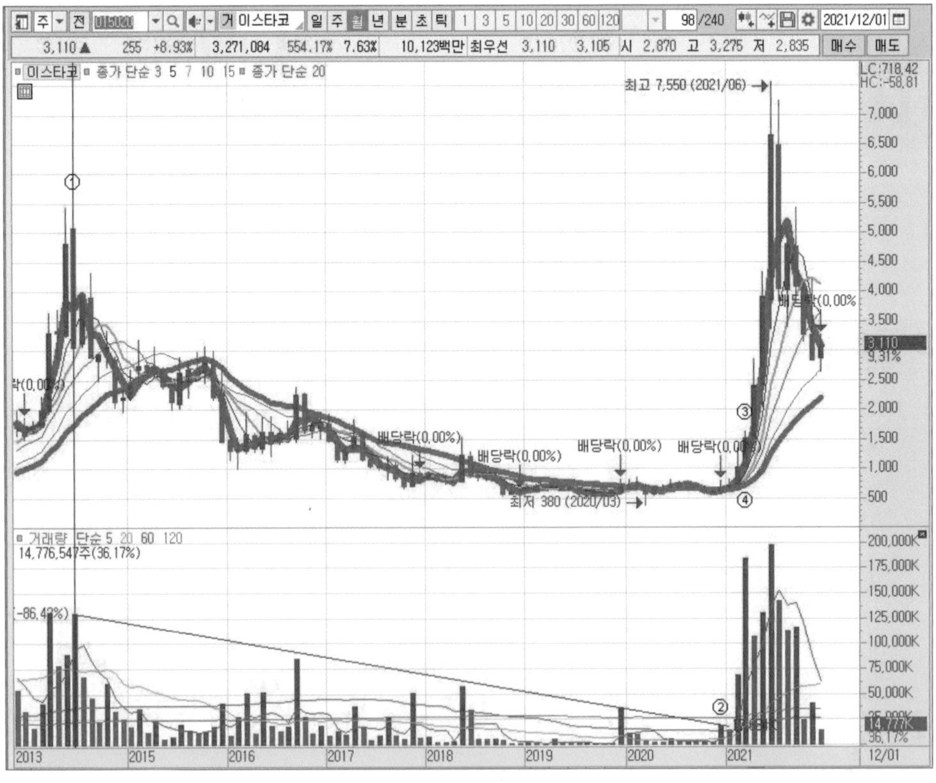

하지만 2021년 3월의 20월 이동평균선이 우상향해서 3월의 고점인 1,635원에 매수했다 하더라도 2021년 6월의 고가를 보면 7,550까지 상향했으니 460%나 오른 가격이다.

일봉에서 너무 싸게 잡으려고 하지 말고, 1,025원에 매수하지 못하고 1,635원까지 상승하더라도 월봉을 보고 느긋하게 매매할 줄 알아야 한다. 나무를 보지 말고 숲을 보는 좋은 습관을 길들이기 바란다.

그렇다면 매매하면 안 되는 차트를 알아보자.

추세를 파악할 수 없는 차트의 그림

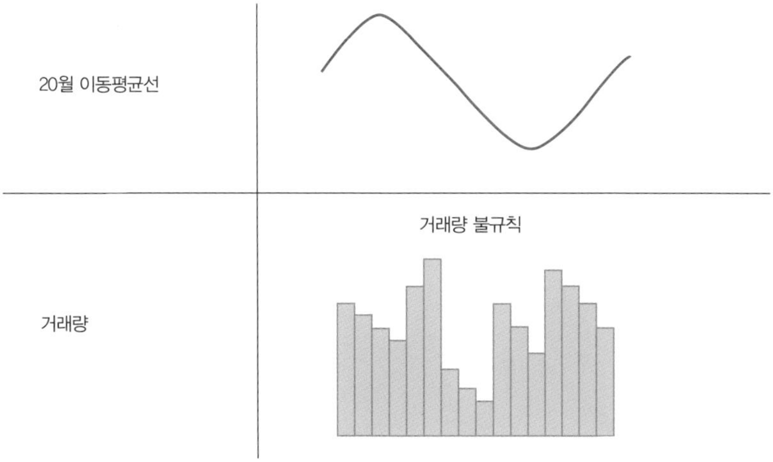

'추세를 파악할 수 있는 차트의 그림'과 같이 '추세를 파악할 수 없는 차트의 그림'에서도 3~5년의 기간이 적용된다. 3년 이내에 위의 그림과 같이 20월 이동평균선의 모습을 보인다는 것은 추세가 불규칙하다는 의미로 추세매매를 하기 어렵다.

위와 같이 20월 이동평균선은 기간이 상당히 긴데도 3년 이내에 거래량이 순차적으로 급감하지도 않고 불규칙하게 급등락을 반복하는 종목은 20월 이동평균선을 기준으로 추세매매를 할 수 없다. 또한 3년 이내에 주가가 상승하면 안 되는데 상승하면서 우하향하던 20월 이동평균선이 파도가 출렁거리듯 움직이는 종목은 추세매매로 적합하지 않다.

추세매매를 할 수 없는 차트

'컴투스 월봉 차트'에서 ①번은 2018년 5월의 모습이다. +3~5년을 대입해보면 최소 2021년 5월 이후에 주가가 급등하는 것이 좋다. ②번은 컴투스의 2020년 11월 모습이다. 고점 기준 2년 7개월에 주가가 상승했고, 최소 3년이 되지 않기에 첫 번째 요건에 해당되지 않는다. 또한 월봉에서 느린 기간값인 20월 이동평균선을 보면 파도가 출렁거린다. 이런 종목은 단기매매는 가능할지 모르겠으나, 중·장기 이상 포지션 매매는 불가하다.

컴투스 월봉 차트

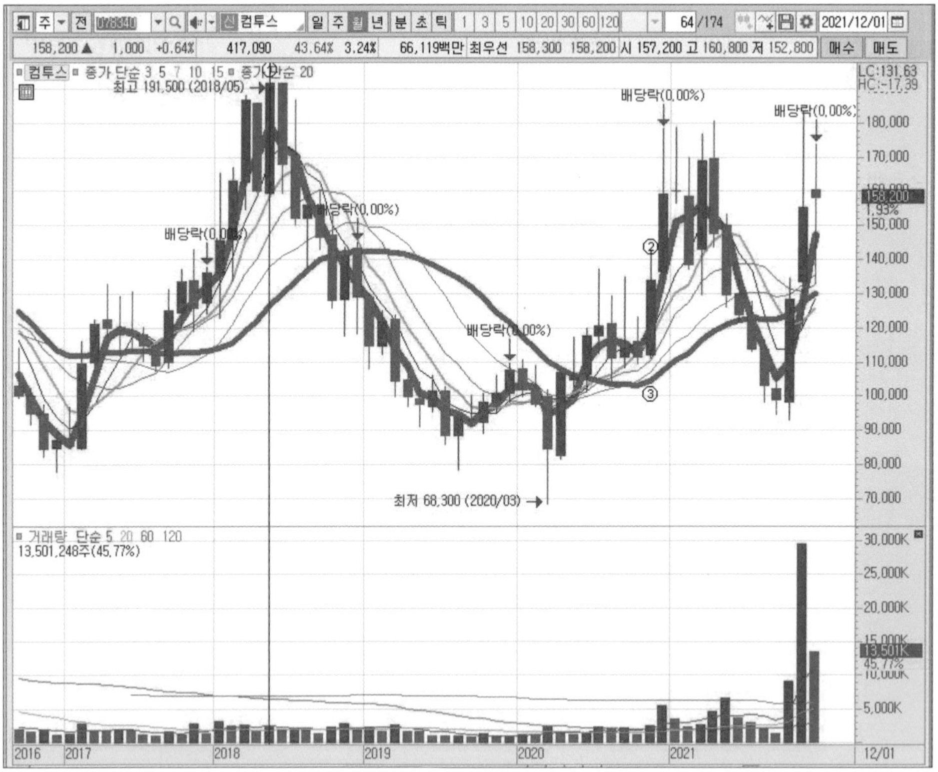

03 멀리 가는 항공모함은 되돌리기 어렵다

달리는 말에 올라타라

주식시장에는 '달리는 말에 올라타라'는 격언이 있다. 이번 장에서는 달리는 말에 올라타는 매매 방법을 배워보자. 우선 물리학에서 말하는 관성의 법칙부터 알아보자. 고속도로에서 앞뒤에 다른 차들이 없는 상태에서 시속 150킬로미터 이상으로 운전한다고 하자. 그때 갑자기 전방에 어떤 물체가 나타나면 어떻게 될까? 전혀 예상하지 못한 상황이 발생한 것이다.

시속 150킬로미터로 달리다가 갑자기 속도를 줄여서 자동차를 멈출 수는 없다. 외부의 힘이 가해지지 않는 한 그 상태를 계속 유지하려는 관성의 법칙 때문이다. 150킬로미터에서 브레이크를 밟아 130킬로미터, 100킬로미터로 서서히 줄여나갈 수는 있으나 갑자기 30킬로미터 이하로 줄일 수는 없다.

주식투자의 추세매매도 이러한 관성의 법칙이 존재한다. 따라서 추세매매라고 할지라도 확률 높은 구간에서 매매해야 한다.

주식투자에서 100% 확률은 존재하지 않는다. 기술적 분석으로 추세가 있는 종목을 찾았다 하더라도 정확히 예상대로 주가가 상승한다는 보장은 없다. 그렇기 때문에 중요한 지표로 확률 높은 매매를 해야 한다. 이번에는 역사적 신고가에서 돌파매매를 하는 방법, 즉 확률 높은 종목에서 매매하는 방법을 배워보자.

연봉 차트의 좋은 거래량 예시 1

우선 확률 높은 종목과 확률 낮은 종목의 예시 차트를 살펴보자. 이해하기 쉽게 연봉을 기준으로 설명하지만 월봉으로 해석하는 방법도 동일하다. 하지만 월봉에서 거래량이 헷갈리는 경우에는 연봉을 보고 해석하는 것이 좋다.

좋은 예시의 연봉 차트

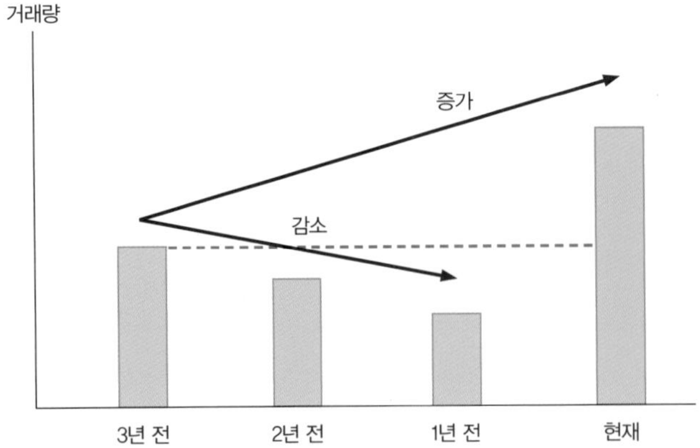

역사적 신고가에 돌파매매를 하더라도 꼭 역사적인 신고가에서만 매매가 가능한

것은 아니다. 240일 중(1년) 최고가 돌파매매도 가능하지만, 이론상 가장 기준이 되는 역사적 신고가에서 매매하는 기준에 대해 알아보자.

통상적으로 전고점을 돌파하려면 거래량이 감소한 이후에 재차 거래량이 상승해야 상승 패턴으로 볼 수 있다. 역사적 신고가에 돌파매매를 할 때는 최소 3~5년이 지난 후 다시 대량의 거래량과 함께 전고점을 돌파할 때가 좋다. 최근까지의 거래량이 확연히 줄어든 상황에서 현재의 거래량이 늘어날 때, 즉 전고점 또는 역사적 신고가를 돌파할 때 해당 전고점의 기준 거래량보다 최소 2~5배 이상의 거래량이 증가하는 종목이 대박 종목일 가능성이 높다.

또한 급등 초기의 종목을 찾는 방법은 해당 종목의 주가가 역사적 신고가 또는 전고점 근처에서 최근 일봉상 거래 없이 머물러 있는 종목이 가장 좋다. 이러한 종목을 공략하는 방법은 시가에서 상승하기 시작한 후(+ 출발) 최근 20일 거래량의 평균 거래량보다 당일 거래량이 아침 일찍 빠른 시간 안에 최소 100~200% 이상 터질 때가 최초 매수 시점이며, 주가는 최초 매수 시점에서 5~15일 이상 조금 더 상승하는 특징을 보인다.

다음 예제 차트를 통해 좀 더 자세히 알아보자.

연봉 차트의 좋은 거래량 예시 2

다음 페이지에 나와 있는 '펄어비스 월봉 차트 1'을 보면 '좋은 예시의 연봉 차트'와 비슷하지 않은가? 주가가 상승하는 것을 보고 매수하는 게 아니라 현재의 거래량이 상승 패턴을 보이는지를 해석하는 것이 중요하다.

펄어비스는 전고점이 2018년(3년 전)이므로 전제 조건에 해당하며, 전고점이 형성된 이후 2019년, 2020년 거래량이 감소했으므로 이 또한 전제 조건에 해당한다.

예를 들어 ①번 거래량이 더 많고, ②번 거래량이 적은 상황에서 주가가 오른다고 가정해보자. ①번 거래량이 1,000만 주이고 주가는 1만 원, ②번 거래량이 700만 주이

펄어비스 월봉 차트 1

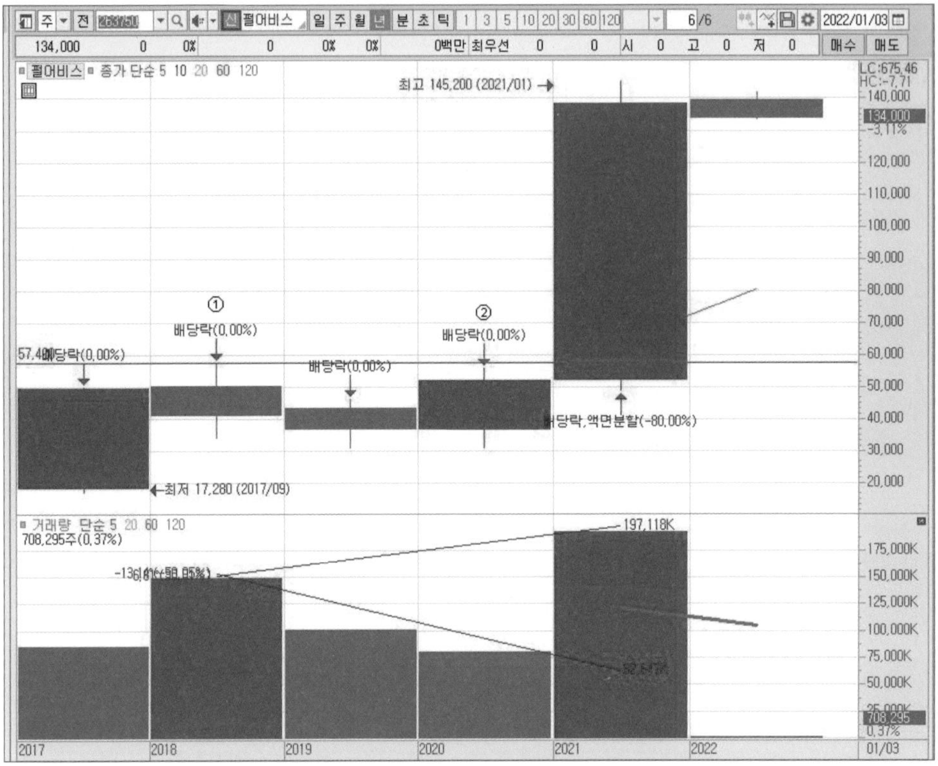

고 주가는 1만 500원이라고 하자. ①번의 전고점 가격이 1만 원인데 현재 주가가 전고점을 돌파해서 1만 500원인 경우 주가가 한층 더 올라가고 추세 상승을 하기 위해서는 ①번의 거래량보다 ②번의 거래량이 많아야 한다.

하지만 ①번 거래량은 1,000만 주, ②번 거래량은 700만 주로 ①번보다 더 줄어 있기 때문에 가격은 상승하고 있어도 거래량이 부족해 매매하지 않는 것이 바람직하다. 물론 예외적으로 오르는 종목이 있기는 하지만, 확률상 10종목 중 3종목이 상승한다면 7종목은 하락할 가능성이 높으니 중·장기매매에는 가급적 매매하지 않을 것을 추천한다. 추후에 경험이 쌓이고 수익이 꾸준히 날 때는 그런 종목을 매매해도 되지만, 초보자들은 기본 이론에 충실하기 바란다.

전고점 돌파인데 ①번의 거래량보다 ②번의 거래량이 줄어 있기 때문에 매매는 하지 않지만, 언제 다시 거래량이 터질지 모르니 역사적 신고가에 위치한 종목은 항상 관심 종목에 넣어두고 지속적으로 관찰해야 한다.

연봉 차트의 좋은 거래량 예시 3

조금 더 구체적으로 월봉을 설명해보겠다. '펄어비스 월봉 차트 2'에서 ①번은 2018년 3월 모습이며 고점은 5만 7,420원이다. ③번의 거래량을 보면 역사적 고점의 거래량보다 지속적으로 감소했다. ②번은 2021년 8월의 모습이며 주가는 이미 2018년의 고점인 5만 7,420원 위에서 형성되어 있으며, 드디

펄어비스 월봉 차트 2

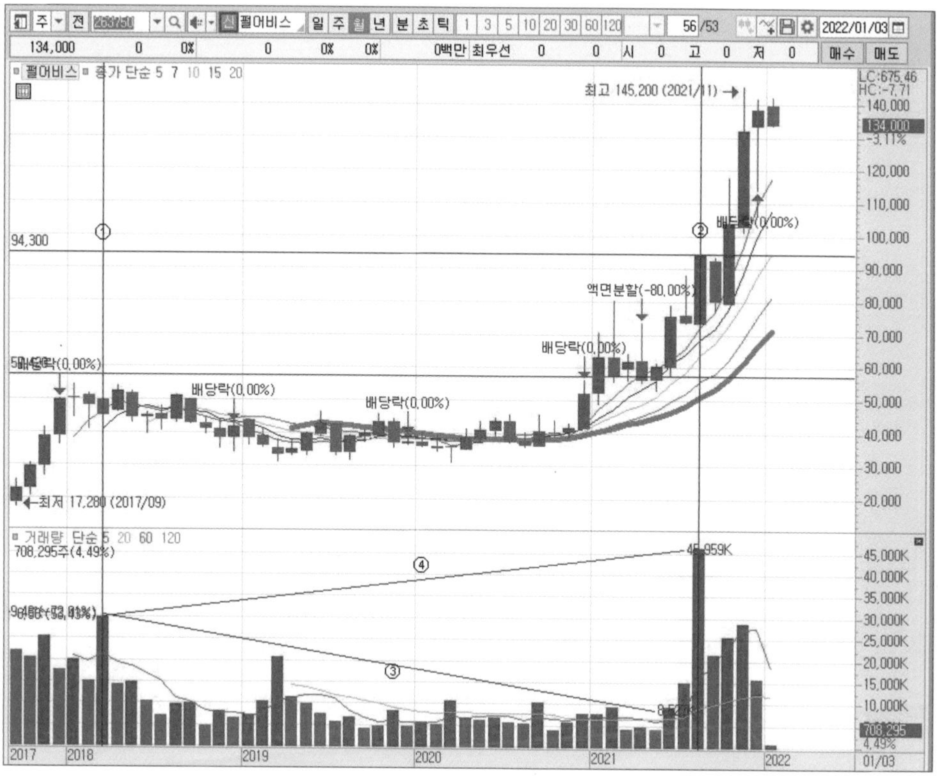

어 2021년 8월에 대량의 거래량이 터졌다.

역사적 신고가 종목은 역사적 신고가의 거래량보다 현재 돌파 직전에 더 적은 거래량으로 주가가 상승하는 경우도 분명 있다. 하지만 월봉, 연봉은 오랜 기간 예상치 못한 돌발 악재를 모두 감싸 안으면서도 상승해야 한다. 확실한 차트(펄어비스 월봉)와 함께 우리가 모르는 호재와 신선한 재료가 있어야 예상치 못한 돌발 악재가 있더라도 주가가 큰 하락 없이 지속적으로 상승할 가능성이 높다.

04 부자는 망해도 3대는 간다

주가에도 관성의 법칙이 적용된다

'부자는 망해도 3대는 간다'라는 말은 부자들은 아무리 망했다고 할지라도 3대까지 쓸 돈을 충분히 마련해두었다는 뜻이다. 비슷한 말로 '연예인 걱정은 하지 말라'라는 말이 있다. 그들이 아무리 못해도 나보다 수십, 수백 배는 훨씬 낫다는 자조적인 표현이다. 실제 큰 부자들은 수십억, 수백억의 손해를 보더라도 먹고사는 데 하등의 지장이 없고 조금만 지나면 얼마든지 재기할 수 있다.

주식도 마찬가지다. 차트가 일부 꺾이고 하락하는 것처럼 보이지만 관성의 법칙에 따라 다시 상승한다. 이번에는 추세가 살아 있는 종목에서 잠시 쉬어 가는 구간에 대해 배워보자. 항상 지나다니는 익숙한 길인데도 유심히 살펴보지 않으면 한모퉁이에 예쁜 꽃가게가 있는지조차 모른다. 역사는 돌고 돈다. 이 매매 방법만 알아도 직장생활을

이즈미디어 일봉 차트

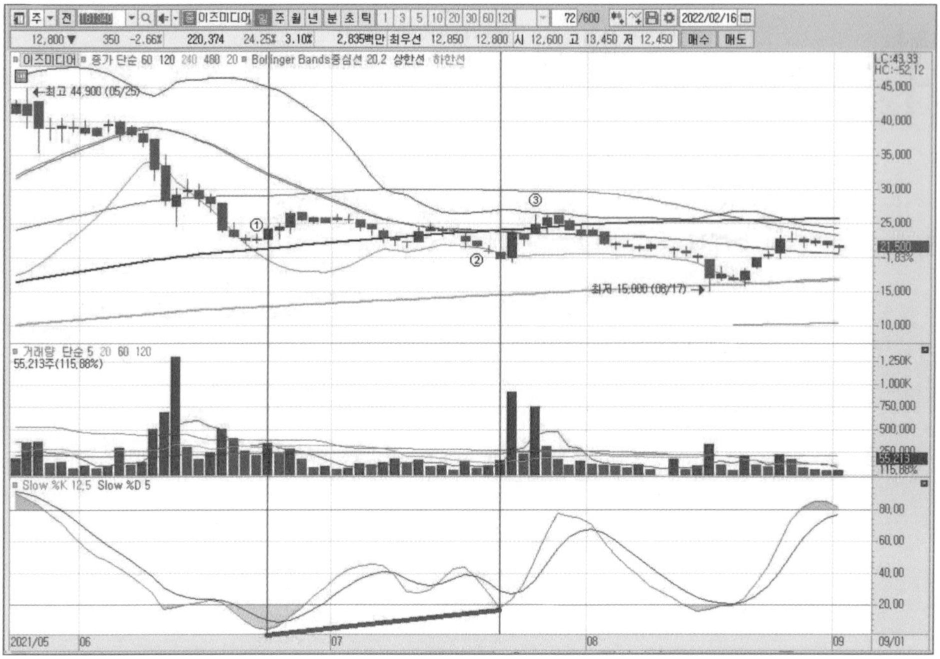

여유 있게 하면서도 주식투자로 자산을 마음 편히 불려나갈 수 있을 것이다.

추세가 있는 종목은 한 번에 추세가 꺾이는 경우가 없다. 물론 주식투자에서 100%라는 것은 없기에 항상 매수와 함께 손절매를 염두에 두어야 한다. 그러나 확률적으로 10종목을 매매하면 8종목 이상 이러한 신호로 움직인다. 80% 이상의 확률로 큰 수익을 낼 수 있다는 뜻이다.

실제로 매매한 '이즈미디어 일봉 차트'로 설명해보겠다. 볼린저밴드 특성상 주가가 상승하든 하락하든 관성의 법칙에 따라 일시적으로 그 방향으로 가다가 어느 시점이 되면 다시 주가가 볼린저밴드 안으로 들어온다. 볼린저밴드 상단선을 타고 가던 종목이 상단선 안으로 들어오면 매도 시점이며, 반대로 ①번의 모습처럼 볼린저밴드 하단선을 타고 가던 종목이 하단선 안으로 들어오는 때가 절호의 매수 시점이다.

①번에서 1차 매수한 후 주가가 잠시 오르는 듯하다가 재차 하락하기에 10%의 수

익을 노리고 들어간 것이라 매도하지 않았으며, 주가가 다시 하락하기에 ②번에서 2차 매수했다. 이후 주가가 2일간 더 하락했는데 2개의 파란 세로선 아래 있는 슬로 스토캐스틱의 지표에 주목하자. 해당 지표에 저점을 빨간 선으로 그어놓았다. 주가는 한층 더 하락하는데 슬로 스토캐스틱의 지표는 빨간 선과 같이 상승을 알리고 있다. ②번에서 매수 후 주가가 며칠 만에 반등하여 ③번에서 볼린저밴드 상단선에 닿자 미련 없이 전량 매도했다.

장기이동평균선의 확률을 믿어라

①번 지점이 볼린저밴드 하단선을 타고 갔지만 결국 우상향하는 120일 장기이동평균선에서 지지받는 모습이다. ②번에서 한 번 더 분할매수했으며, ②번 지점에 슬로 스토캐스틱의 지표를 보면 주가는 상승 다이버전스가 나오면서 반등했다. 이때 1차에 매수했고 예상대로 주가가 흘러갔다면 목표가대로 조금 여유롭게 지켜볼 수 있었으나 2차 매수했다. 1차 매수 이후 주가가 예상대로 가지 않았기 때문에 조금은 보수적으로 대응한 것이다.

③번에서 일봉상 볼린저밴드 상단선에 주가가 닿자 전량 매도했다. 좋은 종목이고 주가가 좀 더 상향할 것으로 예상했다고 하더라도 볼린저밴드 상단선은 저항으로 작용하는 경우가 많으니 욕심 내지 말고 최소한 50%라도 일단 팔고 다시 조정될 때 재매수한다는 마음으로 전략을 세우면 좋을 것이다.

이런 매매가 가능한 것은 관성의 법칙 때문이다. 120일, 240일, 480일 이동평균선이 어느 정도 이격이 있으면 120일, 240일, 480일 장기이동평균선이 완전정배열로서 악재가 없는 종목에 한하여 통상적으로는 120일 또는 240일 이동평균선에서 대부분 지지받는 경우가 상당히 많다. 이러한 종목군들에서 악재가 나온 종목만 피해서 매매하면 상승할 확률이 상당히 높다.

장기이동평균선 지지매매는 악재가 없어야 한다

여기서 악재가 무엇인가가 중요하다. 악재에는 횡령, 배임, 유상증자, 임상 실패, 재료 소멸 등이 있다. 이런 악재들을 제외한 종목군들로 매매한다면 승률이 상당히 높을 것이다. 항상 차트가 우선이며 재료에 의해 주가가 결정된다고 해도 과언이 아니다. 정리하자면 추세가 살아 있고 악재가 없는 종목은 120일, 240일, 480일 장기이동평균선에서 지지받는 경우가 많다는 것을 기억하자.

단, 악재가 있는 종목은 120일, 240일, 480일 상관없이 어떤 산신령이 와도 주가가 하락할 가능성이 높다.

이즈미디어 수익

'이즈미디어 일봉 차트'(138쪽)를 보면 2021년 6월 ①번 자리에서 1차 매수, 7월 ②번 자리에서 2차 매수 후 ③번 자리에서 전량 매도하여 실제로 수익을 냈다.

장기이동평균선은 우상향해야 한다

실전에서는 현재의 주가가 먼 미래에 어떤 흐름을 보일지 알 수 없기 때문에 초보자들은 일단 장기이동평균선의 확률을 믿고 소액투자로 매수하면서 여러 가지 경험을 쌓아야 한다. 머리에 각인시킬 수 있도록 한 종

한농화성 일봉 차트

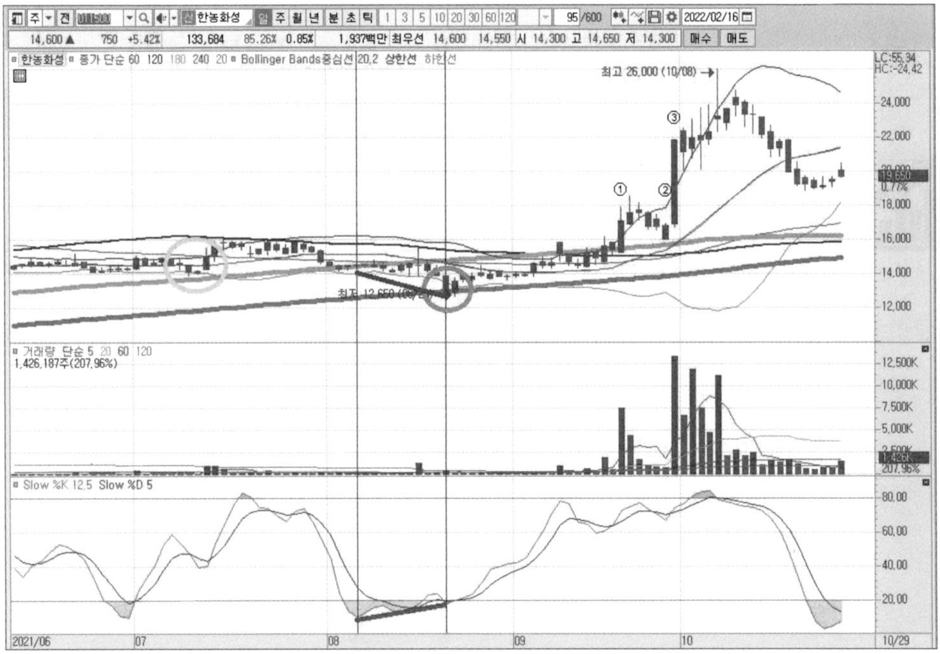

목 더 예제 차트를 살펴보자. 실제로 내가 매매했던 종목이므로 좀 더 명확히 이해할 수 있을 것이다.

'한농화성 일봉 차트'에서 노란색 원 안에 우상향하는 굵은 노란 선이 180일 장기이동평균선이다. 180일선을 지지받는 모습을 노란색 원으로 표기했다. 녹색 원 안에 있는 굵은 녹색 선이 240일 장기이동평균선이다. 240일선을 지지받는 모습을 녹색 원으로 표기했다. 여기서 주의해야 할 것이 있다.

120일 이동평균선과 240일 이동평균선이 지지받는다고 해도 각도가 0도인 경우 절대 지지매매해서는 안 된다. 2개의 예시 차트 모두 15도 이상 우상향하고 있기 때문에 지지매매가 가능하다. 왼쪽의 파란 세로선과 오른쪽의 파란 세로선 안에 있는 주가는 하락하여 파란 선이 아래로 향해 있으며 그 아래 슬로 스토캐스틱의 지표를 보면 빨간 선처럼 상승하는 모습이다. 이것이 주가는 하락하는데 지표는 상승하는 상승 다이버전스이다.

일봉상 볼린저밴드 하단선 밖과 상승 다이버전스의 확률을 믿어라

한농화성은 실제로 매매한 종목이기 때문에 구체적으로 어떠한 이유로 매수와 매도를 했는지 설명해보겠다. 실전에서는 거래량이 없던 종목이 ①번에서 매수하기 전 최근에 대량의 거래량이 들어왔으며 ①번에서 보는 바와 같이 주가가 볼린저밴드 상단선을 돌파하기에 1차 매수했다. 그런데 바로 급등하기 전에 한 번 더 주가가 떨어졌다. 예상외의 시나리오이기는 했으나 떨어졌으니 ②번에서 2차 매수를 감행했다. 그리고 ③번에서 주가가 대량의 거래량을 터트리며 볼린저밴드 상단선을 돌파하자 미련 없이 매도하고 10% 수익을 챙겼다.

매도 후 주가는 한참 더 올라갔지만 내 그릇만큼 수익 내는 것이기에 아쉬움은 없다. 120일, 180일, 240일, 480일 장기이동평균선의 각도와 서로 어느 정도 이격이 있는 경우에는 절대 한 번에 죽지 않는다는 것을 꼭 기억하기 바란다. 또한 120일, 180일, 240일, 480일 이동평균선이 정배열이라고 할지라도 각도가 수평(0도)인 경우 절대 지지매매를 해서는 안 된다는 점을 명심하자.

왜냐하면 이동평균선의 특성상 장기이동평균선이 0도의 각도를 띤다는 것은 주가

한농화성 수익

전체 종목 한농화성 011500

실현손익합 2,027,356

일자	종목명	실현손익	수익률
2021/09/17	한농화성	383,109	+9.55%
2021/09/17	한농화성	394,727	+9.88%
2021/09/17	한농화성	407,797	+10.21%
2021/09/17	한농화성	841,723	+10.53%

가 해당 이동평균선 위에 머물러 있었다 하더라도 최소 3~6개월의 횡보 기간이 있었을 가능성이 높기 때문이다. 즉각(최소 1개월~최대 3개월 이내) 반응이 나올 자리에서 횡보한다는 것은 앞으로 주가가 상승할지 하락할지 알 수 없다는 이야기다. 횡보하지 않았다면 해당 이동평균선 위아래로 왔다 갔다 하며 우상향하던 장기이동평균선이 수평의 각도로 변했을 가능성이 높다. 장기 이동평균선을 위아래로 왔다 갔다 한다는 것은 이미 지지받는 척하다 다시 지지를 깨고 내려가고, 또 재차 지지를 깼다가 다시 상승했을 가능성이 높기 때문에 이런 종목은 매매하지 않는다.

앞 페이지 그림은 한농화성의 주식을 매매해서 실제로 거둔 수익이다. ①번에서 주가가 볼린저밴드 상단선을 돌파할 때 1차 매수 후 ②번에서 주가가 조정될 때 단기이동평균선의 지지에서 2차 매수했고, 대량의 거래량이 터지고 주가가 다시 볼린저밴드 상단선을 돌파할 때 미련 없이 전량 매도하여 수익을 거두었다.

PART 5

고수가 될 수 있는 재료 이해하기

01 시황창 설정 방법

시황창 설정이 중요한 이유

주식투자에서 차트만큼 중요한 것이 재료이다. 2000년대 초반만 해도 HTS(홈트레이딩 시스템)가 보편화되지 않아 해당 증권사에 전화해서 문의하고 직접 방문해서 매매해야 했다. 지금으로서는 상상조차 할 수 없었던 일이다.

HTS가 보편화되면서 작전세력도 많이 줄었지만 조막손 세력은 지금도 분명 존재한다. 차트 분석도 중요하지만 HTS를 보면서 재료를 얼마나 빠르고 정확하게 분석하느냐가 정말 중요하다. 이번에는 재료를 빠르게 확인할 수 있도록 시황창을 설정하는 방법을 알아보자(여기서는 키움증권의 HTS로 설명한다).

키움증권 '시황창(0700) 1' 오른쪽 상단 빨간 원 안에 있는 톱니바퀴 모양의 설정 아

시황창 1

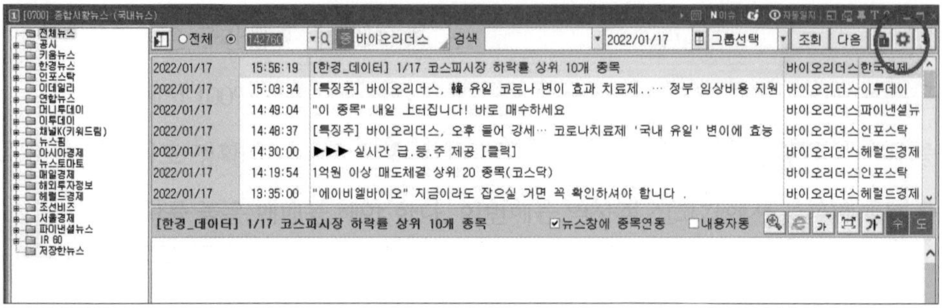

이콘을 클릭하면 위와 같은 화면이 나온다.

시황창에는 우리가 원하는 뉴스뿐 아니라 필요 없는 뉴스들도 가득하다. '시황창 2'의 '종목코드 포함 뉴스 보기'를 선택하면 불필요한 뉴스가 많이 사라진다.

시황창 2

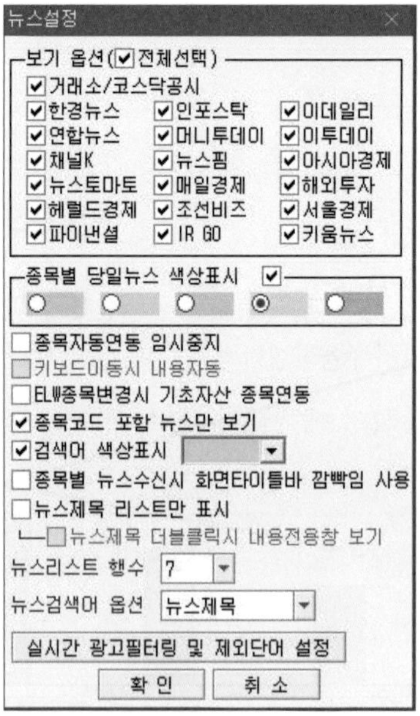

중간쯤에 있는 '종목별 당일뉴스 색상표시'에서 본인이 원하는 색상으로 클릭하면

된다. 어떤 종목은 뉴스가 많이 나와서 화면에 7줄 모두 본인이 선택한 색상의 뉴스로 도배될 수도 있지만 선택 색상의 뉴스가 몇 줄 안 되는 경우 해당 종목에 관한 기사만 빠르게 읽고 좋은지 나쁜지 판단하면 된다.

'보기' 옵션은 '전체' 선택 그대로 놔두면 된다. 편의상 원하는 회사의 기사만 볼 수도 있지만 좋은 기사가 어떤 회사에서 나올지 모르기 때문에 모든 회사로 체크해두는 것이 좋다. 맨 아래 '실시간 광고 필터링 및 제외단어 설정'을 클릭하면 다음과 같은 화면이 나온다.

시황창 3

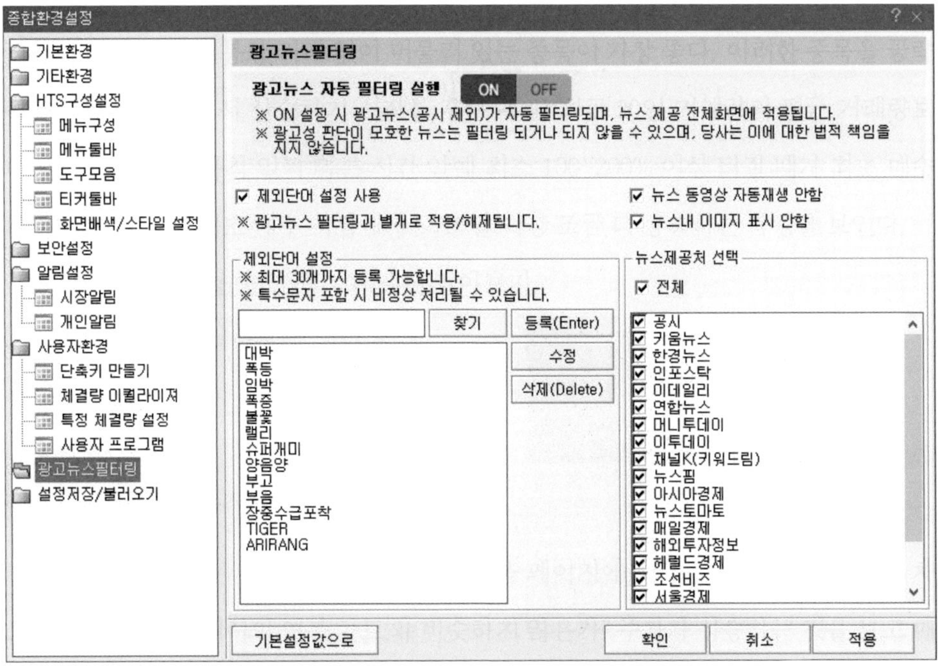

'시황창 3'의 메뉴에서 '광고뉴스필터링'을 'on'으로 해두었다. 뉴스·재료 매매를 주로 한다면 'off'로 해두기 바란다. 'off'로 해두면 광고 뉴스도 시황창에 뜬다. 좋은 재료를 놓치지 않고 재료 매매를 하려면 'off'로 꺼두고, 나처럼 차트+재료 매매를 한다면 광고 뉴스는 걸러지도록 'on'으로 클릭하고 '적용 확인'을 누르면 된다. '제외단어 설정 사용',

'뉴스 동영상 자동재생 안함', '뉴스내 이미지 표시 안함'은 모두 체크해두는 것이 좋다.

'제외단어 설정'에서는 키워드를 넣어서 굳이 보지 않아도 될 기사나 제외 단어와 겹치는 기사 등이 나오지 않게 설정해둔다. 대박, 폭등, 임박 등은 대부분 리딩 업체에서 광고에 넣는 키워드이기 때문에 설정해서 거르는 것이 좋다.

신호대기와 소리 설정하기

키움증권 전체 창에서 오른쪽 아래 있는 '신호대기' 메뉴를 클릭하면 다음과 같은 신호관리자 화면이 나온다. 신호관리자 창에서 '항목선택'을 클릭하면 네모 박스 창이 나온다. 여기서는 '뉴스'와 '공시'만 클릭하고 나머지는 체크를 해제한 다음 '설정'을 클릭한다.

시황창 – 신호대기

시황창 – 신호관리자

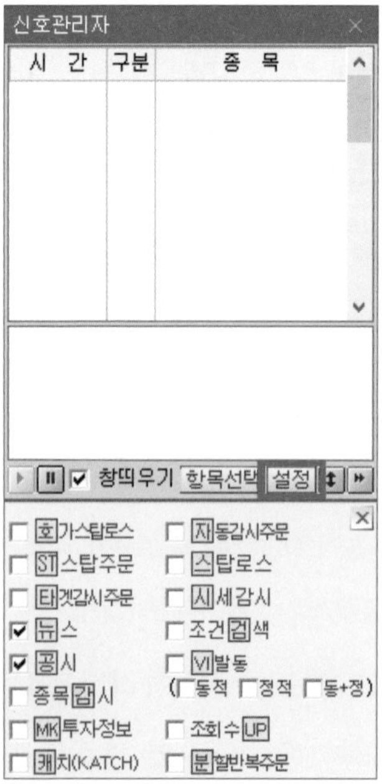

시황창 –소리 설정 화면

'설정'을 클릭하면 '소리 설정 화면'이 나온다. '신호 종류별로 구분'에서 '스탑로스' 옆 역삼각형 모양을 누르면 '공시'와 '뉴스'가 나온다. 하나는 공시로 하고 하나는 뉴스로 한 뒤 '찾기'를 클릭하면 폴더가 하나 생성되는데 여기서 원하는 소리로 설정할 수 있다. 이때 공시와 뉴스 소리를 각각 다르게 해두면 화면을 보지 않고도 공시와 뉴스를 구별할 수 있어 편하다. 맨 위에 있는 빨간 원의 '기본설정/소리설정/뉴스설정/필터링'에서 기본 설정은 그대로 두면 된다.

뉴스와 필터링 설정하기

다음은 뉴스 설정에 대해 알아보자. 모든 뉴스를 봐야 하기 때문에 '전체'에 클릭하고 가운데 빨간 네모 박스만 바꿔주면 된다.

먼저 '매수조건'을 클릭하고 순차적으로 '특허획득, 특허취득, 수주, 수출계약, 수출 계약(띄어쓰기가 되어 있는 것으로 '수출계약'과 다른 것이다), 외국인 매수, 흑자, 신약개발, 순익, 순이익, 실적개선, 공급계약, 납품계약, 타결'을 넣는다. 그다음에는 매도 조건을 클릭한 뒤 '부도, 적자, 손실, 악화'를 넣는다.

다음은 필터링 설정에 대해 알아보자. 위쪽 빨간색 작은 큰 네모 박스대로 '공시'와 '뉴스'에만 체크한다. 아래쪽 빨간색 큰 네모 박스 왼쪽 상단에 '단어필터링 기능 사용'을 클릭하고 '단어포함 신호 제외하기'를 클릭한 뒤 '대박, 폭등, 임박, 폭증, 불꽃, 랠리, 슈퍼개미, 양음양, 부고, 부음, 장중수급포착' 정도의 단어를 넣는다. 그러면 쓸데없는 뉴스가 많이 걸러질 것이다.

'단어포함 신호 보여주기'에서는 좋은 재료가 뜰 때 좋은 키워드가 노출되면 소리가 나게끔 설정하는 것이다. FDA는 말할 것도 없고 구글, 애플, 테슬라, 아마존 등 글로벌 기업을 넣어둔다. 삼성, 임상3상, 당뇨, 합병, 매각, 인수, 임상 성공, 국내 최초, 세계 최초, 치매, 에이즈, 코로나19 등은 매우 중요한 키워드이니 넣어두면 남들보다 한 발 빠르게 재료를 포착할 수 있다.

또한 앞으로 핫이슈가 되는 키워드들을 뽑아서 넣는다. 예를 들어 최근에 전 세계적으로 화제가 되었던 '오징어 게임'을 키워드로 넣으면 좋다.

시황창 – 뉴스 설정 화면

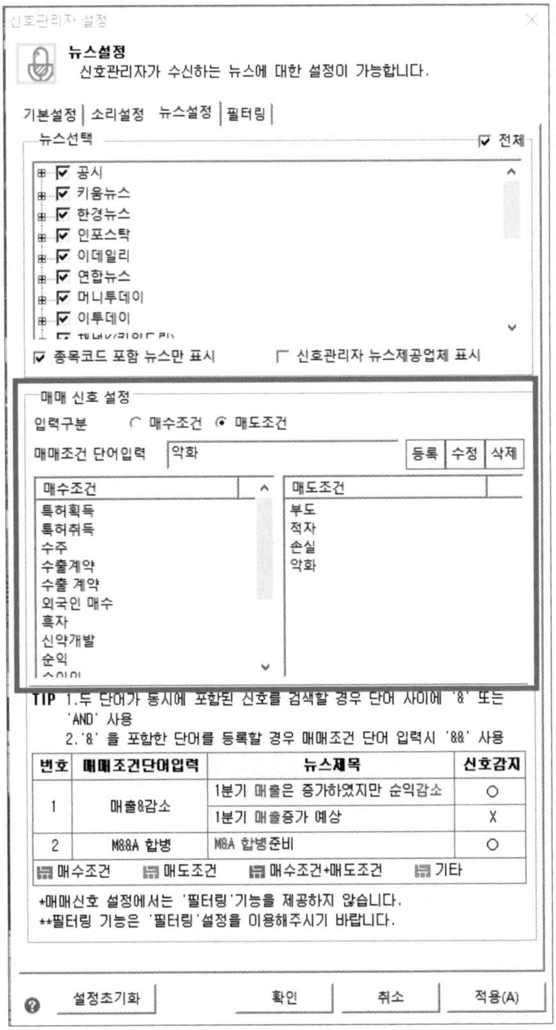

시황창 – 필터링 설정 화면

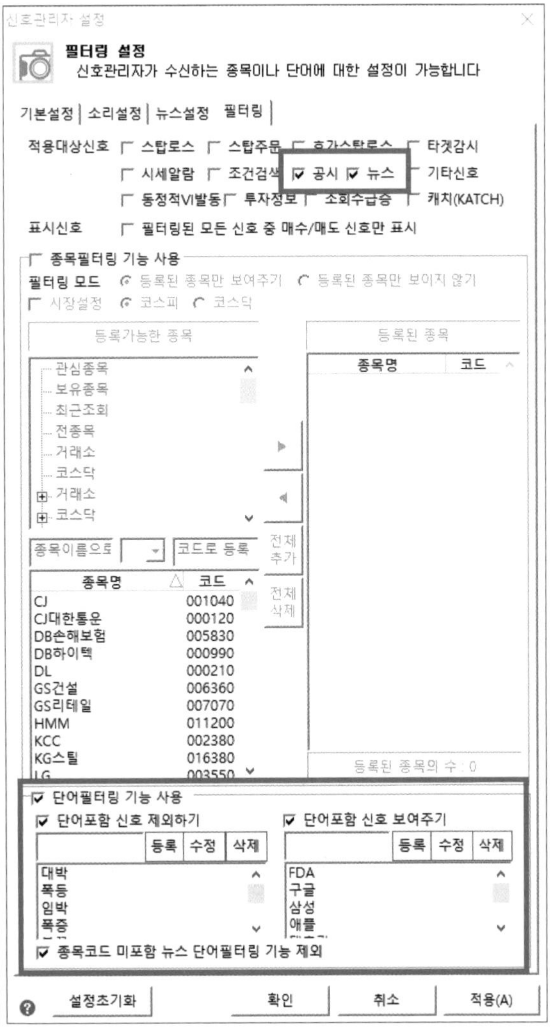

좋은 재료와 나쁜 재료

증시에서 좋은 재료란 무엇이고 나쁜 재료란 무엇일까? 내가 생각하는 좋은 재료와 나쁜 재료는 다음과 같다.

- 좋은 재료: 무상증자, 매각, 인수, 합병, 임상3상 성공, 지분 가치, 국내 최초, 세계 최초, 치매, 에이즈, 코로나19 등
- 나쁜 재료: 유상증자, 횡령, 배임 등

더 많은 재료가 있겠지만 여기서는 주식매매에서 주로 접하는 재료들만 추렸다. 다음 장에서는 좋은 재료와 나쁜 재료 중 무상증자와 유상증자로 매매하는 방법을 알아보자.

02 유상증자, 무상증자

유상증자와 무상증자를 알아보기 전에 증자의 사전적 의미부터 살펴보자. 말 그대로 주식 수량을 늘리는 것을 증자라고 한다. 증자하면 해당 기업의 주식 수량이 늘어나고 그와 동시에 늘어난 주식 수량만큼 자본도 함께 늘어난다고 생각하면 된다.

유상증자 이해하기

유상증자는 새로 주식을 발행하여 자본금을 늘리는 것으로 돈을 내고 새로운 주식을 사는 것이다. 유상증자를 하면 새로운 주식을 현재보다는 할인된 가격에 살 수 있다. 전체 주식의 총량이 늘어나면서 유통 물량도 함께 늘어나기 때문에 꼭 그런 것만은 아니지만 대부분 악재로 본다.

유상증자는 신주의 배정 방식에 따라 3가지로 나뉜다. 첫 번째는 주주배정 방식으로 기존 주주들에게만 신주를 할인된 가격으로 매수할 기회를 주는 것이다. 두 번째는 일반배정 방식으로 공모주처럼 누구나 참가할 수 있는 것이다. 세 번째는 3자배정 방식으로 특수 이해관계자 또는 특정 기업에서 인수하는 것이다. 경영권과 함께 얽혀 있으면 보통 3자배정 방식을 이용하기도 하며 악재보다 호재로 보는 경우도 있다.

유상증자 공시가 나오면 주가가 하락하는 경우가 많다. 할인된 가격으로 신주를 발행하기 때문에 현재의 주가가 추후 신주의 가격 근처 또는 그 이하까지 하락하기 때문이다. 또한 유상증자의 목적을 살펴보면 대부분 자본을 유치하기 위해서다. 현금이 원활하지 못해 자본을 늘리려고 수시로 유상증자를 하는 기업은 가급적 피하는 것이 좋다. 기업의 성장에 투자하기 위한 유상증자라면 단기적으로 주가가 하락하더라도 장기적인 측면에서는 전망이 밝다. 하지만 현금이 부족하여 유상증자를 하는 경우가 대부분이니 악재로 보아 주가가 하락하는 경우가 대부분이다.

무상증자 이해하기

무상증자는 새로 발행하는 주식을 주주들에게 공짜로 나눠주는 것이다. 여기서 회계상으로 어떻게 되는지는 알 필요 없다. 무상증자로 수익을 내는 방법이 더 중요하지 이론이 중요한 것은 아니다. 무상증자는 사업하면서 발생한 잉여금(수익)을 회계장부에 자본금으로 옮기는 것으로, 쉽게 말해 그동안의 수익을 확정 짓는 행위로 보면 된다. 무상증자를 한다는 것은 해당 기업의 현금흐름이 높기 때문에 재무구조가 안정적임을 알리는 것이므로 주가는 대부분 상승하는 경우가 많다.

유상증자 대응 방법

아쉽게도 수많은 주식 관련 책 중에 유상증자에 대응하는 방법을 다룬 책은 거의 없다. 이번에는 유상증자를 당했을 때 개인투자자들의 입장에서 대응하는 방법을 알아보자.

경남제약 일봉 차트

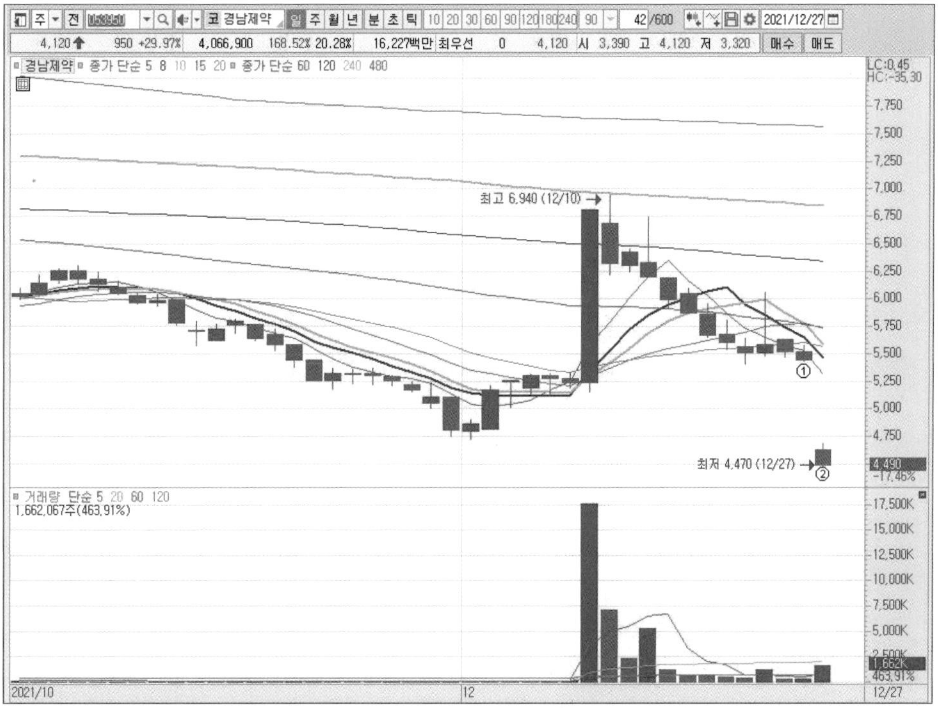

'경남제약 일봉 차트'를 보면 ①번은 12월 24일 장이 마감된 봉이다. 유상증자 공시가 나오면 대부분 주가는 하락하는데 해당 내용에 대한 기사를 살펴봐야 한다. 매매 방법에 따라 긴 시간을 두고 추가 매수를 해서 수익을 볼 수도 있겠으나, 단기매매 또는 3종목에서 최대 5종목 이내로 매매하는 개인투자자들은 손절매가 답이다. 왜냐하면 신주 배정일까지 주가는 가격 조정, 시간 조정을 하기 때문이다.

공시가 장중에 나왔다면 장중에 매도하는 것이 좋은데 장이 끝나고 4시 전에 공시가 나왔다. 해당 공시를 보고 재빠르게 시간외 단일가로 하한가에 매도하는 것도 하나의 방법이지만 개인투자자들에게는 쉽지 않다. 따라서 ②번의 24일 공시 다음 날 봉에서 아침 시초가에라도 손절매하는 것이 좋다. 경남제약 일봉은 완전역배열 종목이기 때문에 사실상 단기매매이든, 중·장기매매이든 간에 매매하면 안 된다. 차트 역배열에서만 매매하지 않아도 큰돈을 잃지 않는다는 점을 기억하자.

유상증자 공시 해석하기

해당 공시를 보고 어떻게 해석하는지 알아보자. '경남제약 시황창'을 보면 장 마감 이후 공시가 나왔기 때문에 다음 날 급락을 피하기는 어려웠다. 유상증자 공시가 나왔을 때의 시가총액은 12월 24일 종가 기준 4,810원 × 20,049,565(발행된 총주식 수) = 약 964억 원이다. 유상증자 공시가 HTS에 나오

경남제약 시황창

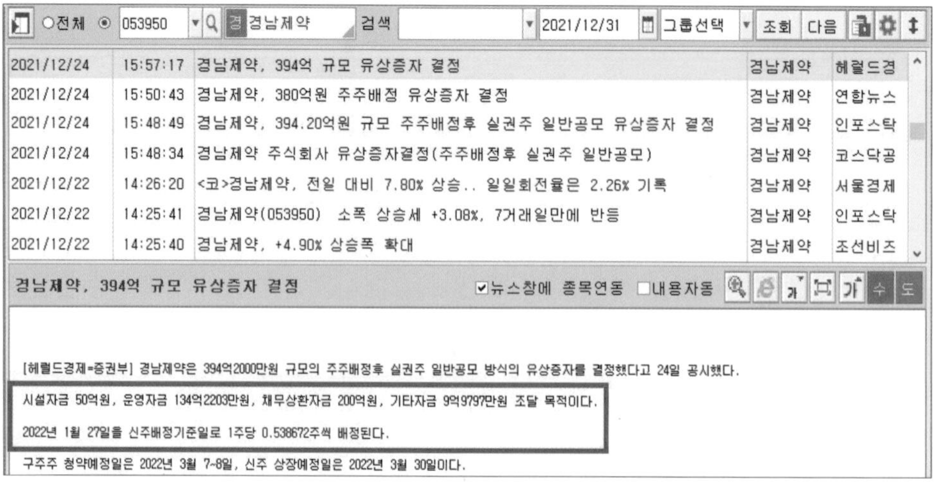

면 항상 해당 종목의 시가총액을 살펴보고 유상증자의 규모가 얼마나 되는지 파악하는 습관을 들이자.

시가총액이 964억 원인데 유상증자 규모가 394억 원이다. 시가총액의 40%에 이르는 어마어마한 규모로 주가가 하락할 가능성이 상당히 높다. 예를 들어 시가총액이 9,640억 원인데 유상증자의 규모가 394억 원이라고 한다면 어떨까? 시가총액의 4%로 미미한 수준이기 때문에 주가가 하락하더라도 제한적일 가능성이 높다.

해당 공시 내용을 다시 살펴보면 시설 자금 50억 원, 운영 자금 134억 원가량, 채무상환 자금 200억 원, 기타 자금 약 10억 원이다. 기타 자금은 적은 편이니 생략하고 2가지를 살펴보자. 394억 원의 유상증자 금액을 시설 자금에 모두 사용한다고 하면 앞으로 주가는 어떻게 될까? 많은 경험과 사례로 보아 실제로 수익을 내는 데 큰 도움이 될 것이다. 이러한 경우 주가는 단기적으로 하락할 수 있지만 중·장기적으로 전망이 밝다. 왜냐하면 시설 자금에 투자한다는 것은 추후에 매출이 증가하고 기업의 이익으로 돌아오기 때문이다.

하나 더 예를 들어보자. 394억 원을 운영 자금에 모두 사용한다면 주가는 어떻게 될까? 운영 자금이란 사실상 좀 애매한 부분이다. 부채를 상환할지 아니면 코인 같은 위험자산에 투자할지 개인투자자로서는 전혀 알 수 없기에 주가는 부정적일 수밖에 없다. 따라서 해당 공시가 나오면 내용을 꼭 파악하기 바란다. 그 밖에 채무상환 자금 200억 원은 장기적인 관점에서 긍정적인 해석을 할 수 있다.

무상증자 매매하는 방법

무상증자를 매매하는 방법을 알아보자. 무상증자를 매매하려면 증시 캘린더라는 한 달간의 주식 일정을 알아야 한다.

키움증권 왼쪽 상단의 검색 화면에서 '0710' 또는 '증시 캘린더'라고 검색하면 증시 캘린더 화면이 나온다(2021년 11월 기준). 여기서 빨간색 네모 박스와 같이 '무상증자'를 검색하면 기업의 무상증자 일정이 나온다.

HTS 화면

증시 캘린더

무상증자 실전 사례 예시 1
: 기준일 -2거래일 당일 단타매매하는 방법

무상증자 기준일에서 -2거래일에 당일 단타매매하는 방법을 배워보자. 증시 캘린더에서 무상증자 일정을 보면 무상증자 기준일이 노란 네모 박스 안에 있는 11월 30일이다. '제노코 일봉 차트 1'에서 ①번 봉은 11월 30일 기준일에 주가가 거래 정지되었는데 이는 전전일과 전일 2일간 연속 상한가를 갔

제노코 일봉 차트 1

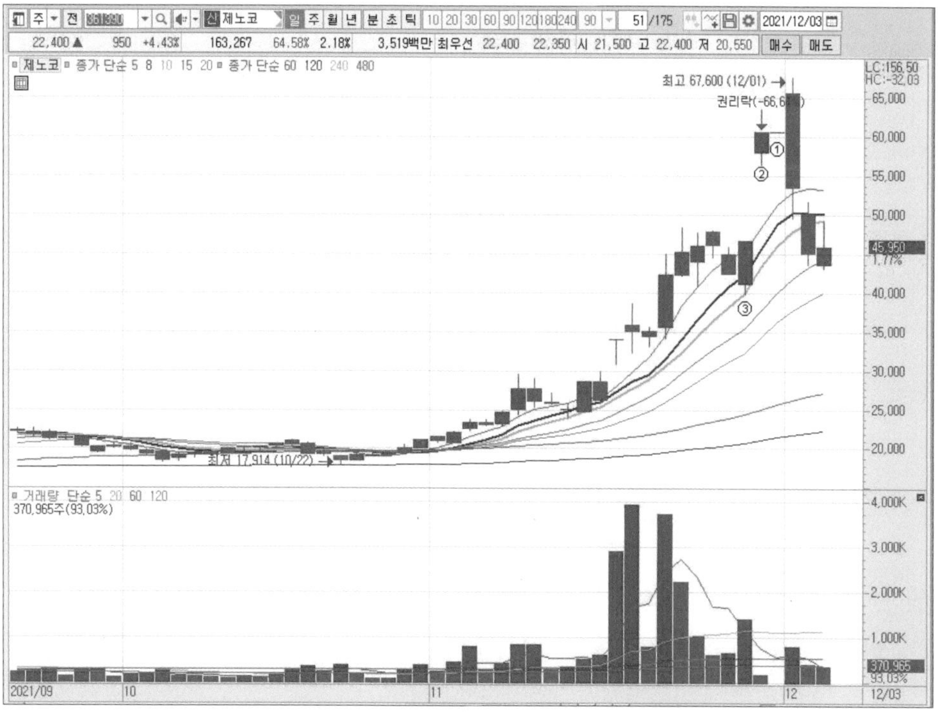

기 때문이다. ②번 봉은 권리락(기준일 이후에 결제되어 보유하더라도 신주를 취득할 권리가 없는 상태) 당일이며, ③번 봉은 무상증자를 받기 위한 마지막 날이다.

우리나라 주식시장 결제 시스템은 2일 뒤에 이루어지기 때문에 무상증자 기준일인 11월 30일까지 제노코 주식을 매수하기 위해서는 −2거래일(11월 27일 토요일, 11월 28일 일요일 제외)인 11월 26일 종가까지는 제노코의 주식을 보유해야 한다. 11월 26일의 ③번 봉을 보면 무상증자 기대감으로 주가가 상한가를 갔다. 무상증자를 받고 수익을 내는 방법이 있고, 무상증자를 받지 않고 무상증자 기준일 −2거래일에 당일 단타매매로 수익을 내는 방법이 있다. 무상증자 기준일 −2거래일에 보통 주가가 상승하기 때문이다. 무상증자를 받지 않으려면 기준일 −2거래일인 ③번 봉에서 당일 단타매매만 하고 당일 해당 종목의 주식을 절대 보유해서는 안 된다.

무상증자 실전 사례 예시 2
: 무상증자 기대감으로 눌림목 공략하는 방법 1

이번에는 무상증자 기대감으로 눌림목에서 공략하는 방법을 배워보자. 2021년 11월 16일 '제노코 시황창'을 보면 무상증자는 호재이기 때문에 공시가 나면 주가는 보통 급등한다.

11월 16일에 제노코 무상증자 공시가 나왔다. 무상증자 공시는 대박 호재이니 상한가에 무조건 매수해야 된다고 말한다면 그것은 사기다. 결과를 보고 이야기하는 것은 전문가가 아니라도 누구나 할 수 있다. 무상증자 기대감으로 주가는 아침부터 시초가 30%로 출발했는데 현실적으로 매수하기에는 무리가 있다.

무상증자 기준일이 언제인지 확인해야 한다. 증시 캘린더를 참고해도 되고, 해당

제노코 시황창

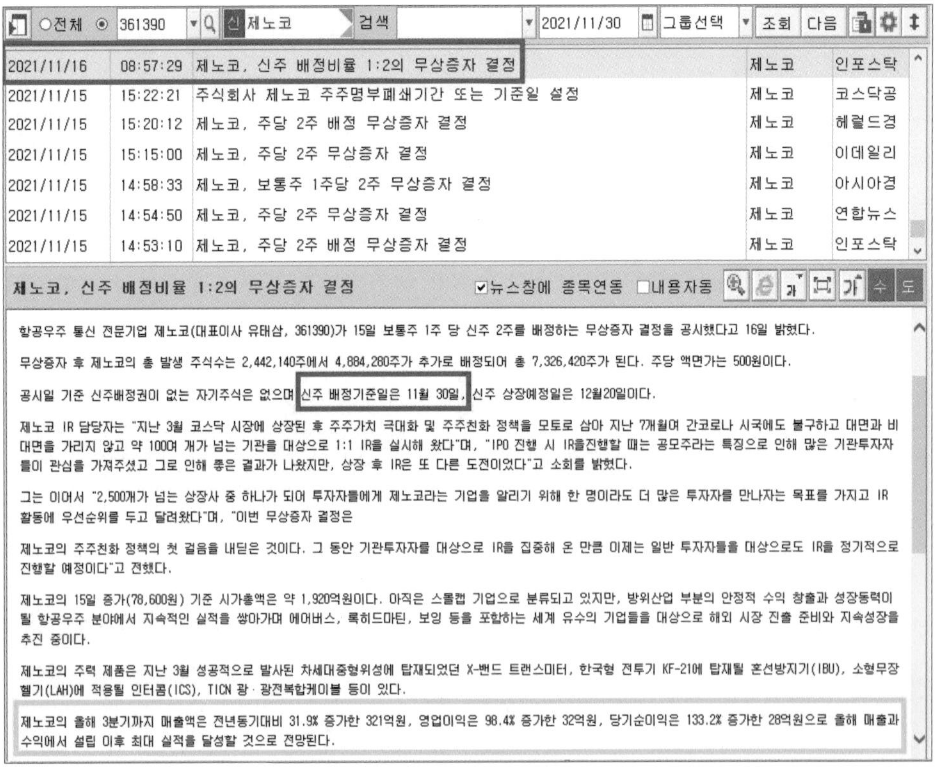

○전체 ◉ 361390 신 제노코 검색 2021/11/30 그룹선택 조회 다음

2021/11/16	08:57:29	제노코, 신주 배정비율 1:2의 무상증자 결정	제노코	인포스탁
2021/11/15	15:22:21	주식회사 제노코 주주명부폐쇄기간 또는 기준일 설정	제노코	코스닥공
2021/11/15	15:20:12	제노코, 주당 2주 배정 무상증자 결정	제노코	헤럴드경
2021/11/15	15:15:00	제노코, 주당 2주 무상증자 결정	제노코	이데일리
2021/11/15	14:58:33	제노코, 보통주 1주당 2주 무상증자 결정	제노코	아시아경
2021/11/15	14:54:50	제노코, 주당 2주 무상증자 결정	제노코	연합뉴스
2021/11/15	14:53:10	제노코, 주당 2주 배정 무상증자 결정	제노코	인포스탁

제노코, 신주 배정비율 1:2의 무상증자 결정 ☑뉴스창에 종목연동 □내용자동

항공우주 통신 전문기업 제노코(대표이사 유태삼, 361390)가 15일 보통주 1주 당 신주 2주를 배정하는 무상증자 결정을 공시했다고 16일 밝혔다.

무상증자 후 제노코의 총 발생 주식수는 2,442,140주에서 4,884,280주가 추가로 배정되어 총 7,326,420주가 된다. 주당 액면가는 500원이다.

공시일 기준 신주배정권이 없는 자기주식은 없으며 신주 배정기준일은 11월 30일, 신주 상장예정일은 12월20일이다.

제노코 IR 담당자는 "지난 3월 코스닥 시장에 상장된 후 주주가치 극대화 및 주주친화 정책을 모토로 삼아 지난 7개월여 간코로나 시국에도 불구하고 대면과 비대면을 가리지 않고 약 100여 개가 넘는 기관을 대상으로 1:1 IR을 실시해 왔다"며, "IPO 진행 시 IR을진행할 때는 공모주라는 특징으로 인해 많은 기관투자자들이 관심을 가져주셨고 그로 인해 좋은 결과가 나왔지만, 상장 후 IR은 또 다른 도전이었다"고 소회를 밝혔다.

그는 이어서 "2,500개가 넘는 상장사 중 하나가 되어 투자자들에게 제노코라는 기업을 알리기 위해 한 명이라도 더 많은 투자자를 만나자는 목표를 가지고 IR 활동에 우선순위를 두고 달려왔다"며, "이번 무상증자 결정은

제노코의 주주친화 정책의 첫 걸음을 내딛은 것이다. 그 동안 기관투자자를 대상으로 IR을 집중해 온 만큼 이제는 일반 투자자들을 대상으로도 IR을 정기적으로 진행할 예정이다"고 전했다.

제노코의 15일 종가(78,600원) 기준 시가총액은 약 1,920억원이다. 아직은 스몰캡 기업으로 분류되고 있지만, 방위산업 부분의 안정적 수익 창출과 성장동력이 될 항공우주 분야에서 지속적인 실적을 쌓아가며 에어버스, 록히드마틴, 보잉 등을 포함하는 세계 유수의 기업들을 대상으로 해외 시장 진출 준비와 지속성장을 추진 중이다.

제노코의 주력 제품은 지난 3월 성공적으로 발사된 차세대중형위성에 탑재되었던 X-밴드 트랜스미터, 한국형 전투기 KF-21에 탑재될 혼선방지기(IBU), 소형무장헬기(LAH)에 적용될 인터콤(ICS), TICN 광 · 광전복합케이블 등이 있다.

제노코의 올해 3분기까지 매출액은 전년동기대비 31.9% 증가한 321억원, 영업이익은 98.4% 증가한 32억원, 당기순이익은 133.2% 증가한 28억원으로 올해 매출과 수익에서 설립 이후 최대 실적을 달성할 것으로 전망된다.

공시 아래 빨간색 작은 네모 박스를 보면 신주 배정 기준일이 11월 30일이라고 나온다. 그러면 대부분 주가는 11월 30일 근처까지 상승하는데 거래량이 줄어든 조정에서 매수하면 수익이 날 가능성이 높다. 다음 차트를 보면서 매수 시점이 어디인지 찾아보자.

무상증자 종목의 눌림목 매매하는 방법

'제노코 일봉 차트 2'에서 ①번은 공시가 나온 시점이며 아무리 무상증자가 대박 공시라고 할지라도 당일 시초가 30%로 시작하여 당일 상한가로 마감했다. 실전에서는 상한가로 마감할지 음봉으로 마감하고 다음 날 상승할지 알 수 없다. 따라서 단타매매를 잘하는 고수가 아닌 한 ①번의 공시가 나온 날 시초가 30% 출발이면 매매하기가 쉽지 않다. 이런 경우 눌림목에서 기다렸다가 매매할 수 있는데 맥점이 5일선, 8일선, 10일선, 20일선이다. 사실 20일선까지 밀려서 주가가 반등된다면 좋은 종목이라고 볼 수 없고, 5일선, 8일선, 10일선에 반등이 나오는 종목들이 좋다. 쉽게 말해서 차트 역배열 또는 정배열이 아닌 애매한 차트에서 20일선에 반등이 나오는 경우도 간혹 있지만 그러한 무상증자 종목은 가급적 피하기 바란다.

②번 봉에서 녹색 원을 보면 5일선인 자주색(분홍색)을 터치하고 주가가 오른다. 실전에서는 5일선에서 지지받을지, 8일선에서 지지받을지 또는 10일선에서 지지받을지 알 수 없다. ③번 봉에서는 파란 선인 8일선과 이격이 있기 때문에 8일선에 닿으면 매수는 가능하나 8일선과 닿아 있지 않아 매수하기는 어렵다. ④번 봉에서 당일 상한가가 나왔는데 정확히 노란색 10일 이동평균선에서 지지받고 주가가 상승했다. 이처럼 눌림목에서 분할매수하면 마음도 편하고 어렵게 매매하지 않아도 된다. 5일선, 8일선, 10일선에서 눌림목 매매를 기억하자. ④번 봉의 경우 무상증자 기준일 –2거래일 매매 방법과도 겹친다.

제노코 일봉 차트 2

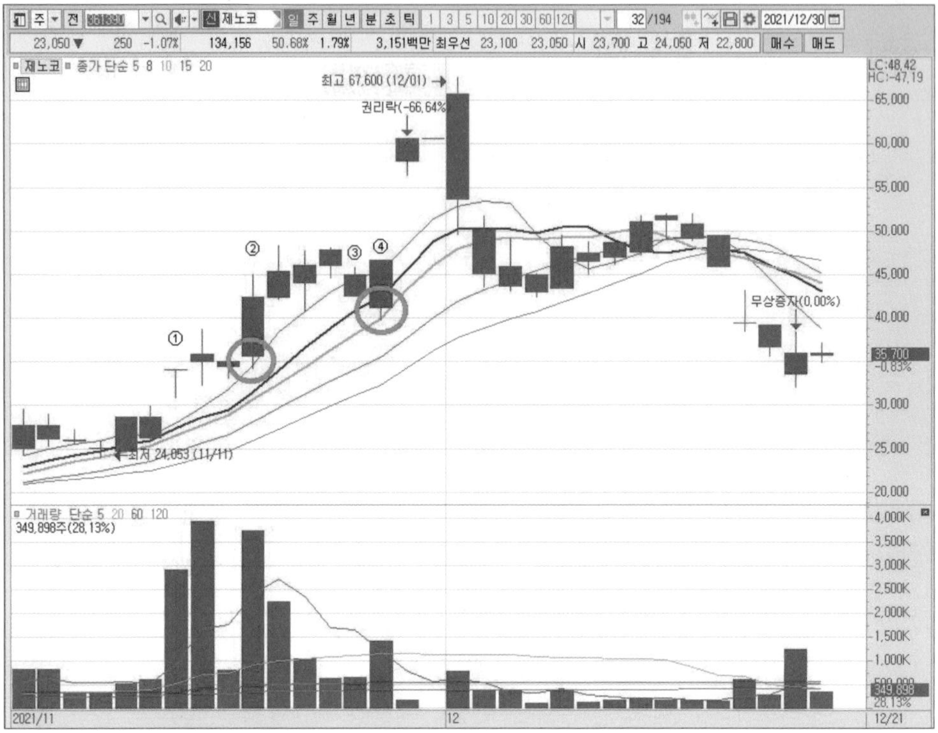

무상증자 실전 사례 예시 3
: 무상증자 공시가 HTS에 나온 후 공략하는 방법

'원방테크 시황창'의 빨간 네모 박스를 보면 8월 12일 오전 7시에 무상증자 공시가 나왔다. 어떤 일을 하든 그렇겠지만 주식투자 역시 부지런해야 한다. 항상 아침에 어떤 뉴스들이 있는지 파악하는 습관을 들이자. '제노코 일봉 차트'의 ①번 봉에서는 매매할 수 없었다. 왜냐하면 당일 점상한가로 출발했기 때문이다. 하지만 원방테크는 매매가 가능했다.

이렇게 타점을 주는 종목들은 아침 시초가가 높다고 해서 무조건 해당 종목의 당일 매매를 포기하는 것보다 유심히 살펴보다가 타점을 안 주면 보내주고 타점을 주고 상

원방테크 시황창

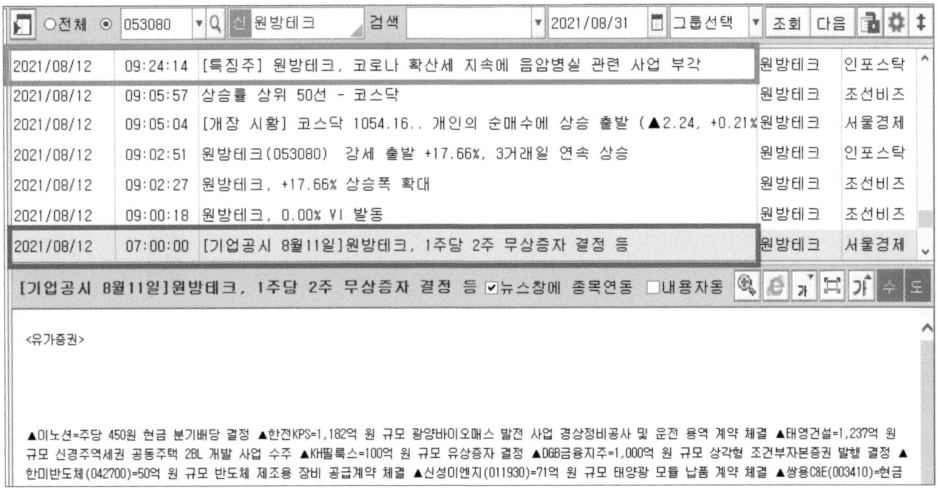

승하려고 하면 매매에 동참한다. 원방테크는 무상증자 호재도 있지만, 위쪽 녹색 네모 박스의 특징주로 나온 뉴스를 보면 음압병실 관련 테마까지 엮여 주가가 한층 더 상승했다. 그럼 타점을 어떻게 해석하고 매수가 가능한지를 다음 차트에서 알아보자.

다음 페이지에 나와 있는 '원방테크 일봉 차트 1'을 살펴보자. ①번 봉이 2021년 8월 12일 당일 무상증자 호재가 나온 시점이며 시초가 17.66%로 시작해 당일 상한가로 마감했다. 모든 종목들이 무상증자 호재가 나왔다고 해서 상한가를 간다거나 급등하여 마감하지는 않는다. 따라서 무상증자 호재가 나왔다고 무턱대고 매수하면 안 된다. 당일 타점이 안 나오면 매수해서는 안 되고, 타점이 나오는 종목만 공략한다. 원방테크는 타점이 나왔으므로 공략이 가능한 종목이다.

①번 봉에서 타점이 나와 잘 매수했다면 ②번 봉에서 시초가부터 분할매도를 해야 한다. ③번 봉에서 매도하면 된다고 이야기하는 사람은 사기꾼일 가능성이 높다. 왜냐하면 지나간 차트를 보면 어디서 사고팔아야 할지 쉽게 보이지만 ①번 봉에서 ②번 봉은 미래 시점이기 때문에 ②번 봉에서 상한가를 갈지 급등 후 주가가 밀릴지는 아무도 모른다. ④번에서는 ①번의 시초가를 빨간 선으로 그어놓았다. 맥점은 시초가를 돌파

원방테크 일봉 차트 1

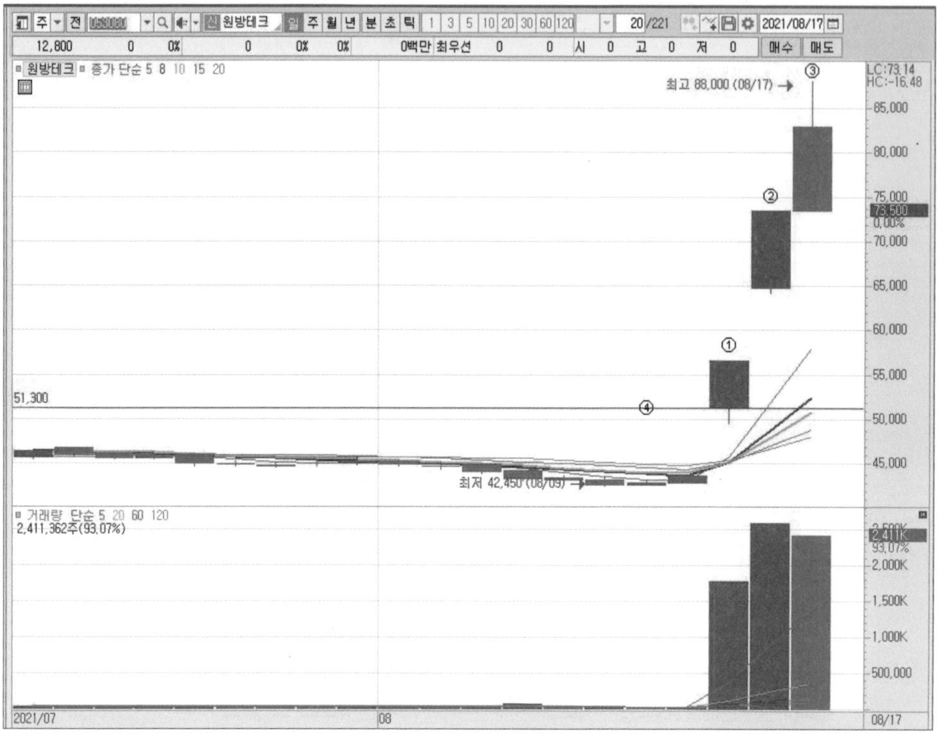

할 때가 절호의 매수 시점이다. 다음 차트를 보면서 어디서 타점을 잡는지 공부해보자.

3분봉에서 매수 타점 잡는 방법

초보자들은 분봉에서 매매 연습을 많이 해야 한다. 하루아침에 쉽게 할 수 있는 일이 아니기 때문이다. 타점이 가능했던 이유는 무상증자 기대감으로 아침 시초가에 약간 상승했으나 바로 매수하는 개인투자자들을 따돌리고 주가가 다시 상승했기 때문이다. 주가가 타점 없이 주구장창 빠르게 상승한다면 그냥 놓아주면 된다. 하지만 '원방테크 3분봉 차트'를 보면 시초가에서 주가는 하락하기

원방테크 3분봉 차트

시작하며 일정 부분 지지가 나오고 다시 상승한다.

①번 시가는 빨간 줄로 표시해놓았다. ①번을 돌파할 때 1차로 분할매수하며, 당일 고점인 ②번을 돌파할 때 2차로 분할매수하면 된다. 손절매는 전저점인 4만 9,500원을 깰 때 손절하면 되기 때문에 ①번에서 상승하는 척하다 다시 주가가 밀리면 ③번을 이탈할 때 전량 손절매하기 바란다. 급등주는 빠르게 손절매하지 못한다면 계좌 잔고가 바닥날 가능성이 높다. 큰 수익을 내기 위해 적당한 손절매는 필요하다. 손절 없는 매매는 하수들이나 하는 것이니 반드시 손절매를 염두에 두고 매수한다.

무상증자 실전 사례 예시 4
: 무상증자 기대감으로 눌림목 공략하는 방법 2

이번에는 눌림목에 대해 알아보자. '제노코 일봉 차트 2'(168쪽)에서는 5일선을 지지받고 당일 바로 수익이 났지만 '원방테크 일봉 차트 1'에서는 매수 후 바로 수익이 나지 않고 ①번~④번 봉까지 주가가 하락한 후 ⑤번 봉에서 수익이 났다. 이처럼 눌림목을 공략하는 매매이지만, 단타매매를 한다면 지지받고 반드시 거래량이 터지면서 단기로 상승하는지 확인한다. 그렇지 않으면 스윙 매매로 전환할 수도 있기 때문이다. 무상증자 눌림목 매매는 5일선, 8일선, 10일선, 20일선에서 분할매수하면 무상증자 기준일 전에 수익을 낼 수 있다.

하지만 무상증자 권리락을 맞는 경우도 있으니 어떻게 매매를 이어갈지, 예상대로

원방테크 일봉 차트 2

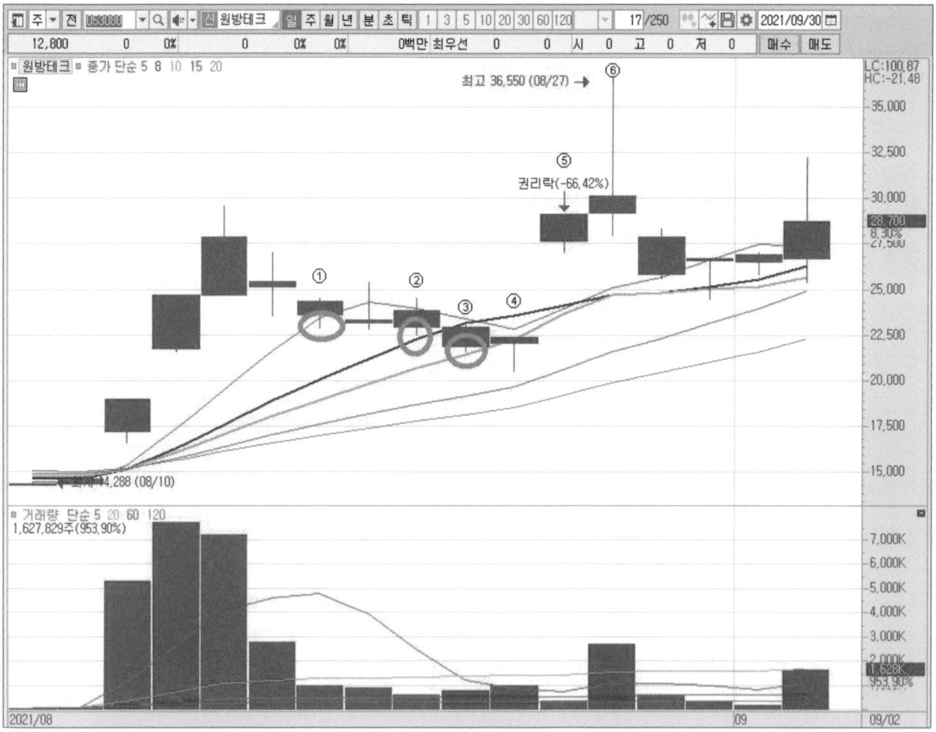

흘러가지 않을 경우 어떻게 할지 많은 경험을 통해 자신만의 매매 방법을 만들어보자.

'원방테크 일봉 차트 2'를 보면 ①번 봉에서 5일선을 지지받는 모습이니 매수가 가능하다. ②번 봉에서도 파란색의 8일선을 지지받는 모습이니 매수가 가능하다. ③번 봉 역시 노란색 10일선을 지지받는 모습으로 매수가 가능하다. ④번 봉에서는 15일 근처에서 지지받았는데 실전에서는 5일선, 8일선, 10일선에서만 분할매수하기 바란다. 주가가 하락할 경우 15일선에서 지지받는 경우도 있지만, 5일선, 8일선, 10일선에서 분할매수했기 때문에 15일선에서 분할매수하고 주가가 20일선까지 하락한다면 조금 부담스러울 수 있다.

따라서 15일선에서는 절대 매수하지 않는다. 주가가 부득이하게 20일선까지 하락할 경우 5일선, 8일선, 10일선까지 매수한 사람에 한해 20일선에서 지지받고 아래 꼬리가 나오는지 확인한 후 20일선에서 분할매수한다. ①번 봉부터 ④번 봉까지 주가는 하락 후 ⑤번 봉에서 상한가를 갔기 때문에 최소 20% 이상의 큰 수익이 날 수 있다. 봉에서 매도하라고 한다면 그 역시 사기일 가능성이 높다. ⑤번 봉에서 당일 상한가를 갈지 급등하고 밀렸다 다음 날 다시 상승할지는 아무도 알 수 없다. 따라서 ①번 봉부터 ③번 봉까지 분할매수했다면 ⑤번 봉에서 분할매도해서 수익을 확정 짓는 것이 바람직하다.

무상증자 실전 사례 예시 5
: 무상증자 권리락을 맞고 수익 내는 방법

이번에는 무상증자 권리락까지 맞고 수익을 내는 방법에 대해 알아보자. 모든 종목이 권리락을 맞고서 수익이 난다는 보장은 없다. 내 경험으로 비춰볼 때 수익이 날 확률이 80% 정도 된다.

권리락을 맞을 것이기 때문에 무상증자 기준일 이후 지급일까지 여유가 있다. 최소 5%에서 최대 15% 전후의 수익이 날 확률이 80% 정도 되므로 단타매매를 잘 못하는 사람들은 무상증자 권리락을 맞는 매매 방법도 있다. 여기에서 주의할 점이 있다. 기준일

–2거래일에 주식을 보유하면 주가는 권리락을 맞는 날 권리락 비율만큼 해당 종목의 주가가 하락하는데 큰 금액으로 신용 매수한 경우 담보 비율 하락으로 지급일 전까지 추가로 현금을 입금해야 할 수도 있기 때문에 반드시 현금으로 매매한다.

'원방테크 일봉 차트 3'에서 ①번 봉은 무상증자 공시가 나온 날이다. ②번 봉은 무상증자를 받기 위한 마지막 날이다. ③번 봉은 권리락을 맞는 날이며 ④번 봉은 무상증자 기준일이다. ⑤번은 무상증자를 받았다면 다시 무상증자를 지급받는 날이며, ⑥번은 무상증자 지급 후 주가가 반등한 날이다.

⑤번의 무상증자 지급일까지 보유한다고 마음먹고 매매하면 ①번부터 분할로 적극 매수 가능하다. 단기 타점도 중요하지만 5일선, 8일선, 10일선에서 눌림목 매매를 배웠기 때문에 타점과는 상관없이 ①번 봉부터 적극적인 분할매수가 가능하다. 매도는 본

원방테크 일봉 차트 3

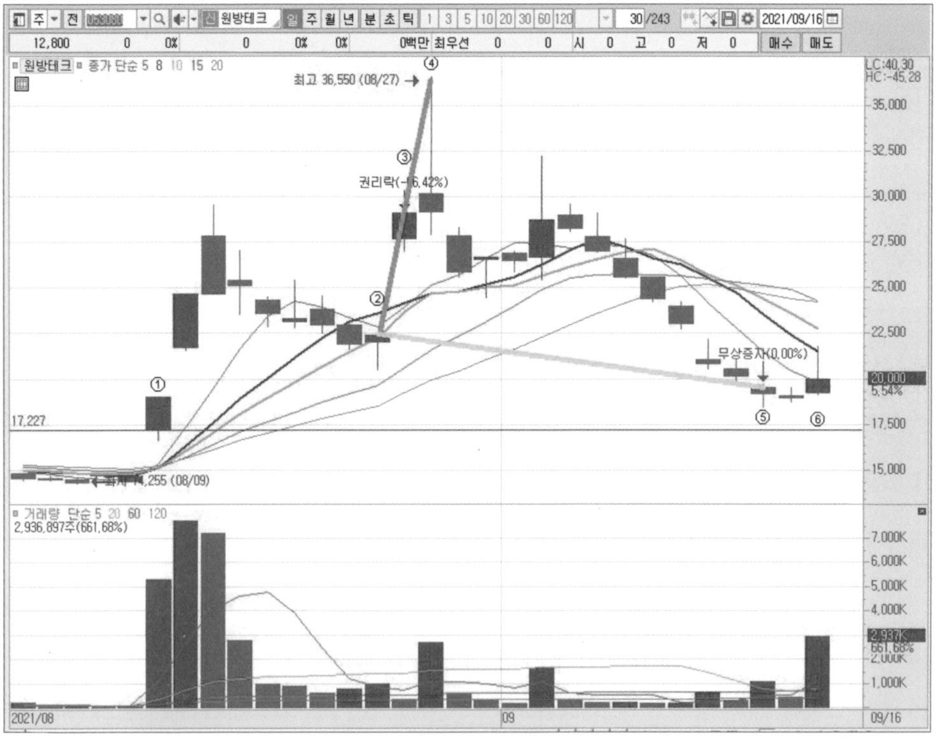

인이 정하면 되는데 단기적으로 주가가 상승한다면 무상증자 눌림목 매매를 해서 수익을 확정해도 된다.

무상증자 기준일까지 어떻게 수익이 나는지 알아보자. ②번 봉에서 주식을 보유해야 ⑤번 봉에서 해당 주식을 지급받을 수 있다. ①번 봉에서 수익이 나는 것은 생략하고, 무상증자를 받기 위해서는 ②번 봉에서 종가까지 매수를 완료해야 하기 때문에 ②번 봉의 종가 기준으로 매수했다고 가정하고 이야기해보자.

②번 봉의 종가는 2만 2,398원이다. 원래 100원 단위로 가격이 딱 떨어져야 되는데 무상증자 권리락을 맞았기 때문에 더 이상 떨어지지 않는다. ③번 봉에서 상한가를 갔는데 무조건 권리락 당일 주가가 상한가로 마감한다는 보장은 없다. 따라서 13% 정도부터는 분할매도로 대응하는 것이 좋으며, 권리락 당일 100% 매도해도 되고 권리락 다음 날까지 분할매도해도 된다. 권리락 당일 70% 매도, 권리락 다음 날 30% 매도하는 것을 추천한다. ③번의 상한가에서 수익을 보고 전부 매도했다면 ②번 봉 종가에서 매수했으니 30%의 수익이 난 것이다.

보수적으로 ④번 봉에서 수익을 내지 않았다는 가정하에 이야기해보자. 수익은 +30%가 되는 것이고, ⑤번 봉의 지급일 시가가 1만 9,500원이다. ②번 봉의 종가에서 매수한 2만 2,398원에서 13% 하락한 가격으로 주식을 배분받았다. 따라서 1주당 2주를 배분받기 때문에 ②번 봉에서 2만 2,398원에 3,000만 원어치의 주식을 종가로 매수했다고 가정한다면 ③번 봉인 권리락 당일 (전일 3,000만 원의 주식 가치는) 1,200만 원의 가치로 줄어들고 (초보자들은 3,000만 원이 1,200만 원이 되니 권리락 당일 아침 −60%가 되어 있을 것이다. 놀라지 말기를 바란다. 어차피 ⑤번 봉에서 권리락된 만큼 다시 보상받는다) 1,200만 원의 가치는 30% 상한가에 매도했다고 가정하면 총 360만 원의 수익이 난다.

하지만 권리락 당일 60% 정도 가치가 줄어들어 1,200만 원으로 시작하기 때문에 증권사에서는 −60%로 잡힌다는 점을 참고하자. 그럼 ⑤번 봉에서 1,800만 원을 다시 지급받는데 시가가 1만 9,500원으로 13% 하락하여 출발하기 때문에 '1,800만 원×−13%=−234만 원'의 손실이 나는 셈이다. 결국 ⑤번 봉에서 시가에 전량 매도했다고 가정하면 '(③번 봉에서 360만 원 수익) – (⑤번 봉에서 234만 원 손실) = 126만 원 수익'이라는 공식이 나온다. 원금이 3,000만 원이므로 약 4% 정도 수익이 난 것이다. 단, ①번 봉에서 마음 편하게 매수하고 수익은 생략, ④번 봉에서도 생략, ⑥번 봉에서도 생략했기 때문에 평균적으로는 5~15% 정도 수익을 거둘 수 있다.

무상증자 권리락을 맞는 매매 방법도 좋지만 모든 종목에서 5~15% 수익이 난다는 보장은 없다. 따라서 균등하게 무상증자 종목을 매매한다면 꾸준히 수익이 날 가능성이 높다. ('PART 3 05 가격 차트 활용 방법' 참고) 또 하나 주의 사항은 무조건 차트 정배열인 종목에서만 무상증자 매매를 하라는 것이다. 그것만 지킨다면 무상증자 매매도 꾸준히 수익을 내는 무기가 될 것이다.

03 인수, 합병, 지분 가치

재료 매매 vs 차트 매매

가치투자가 아닌 기술적 분석 투자에서도 재료 매매를 하는 사람과 차트 매매를 하는 사람으로 나뉜다. 당신은 어떤 매매를 주로 하고 있는가? 재료 매매로 수익을 잘 내는 사람은 재료 매매가 최고라고 할 것이고, 차트 매매로 수익을 잘 내는 사람은 차트 매매가 최고라고 할 것이다. 자신이 하고 있는 매매 방법이 가장 좋다고 생각하겠지만 어떤 매매가 더 좋은 매매라고 단정 지을 수 없다. 내 경우는 둘 다 중요하다고 생각한다.

실제로 내 주변을 보더라도 차트매매로만 또는 재료매매로만 수익을 잘 내는 사람들보다는 차트와 재료를 둘 다 보면서 수익을 내는 사람들이 훨씬 더 많다. 만약 지금 차트 매매만으로도 수익을 잘 내는 사람이라도 재료 매매의 중요성을 알면 한층 더 레

벨업이 될 것이다.

좋은 재료로는 '인수', '합병'이 있고, 이외에도 '치매', '에이즈', '코로나19' 관련 등이 있다. 또한 '지분 가치', '대형 IPO(기업공개)', '세계 최초', '국내 최초', '임상3상' 등은 재료 매매를 하는 사람이라면 당연히 알고 있어야 할 정도로 중요한 키워드이다. 먼저 인수, 합병 공시에 대해 알아보자.

인수, 합병 공시

인수와 합병의 사전적 의미를 살펴보자. '인수'는 한 기업이 다른 기업의 주식이나 자산을 취득하면서 경영권을 획득하는 것이며, '합병'이란 2개 이상의 기업들이 법률적으로나 사실적으로 하나의 기업으로 합쳐지는 것을 말한다. 인수, 합병 공시가 나오면 이후 주가가 어떻게 반응하고, 그에 따라 어떻게 매매하는 것이 좋은지 생각해봐야 한다.

'인터파크 시황창'을 살펴보자. 2021년 7월 12일 오후부터 매각 추진 공시가 나왔으며, 2021년 7월 13일 장전인 오전 7시 55분에도 매각 추진 공시가 재료창에 떴다. 앞서 말했지만 '매각', '인수', '합병'이라는 키워드는 정말 중요하다. 그렇기 때문에 재료 매매를 하는 사람이라면 전날 장이 끝난 이후부터 다음 날 장 시작 직전까지 어떤 신선한 재료가 나왔는지 파악하는 습관을 들여야 한다. 설령 재료를 찾지 못했거나 해당 종목의 재료가 노출되지 않았다고 할지라도 주가가 대량의 거래대금과 거래량으로 10% 이상 급등한 종목이라면 어떠한 재료로 상승했는지 찾아봐야 한다.

'인터파크 일봉 차트'를 보면 ①번 봉에서 장이 끝난 이후 오후 7시쯤에 매각 추진 공시가 나왔다. ②번 봉에서는 매각 공시가 나온 후 장 초반 시가 25% 근처에서 시작 후 장중에 상한가까지 찍었으나 종가는 22.83%로 마감했다. 단타매매를 주로 하는 사람이라면 1,000억 원 이상의 대량 거래대금이 터지는 종목과 당일 10% 이상 상승으로

인터파크 시황창

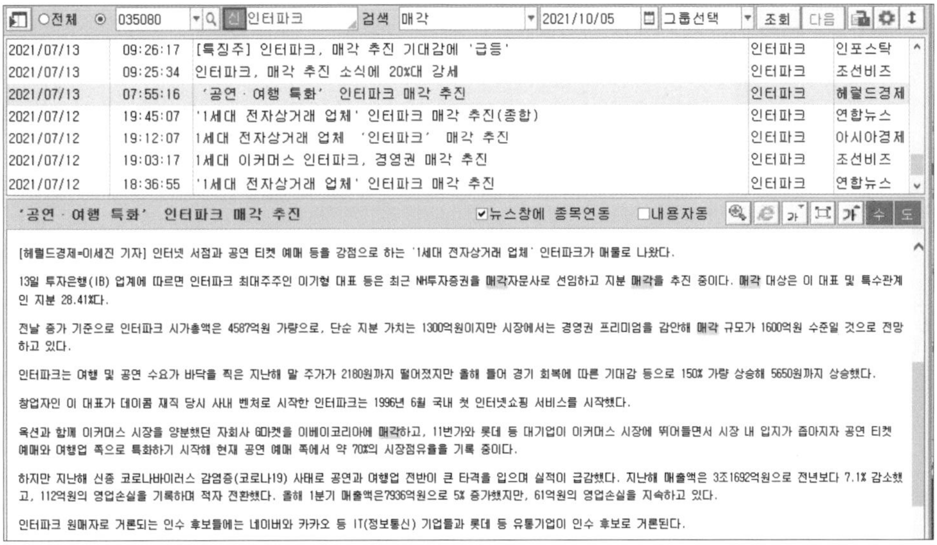

2021/07/13	09:26:17	[특징주] 인터파크, 매각 추진 기대감에 '급등'	인터파크	인포스탁
2021/07/13	09:25:34	인터파크, 매각 추진 소식에 20%대 강세	인터파크	조선비즈
2021/07/13	07:55:16	'공연·여행 특화' 인터파크 매각 추진	인터파크	헤럴드경제
2021/07/12	19:45:07	'1세대 전자상거래 업체' 인터파크 매각 추진(종합)	인터파크	연합뉴스
2021/07/12	19:12:07	1세대 전자상거래 업체 '인터파크' 매각 추진	인터파크	아시아경제
2021/07/12	19:03:17	1세대 이커머스 인터파크, 경영권 매각 추진	인터파크	조선비즈
2021/07/12	18:36:55	'1세대 전자상거래 업체' 인터파크 매각 추진	인터파크	연합뉴스

'공연·여행 특화' 인터파크 매각 추진

[헤럴드경제=이세진 기자] 인터넷 서점과 공연 티켓 예매 등을 강점으로 하는 '1세대 전자상거래 업체' 인터파크가 매물로 나왔다.

13일 투자은행(IB) 업계에 따르면 인터파크 최대주주인 이기형 대표 등은 최근 NH투자증권을 매각자문사로 선임하고 지분 매각을 추진 중이다. 매각 대상은 이 대표 및 특수관계인 지분 28.41%다.

전날 종가 기준으로 인터파크 시가총액은 4587억원 가량으로, 단순 지분 가치는 1300억원이지만 시장에서는 경영권 프리미엄을 감안해 매각 규모가 1600억원 수준일 것으로 전망하고 있다.

인터파크는 여행 및 공연 수요가 바닥을 찍은 지난해 말 주가가 2180원까지 떨어졌지만 올해 들어 경기 회복에 따른 기대감 등으로 150% 가량 상승해 5650원까지 상승했다.

창업자인 이 대표가 데이콤 재직 당시 사내 벤처로 시작한 인터파크는 1996년 6월 국내 첫 인터넷쇼핑 서비스를 시작했다.

옥션과 함께 이커머스 시장을 양분했던 자회사 G마켓을 이베이코리아에 매각하고, 11번가와 롯데 등 대기업이 이커머스 시장에 뛰어들면서 시장 내 입지가 좁아지자 공연 티켓 예매와 여행업 쪽으로 특화하기 시작해 현재 공연 예매 쪽에서 약 70%의 시장점유율을 기록 중이다.

하지만 지난해 신종 코로나바이러스 감염증(코로나19) 사태로 공연과 여행업 전반이 큰 타격을 입으며 실적이 급감했다. 지난해 매출액은 3조1692억원으로 전년보다 7.1% 감소했고, 112억원의 영업손실을 기록하며 적자 전환했다. 올해 1분기 매출액은7936억원으로 5% 증가했지만, 61억원의 영업손실을 지속하고 있다.

인터파크 원매자로 거론되는 인수 후보들에는 네이버와 카카오 등 IT(정보통신) 기업들과 롯데 등 유통기업이 인수 후보로 거론된다.

인터파크 일봉 차트

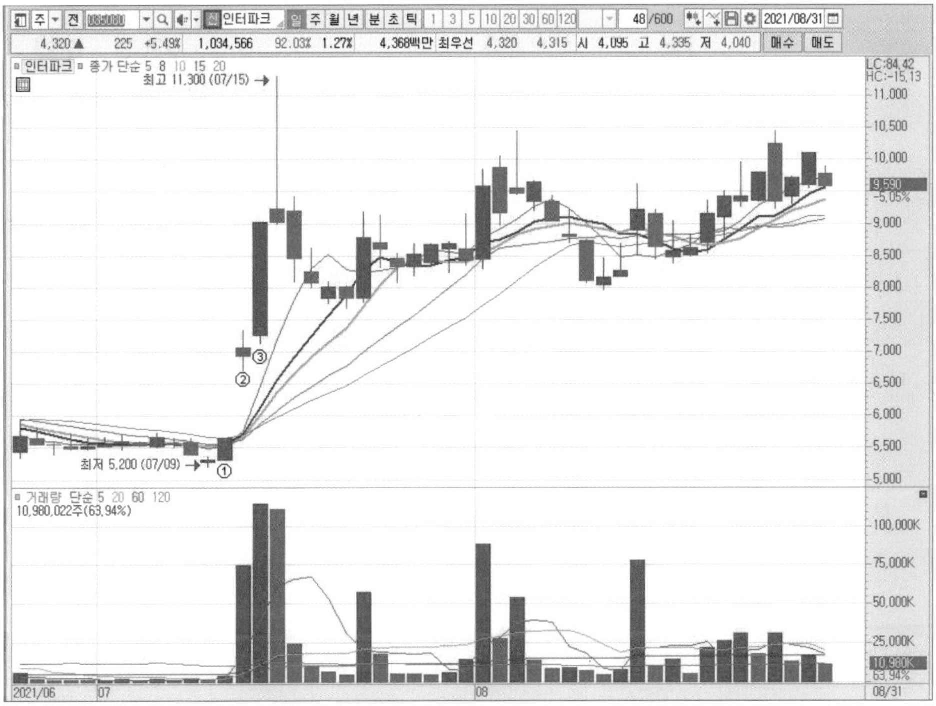

마감한 종목은 어떤 재료로 왜 상승했는지 이유를 파악해야 한다.

②번 봉에서는 아침 시초가가 25% 정도에서 시작했기 때문에 좋은 재료이기는 하다. 그러나 25%의 갭은 아침부터 적극적으로 매수하기는 쉽지 않다. 하지만 ③번 봉에서는 대량의 거래량을 믿고 매수해볼 수 있다.

주가 10% 이상의 상승과 거래대금 1,000억 원의 종목을 주목하라

거래대금이 당일 1,000억 원 넘었고, 주가가 10% 이상 상승 마감했다. 이 상황이 말해주는 것이 무엇이라고 생각하는가? 대량의 거래대금과 거래량을 터뜨리며 장대양봉으로 상승한 것은 주가를 끌어올리는 주체 세력들의 명확한 이유가 있기 때문이다.

주식투자에 100%라는 것은 존재하지 않지만, 단기매매에서 이러한 종목군을 매매하면 수익을 낼 확률이 상당히 높다. '인터파크 일봉 차트'의 ②번 봉을 보면 거래대금 5,367억 원이며, 종가상 22.83%로 마감했다. 이러한 종목군들의 특징은 특별한 경우를 제외하고 보통 1~6거래일 안에 주가가 다시 상승한다는 것이다. 왜 그럴까?

이유는 간단하다. 매수 주체 세력들이 자선 사업을 하면서 주가를 끌어올릴 이유가 없기 때문이다. 하루 이틀 거래 없는 음봉으로 주가를 하락시킬 수는 있으나, 종국에는 초기보다 더 많은 거래량을 터트리며 주가를 상승시켜서 팔아먹기 위해서이다. 그럼 ②번 봉에서는 갭이 많이 떠서 매수를 못했지만, ③번 봉에서는 왜 매수가 가능한지 다음 차트로 알아보자.

인터파크 3분봉 차트

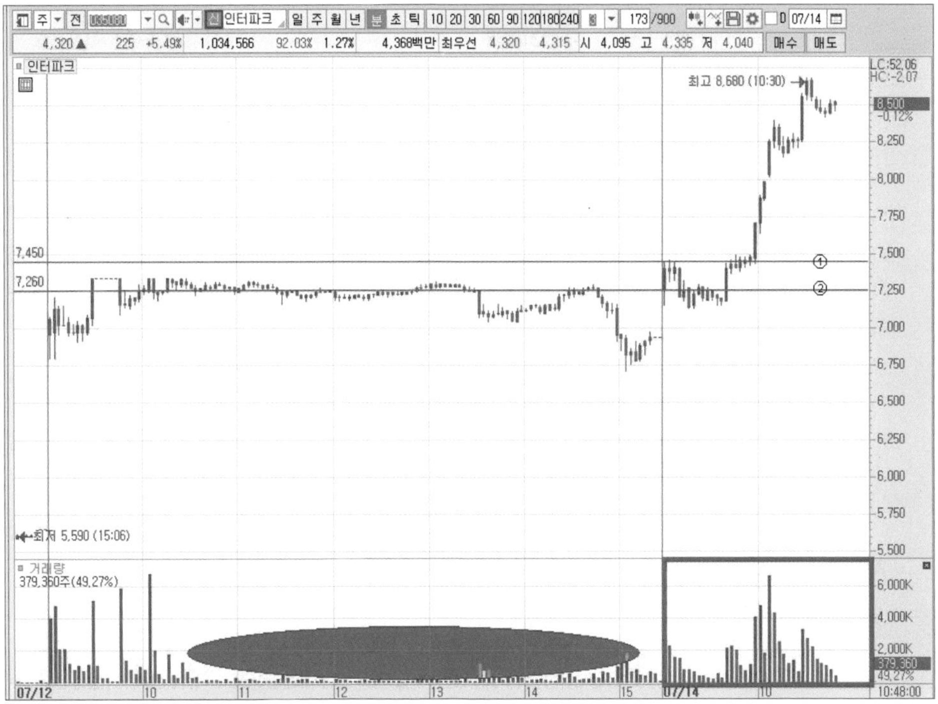

3분봉 차트로 매수 시점 찾는 방법

'인터파크 3분봉 차트'를 살펴보자. 일단 매각, 인수, 합병이라는 대형 호재가 떴고, 일봉상 1,000억 원 이상의 거래대금과 함께 주가가 전날 23% 정도 상승 마감했다. 이러한 급등 종목은 다음 날 무조건 매매 대상 후보는 아니지만, 내가 예상하는 대로 주가가 움직일 때는 매매에 동참해야 한다. 주린이들은 급등한 종목을 매매하기 두려워한다. 그런데 이런 매매를 자주 접하고 겪어보면 오히려 이런 매매가 단기적으로 쉽게 수익을 낼 수 있음을 알게 된다. 물론 최소 1~2년의 시간이 필요하다.

보통의 주가는 급등 후 하루 이틀 쉬었다 다시 급등한다. 하지만 '인터파크 3분봉 차트'를 보면 하루 이틀 쉬어 갈 때 거래 없는 음봉과는 다르게 움직였는데 당일 주가가 대량의 거래량과 함께 상승하면 절호의 매수 시점이다. 좀 예외적으로 전일 주가가 상승한 후 하루 이틀 쉬어 가는 패턴이 나오지 않고 전날 급등할 때처럼 당일 또한 거래량이 상승하면서 움직였기 때문에 매매가 가능하다. 주가가 쉬어 갈 때는 거래량이 늘어나지 않는다. 이때는 해당 종목의 움직임을 보고 기다렸다가 대량의 거래량과 함께 주가가 상승할 때 매수하면 쉽게 수익을 낼 수 있다.

파란 원을 보면 7월 13일 주가가 아침 일찍 상승한 후 상한가를 찍은 다음 거래량이 상당히 줄어든 상태에서 종가로 마감했다. 7월 14일 역시 아침에 거래량이 터지지 않고 파란 원처럼 거래량이 늘지 않았다면 매수에 동참하는 것이 아니라 거래량이 터질 때까지 기다리면 된다.

하지만 7월 14일의 빨간 네모 박스를 보면 7월 13일처럼 거래량이 아침부터 활발히 움직였기 때문에 매수에 동참할 수 있다. 매수에 동참할 수도 있다는 것이지 바로 매수하라는 것은 아니다. '거래량이 늘어나고 있으니 오늘은 매매하는 날이구나' 생각하고 매수 타점을 노려야 한다.

②번은 아침 시초가를 돌파할 때의 모습을 선으로 나타낸 것이며, ①번은 아침의 고가를 돌파할 때의 모습을 선으로 나타낸 것이다. 시가를 돌파할 때 50% 분할매수, 당일 고가를 돌파할 때 50% 분할매수를 할 수 있다.

단타는 안정적으로 수익을 내고 회전에 목표를 두기 때문에 많은 수익을 내기보다는 적당한 수익에 매도할 줄 알아야 한다. 따라서 3~5% 수익권에서 무조건 50% 정리하는 습관을 들인다. 또한 호가창에서 매수 매도의 움직임이 둔화되고 아침에 활발했던 거래량보다 월등히 줄어드는 경우 횡보 또는 주가가 하락할 가능성이 높은데 매수 주체가 없고 멈춤에서 나머지 50% 물량을 매도하면 된다.

또 하나의 매도 방법은 주가가 10~15% 이상의 상승 흐름에서 매수 물량의 합이 매도 물량의 합보다 3배 이상이 많다면 현재가창이 추후에 변하지 않는 이상 단기 고점일 가능성이 높으니 그런 징후에 매도를 하면 된다.

지분 가치 공시

'우리기술투자 시황창 1'을 보면 지분 가치에 대한 공시창에서 '[특징주] 우리기술투자, 두나무 미국 상장 시 가치 10조… 지분 가치 부각'이라는 제목이 나왔다. 우리기술투자가 두나무에 지분 투자했는데 두나무가 미국에 상장 시 10조 가치가 되므로 우리기술투자가 두나무에 투자한 8%의 지분 가치는 10조 × 8% = 8,000억 원에 달한다는 것이다.

비트코인을 한 번이라도 매매해본 사람이라면 '업비트'라는 앱을 들어보았을 것이다. 업비트를 운영하는 회사가 두나무이다. 여기서 지분을 애써 찾을 필요 없다. '네이버' 검색창에 '두나무 관련주'라고 치면 관련 종목들과 함께 지분도 자세히 나온다. 두나무는 우리기술투자 8%, 에이티넘인베스트 7%, 한화투자증권 6% 보유하고 있다. 여기서 지분이 많은 우리기술투자가 대장주이다. 단순히 지분이 많으니까 대장주 역할을 한다고 생각하면 안 된다. 지분이 많고 적음이 아니라 지분과 상관없이 빠르게 더

우리기술투자 시황창 1

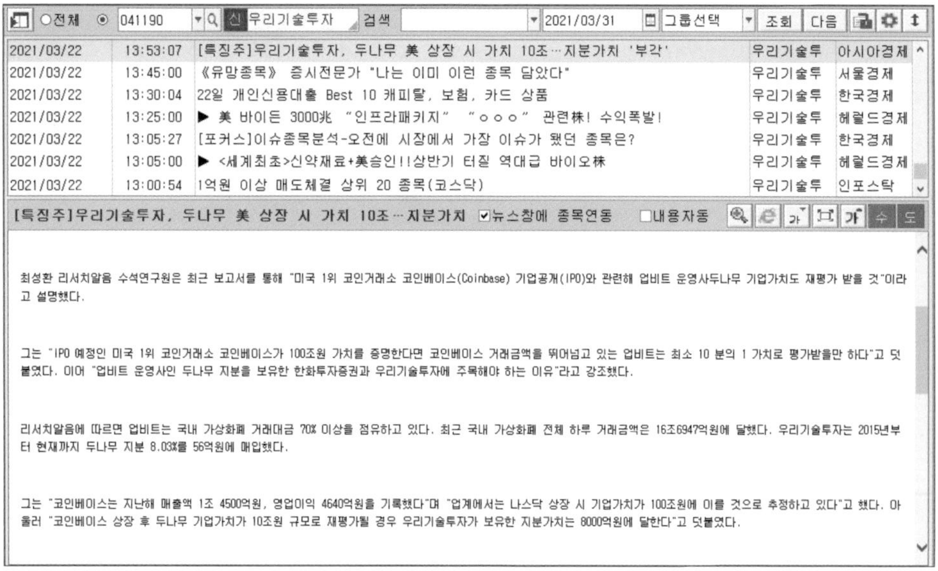
○전체 ◉ 041190 신 우리기술투자 검색 2021/03/31 그룹선택 조회 다음

2021/03/22	13:53:07	[특징주]우리기술투자, 두나무 美 상장 시 가치 10조…지분가치 '부각'	우리기술투	아시아경제
2021/03/22	13:45:00	《유망종목》 증시전문가 "나는 이미 이런 종목 담았다"	우리기술투	서울경제
2021/03/22	13:30:04	22일 개인신용대출 Best 10 캐피탈, 보험, 카드 상품	우리기술투	한국경제
2021/03/22	13:25:00	▶ 美 바이든 3000兆 "인프라패키지" "○○○" 관련株! 수익폭발!	우리기술투	헤럴드경제
2021/03/22	13:05:27	[포커스]이슈종목분석-오전에 시장에서 가장 이슈가 됐던 종목은?	우리기술투	한국경제
2021/03/22	13:05:00	▶ <세계최초>신약재료+美승인!!상반기 터질 역대급 바이오株	우리기술투	헤럴드경제
2021/03/22	13:00:54	1억원 이상 매도체결 상위 20 종목(코스닥)	우리기술투	인포스탁

[특징주]우리기술투자, 두나무 美 상장 시 가치 10조…지분가치 ☑뉴스창에 종목연동 ☐내용자동

최성환 리서치알음 수석연구원은 최근 보고서를 통해 "미국 1위 코인거래소 코인베이스(Coinbase) 기업공개(IPO)와 관련해 업비트 운영사두나무 기업가치도 재평가 받을 것"이라고 설명했다.

그는 "IPO 예정인 미국 1위 코인거래소 코인베이스가 100조원 가치를 증명한다면 코인베이스 거래금액을 뛰어넘고 있는 업비트는 최소 10 분의 1 가치로 평가받을만 하다"고 덧붙였다. 이어 "업비트 운영사인 두나무 지분을 보유한 한화투자증권과 우리기술투자에 주목해야 하는 이유"라고 강조했다.

리서치알음에 따르면 업비트는 국내 가상화폐 거래대금 70% 이상을 점유하고 있다. 최근 국내 가상화폐 전체 하루 거래금액은 16조6947억원에 달했다. 우리기술투자는 2015년부터 현재까지 두나무 지분 8.03%를 56억원에 매입했다.

그는 "코인베이스는 지난해 매출액 1조 4500억원, 영업이익 4640억원을 기록했다"며 "업계에서는 나스닥 상장 시 기업가치가 100조원에 이를 것으로 추정하고 있다"고 했다. 아울러 "코인베이스 상장 후 두나무 기업가치가 10조원 규모로 재평가될 경우 우리기술투자가 보유한 지분가치는 8000억원에 달한다"고 덧붙였다.

많이 상승하는 종목이 대장주이다. 꿀팁으로 거래대금이 많이 터진 종목이 대장이 결코 아니다. 이 역시 알아두기 바란다.

지분 가치 해석하기

'우리기술투자 일봉 차트'에서 ①번 봉은 2021년 3월 22일 모습이며, ②번 봉은 3월 30일의 모습이다. 3월 22일 우리기술투자의 종가는 7,340원이며, 전체 총주식 수 8,400만 주를 곱하면 시가총액은 6,165억 원이다. 여기에 지분 가치 8,000억 원을 더하면 1조 4,165억 원이 된다. 이 계산 공식은 내가 주로 사용하는 방법인데 이 금액에서 보수적으로 70~80% 정도로 상승 여력을 판단하면

우리기술투자 일봉 차트

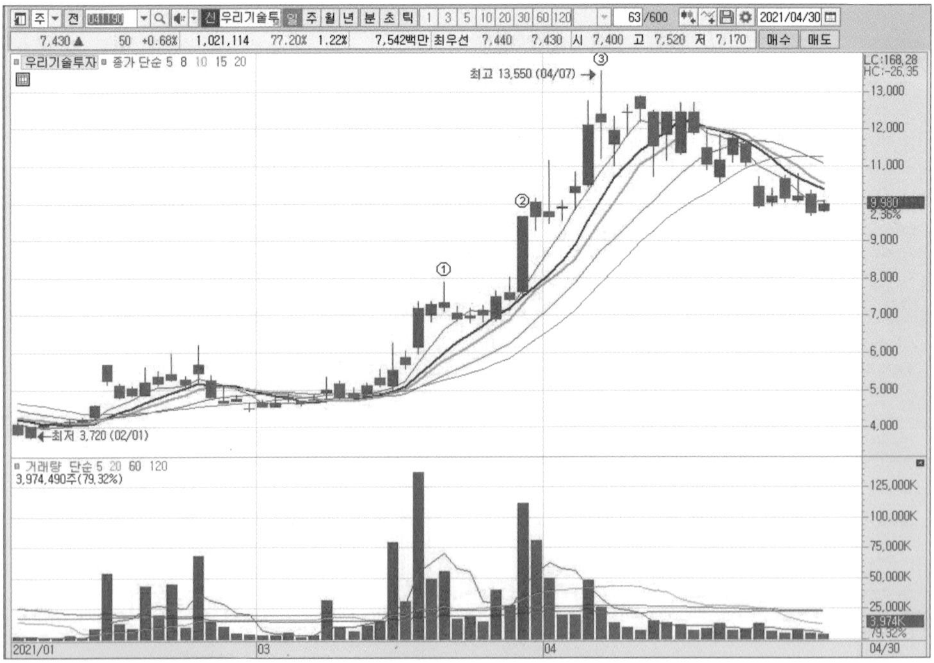

된다.

1조 4,165억 원의 70%는 9,915억 원이고, 80%는 1조 1,332억 원이다. 나의 경우 75%를 하는 편이다. 이것은 나만의 공식 방법이니 맹신하면 안 된다. ③번의 고점인 1만 3,550원에 전체 총주식 수(8,400만 주)를 곱하면 1조 1,382억 원이 된다. 최대 80%인 1조 1,332억 원쯤에서 고점이 형성되었다.

내 경우 공식보다 주가가 더 상승하면 더 이상 매매하지 않는 편이다. 왜냐하면 산이 높으면 골이 깊기 때문이다. 주식 경력이 어느 정도 되면 욕심에서 벗어나는 해탈의 경지에 이르게 된다. 고점을 먹으려고 하는 생각 자체를 버리기 바란다.

재료로 당일 단타매매하는 방법

결과적으로 ②번 봉이 상한가를 갔는데 ①번 봉에서 지분 가치를 계산했고 호재로 인하여 조금 더 상승할 여력이 있다는 것을 알았다. 주가가 조정될 때마다 분할매수하는 방법도 있지만, 단타매매하는 방법도 알아보자.

재료 매매를 하는 사람 중에는 무조건 재료가 나와야 당일 매매를 하는 사람이 있을 것이다. 하지만 내 생각은 조금 다르다. 아주 좋은 대형 재료가 나왔다 하더라도 주가를 부양시키려는 세력들이 없다면(꼭 그런 것은 아니지만 실제로 그러한 경우도 간간이 발생한다) 주가는 상승할 수 없다. 재료가 반드시 나와야 한다는 생각을 하지 않는다는 것이다. 다시 말해 당일 아침부터 대량의 거래량과 거래대금이 터진다면 재료가 안 나왔다고 할지라도 수급으로 매매가 가능하다. ③번 봉의 경우는 재료까지 터져주었으니 단타매매하기에 아주 적합하다.

'우리기술투자 시황창 2'를 보면 11시 51분에 특징주 재료가 나왔다. 고점 신호에서 나오는 재료에는 매매하지 않아야 한다('PART 6 03 재료를 알면 비중 베팅이 가능하다' 참고). 또한 우리기술투자는 두나무가 나스닥 상장 기대감으로('우리기술투자 일봉 차트' ①번 3월

우리기술투자 시황창 2

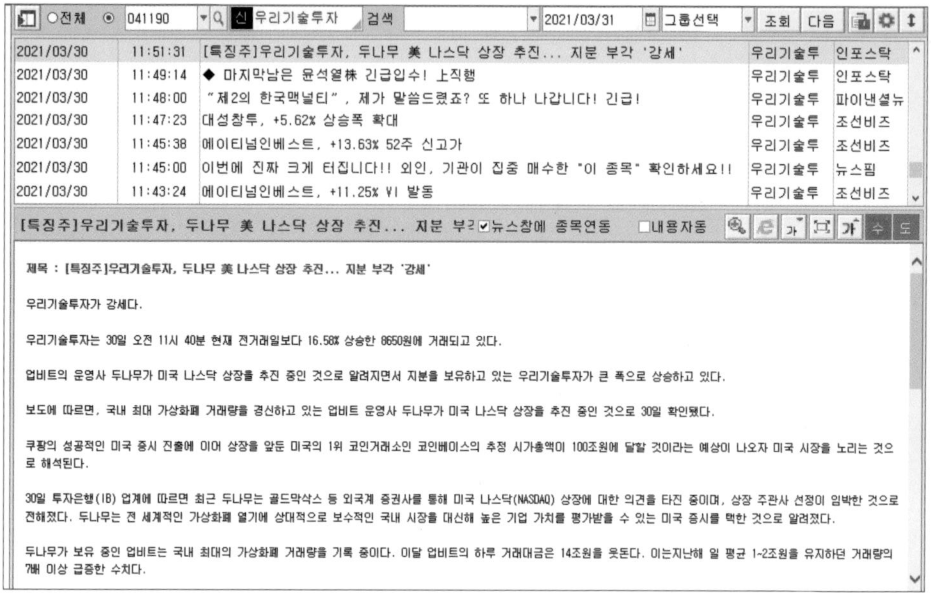

2021/03/30	11:51:31	[특징주]우리기술투자, 두나무 美 나스닥 상장 추진... 지분 부각 '강세'	우리기술투	인포스탁
2021/03/30	11:49:14	◆ 마지막남은 윤석열株 긴급입수! 上직행	우리기술투	인포스탁
2021/03/30	11:48:00	"제2의 한국맥널티", 제가 말씀드렸죠? 또 하나 나갑니다! 긴급!	우리기술투	파이낸셜뉴
2021/03/30	11:47:23	대성창투, +5.62% 상승폭 확대	우리기술투	조선비즈
2021/03/30	11:45:38	에이티넘인베스트, +13.63% 52주 신고가	우리기술투	조선비즈
2021/03/30	11:45:00	이번에 진짜 크게 터집니다!! 외인, 기관이 집중 매수한 "이 종목" 확인하세요!!	우리기술투	뉴스핌
2021/03/30	11:43:24	에이티넘인베스트, +11.25% VI 발동	우리기술투	조선비즈

제목 : [특징주]우리기술투자, 두나무 美 나스닥 상장 추진... 지분 부각 '강세'

우리기술투자가 강세다.

우리기술투자는 30일 오전 11시 40분 현재 전거래일보다 16.58% 상승한 8650원에 거래되고 있다.

업비트의 운영사 두나무가 미국 나스닥 상장을 추진 중인 것으로 알려지면서 지분을 보유하고 있는 우리기술투자가 큰 폭으로 상승하고 있다.

보도에 따르면, 국내 최대 가상화폐 거래량을 경신하고 있는 업비트 운영사 두나무가 미국 나스닥 상장을 추진 중인 것으로 30일 확인됐다.

쿠팡의 성공적인 미국 증시 진출에 이어 상장을 앞둔 미국의 1위 코인거래소인 코인베이스의 추정 시가총액이 100조원에 달할 것이라는 예상이 나오자 미국 시장을 노리는 것으로 해석된다.

30일 투자은행(IB) 업계에 따르면 최근 두나무는 골드막삭스 등 외국계 증권사를 통해 미국 나스닥(NASDAQ) 상장에 대한 의견을 타진 중이며, 상장 주관사 선정이 임박한 것으로 전해졌다. 두나무는 전 세계적인 가상화폐 열기에 상대적으로 보수적인 국내 시장을 대신해 높은 기업 가치를 평가받을 수 있는 미국 증시를 택한 것으로 알려졌다.

두나무가 보유 중인 업비트는 국내 최대의 가상화폐 거래량을 기록 중이다. 이달 업비트의 하루 거래대금은 14조원을 웃돈다. 이는지난해 일 평균 1~2조원을 유지하던 거래량의 7배 이상 급증한 수치다.

22일의 봉) 조금 더 상승할 것을 알고 분할매수할 수가 있으며 꼭 아침에 재료가 나와야 매매한다는 생각을 조금 바꿀 필요가 있다. 왜냐하면 아무리 좋은 재료일지라도 끌어올리려는 상승 주체 세력이 없으면 주가는 올라가지 않기 때문이다.

반대로 당일 재료 노출이 안 되었더라도 끌어올리려는 상승 주체 세력들이 있다면 아침부터 매수에 동참할 수 있다. 단, 아침 일찍부터 재료와 함께 대량의 거래량이 나오면 비중을 높게, 재료 없이 대량의 거래량이 나오면 50% 비중으로 매매에 동참해보는 것도 하나의 방법이다.

3분봉으로 단타매매하는 방법

'우리기술투자 3분봉 차트'를 보면서 단타에 참여해야 하는 이유에 대해 알아보자. 단타매매에서 가장 중요한 지표는 바로 거래량

우리기술투자 3분봉 차트

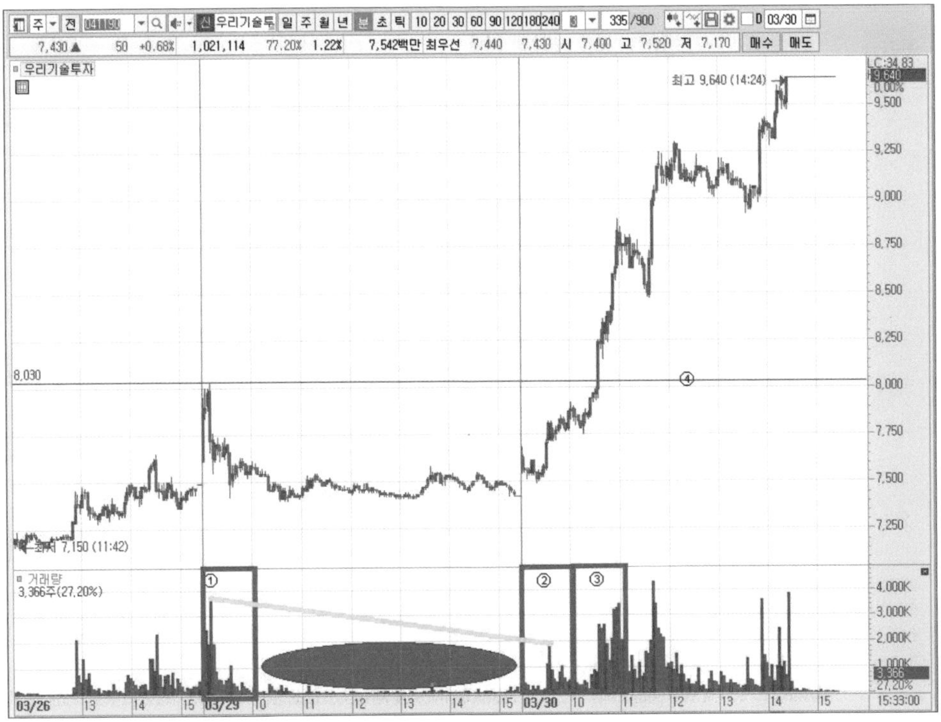

이다. 실시간으로 매수세가 들어오는 거래량은 세력들이 속일 수가 없다.

우선 3월 30일 ②번 네모 박스의 거래량을 보면 전날의 파란 원보다 조금씩 꿈틀거리는 것을 알 수 있다. 파란 원보다는 ②번의 네모 박스가 거래량이 많아서 매수할 수도 있지만, ①번 네모 박스의 거래량보다 월등히 적기 때문에 기다려야 한다. ①번의 빨간 네모 박스와 ②번의 빨간 네모 박스의 거래량을 노란 선으로 그어놓았다. 월등히 적기 때문에 기다려야 한다.

②번의 거래량이 터진 후 (③번의 거래량이 나오지 않았다고 한다면) 점점 거래량이 줄어든다면 당일 매매하지 않으면 된다. 단타매매는 내가 원하는 차트의 모습일 때만 매매해서 수익을 내면 승률이 상당히 높다. ③번 빨간 네모 박스의 거래량을 보자. 10시 30분부터 거래량이 점차 늘어나는 것을 볼 수 있다. ④번은 3월 29일의 고점을 빨간 선

으로 이어놓은 것이다. 전날의 고점을 돌파하면서 ③번의 네모 박스에서 거래량이 증가하고 있다. 물론 ①번의 거래량보다 더 높지는 않지만 그보다는 어느 정도 연속적으로 거래량이 터지느냐가 더 중요하다. 설명은 간단해 보여도 결코 단타매매는 쉽지 않다. 소액투자로 많은 연습을 쌓은 후 꾸준히 수익이 날 때 투자금을 늘리기 바란다.

04 임상3상 및 결과

대박 종목 찾는 기술

임상3상의 공시와 함께 대박 차트 찾는 방법 3가지를 알아보자. 앞에서 역배열 차트는 쳐다보지 말라고 했듯이 대박 종목을 찾기 위해서는 3박자가 맞아떨어져야 한다.

첫 번째, 차트이다. 정배열 말기의 종목이 아닌 정배열 초기 종목이어야 한다. 두 번째, 막강한 재료이다. 단발성 재료가 아닌 일정 매매로 재료가 노출되기 전까지 어느 정도 시간이 있어야 한다. 세 번째, 첫 상승 신호탄이 메가톤급이어야 한다. '10% 이상의 상승과 거래대금 1,000억 원의 종목을 주목하라'고 했듯이 대량의 거래대금과 함께 10% 이상 상승하면 된다.

여기서 주의할 점은 일봉의 평균 거래대금이 10억 원이었다면 당일 거래대금이

1,000억 원인 경우 10,000%의 거래량이 터진 것이다. 즉, 꼭 1,000억 원일 필요는 없다. 그 이상이거나 1,000% 이상의 거래량이 터지면 된다. 다음의 차트를 보고 좀 더 자세히 살펴보자.

대박 재료로 일정 매매하는 방법

SK바이오사이언스 시황창을 보면 2021년 5월 27일에 SK바이오사이언스 사장이 6월에 임상3상 진입을 한다는 공시가 나왔다. 임상3상 전에 임상1상, 임상2상도 분명히 진행했을 것이다. 왜 임상3상을 주목해야 하는가? 임

SK바이오사이언스 시황창

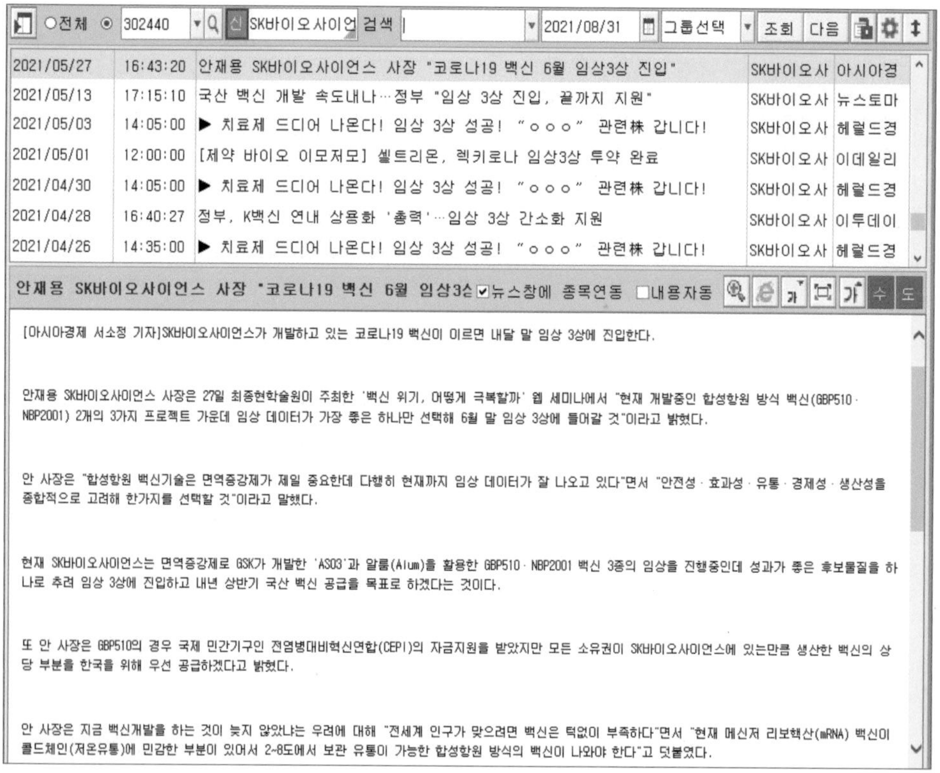

상1상과 임상2상의 경우 중간에 실패할 가능성도 있기 때문에 임상1상 성공 또는 임상2상 성공의 재료와 함께 주가가 상승하더라도 매매하지 말아야 한다. 임상3상으로 가기 이전에 어떤 악재가 나올지 모르기 때문이다.

임상2상 통과 후 임상3상 진행부터 관심 종목으로 뽑아두고 일정 매매를 하면 된다. SK바이오사이언스는 임상3상을 진행한다고 했기 때문에 해당 종목을 관심 종목에 넣어두고 메가톤급 거래대금이 터지는 시점이 언제인지 항상 눈여겨봐야 된다. 임상3상을 진행한다는 재료를 찾지 못했다고 하더라도 걱정할 필요는 없다. 10% 이상의 상승 종목은 매일 왜 상승을 했는지 상승한 이유를 찾으라고 여러 번 강조하였기 때문이다. 임상3상의 재료를 몰랐다고 할지라도 대량의 거래량과 함께 10% 상승한 이유를 확인했다면 늦어도 그때부터는 관심을 갖고 매매에 들어가야 한다.

재료가 좋으면 이제 무엇을 봐야 할까? 바로 차트이다. 재료가 아무리 좋아도 역배열 차트는 매매하지 않는다고 했으니 바로 정배열 종목인지 그리고 정배열 초기 종목인지를 판단해야 한다. SK바이오사이언스의 일봉 차트를 보면서 설명해보겠다.

대박 재료도 정배열 차트에서 주로 나온다

다음 페이지의 'SK바이오사이언스 일봉 차트'에서 ①번 봉은 5월 27일의 시황창에 재료가 나온 시점이며, ②번 봉은 메가톤급 거래대금이 나온 시점이다. 재료 매매를 주로 하는 사람이라면 ①번 봉에서 해당 재료를 분명 찾았을 것이다. 차트 매매를 하는 사람이라면 ①번 봉에서 재료를 놓쳤을 수도 있지만 괜찮다. 당일 거래대금 1,000억 원 이상과 10% 이상 주가가 상승한 종목은 왜 상승했는지 대부분 시황창에 나오기 마련이다.

시황창에도 나오지 않는다면 네이버나 구글에 검색해보자. 왜 상승했는지 분명히 나올 것이다. ①번 봉에서 재료를 찾았고 일정 매매를 하는 사람이라면 ①번 봉부터 재

SK바이오사이언스 일봉 차트

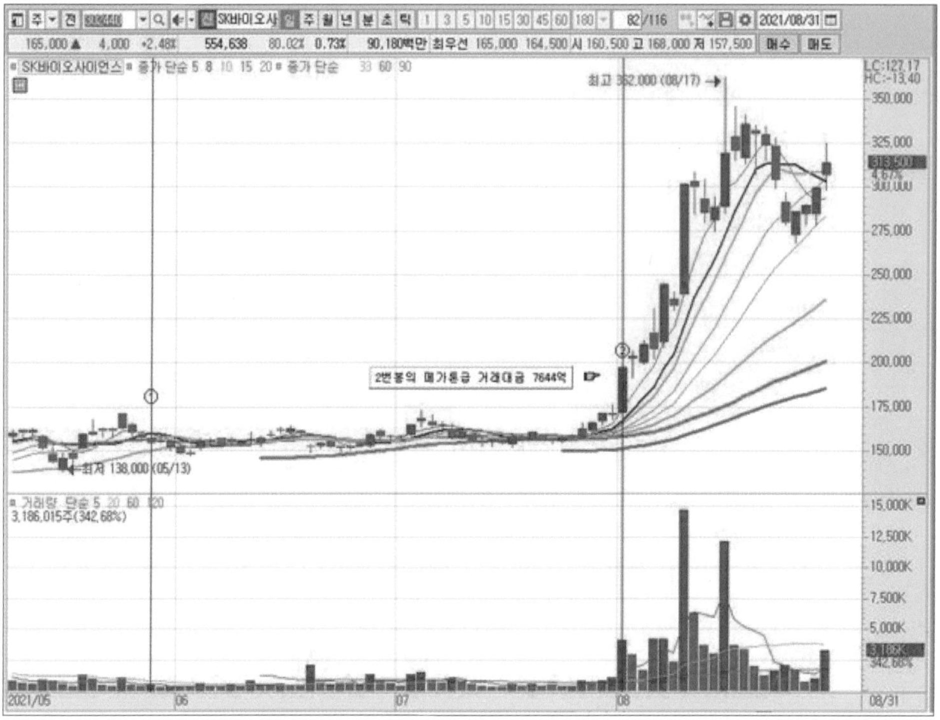

료를 믿고 분할매수가 가능하다. 재료 매매이니 매도는 언제 해야 되는가? 100% 정답은 없지만 임상3상이라는 재료가 어느 정도 끝나갈 때쯤 매도하는 것이 좋다.

예를 들어 임상3상 성공이든 실패이든 재료 발표일이 8월 10일이라고 가정하자. 그러면 아무리 늦어도 발표 전날에는 미리 매도하는 것이 가장 좋다. 임상3상 성공 여부를 떠나서 그 기대감으로 주가가 올랐기 때문에 재료 발표 전날 또는 전전날 수익을 챙기는 것이 가장 바람직하다.

'SK바이오사이언스 일봉' 차트에서 ②번 봉이 당일 상한가를 갔고, 당일 상한가의 고가가 19만 7,000원인데도 주가는 36만 2,000원으로 시가총액 10조 원이 훨씬 넘는 종목이 임상3상이라는 대박 재료 하나로 80% 이상 상승하는 기염을 토했다. 단순히 차트가 좋으니 보유한다고 말할 수가 있을까? 차트만 가지고는 길게 수익을 낼 수 없다. 따라서 차트도 좋고 재료까지 좋다면 재료를 믿고 차트에 의지해서 큰 수익을 낼 줄 알아야 한다.

여기서 잠깐 손절매도 생각해보자. 재료가 좋다고 무조건 주가가 상승한다는 보장이 없다. 일정 매매를 할 때 재료 발표가 한참 남아 있고 분명 호재라고 생각했는데도 불구하고 주가가 하락하는 경우가 있다. 주식투자는 100%라는 것이 없는데도 재료 하나만 믿고 낭패를 보는 경우가 종종 있다. 따라서 대박 재료라고 판단하고 매수했는데 예상과 달리 주가가 하락하고(일시적으로 세력의 블러핑일 수도 있지만) 내가 생각한 지지선을 깬다면 손절매하기 바란다. 이런 경우 나 혼자만 재료를 좋게 해석했을 가능성이 높다. 항상 내가 아닌 남들이 좋아하는 재료를 해석할 줄 알아야 한다.

05 치매, 에이즈, 코로나19

초보자는 언제 재료 매매를 배워서 고수들처럼 수익을 낼까? 초보자들이라면 누구나 갖는 고민일 것이다. 그래서 그동안 축적한 노하우를 함축적으로 정리해보았다.

첫 번째, 팩트(사실)여야 한다

재료는 팩트가 좋다. 기사를 읽어보면 팩트인지 단지 가능성일 뿐인지 알 수 있다. 쉽게 말해서 데이터화된 수치값이 나오지 않고 "긍정적일 가능성이 높을 것이다"라는 기사와 실험 결과 "완전관해 판정이 나왔다"라는 기사는 완전히 다르다. 기사 내용이 팩트인지 아니면 가능성인지에 따라 주가의 반응도 다르다.

두 번째, 뉴스의 제목은 자극적일수록 좋다

주식투자와 상관없이 일반적으로는 100억 원이라면 큰 금액이다. 하지만 HTS 시황창을 보면 1,000억 원도 적은 금액이다. 적어도 1조 원 이상의 가치가 있거나 국내 최초, 세계 최초 타이틀로 기사가 나온 종목들의 주가를 주목하기 바란다.

'2021년 8월 18일 대원제약 시황창'을 보면 세계 최초라는 타이틀을 달고 주가가 상승했다. 초보자들은 세계 최초가 나오면 일단 사고 보는 경향이 있는데 절대 그래서는 안 된다. 세계 최초라고 해서 무조건 주가가 상승한다는 보장은 없다. 오랜 시간 소액 투자로 연습 매매를 해서 나만의 기준을 만들기 바란다.

대원제약 시황창

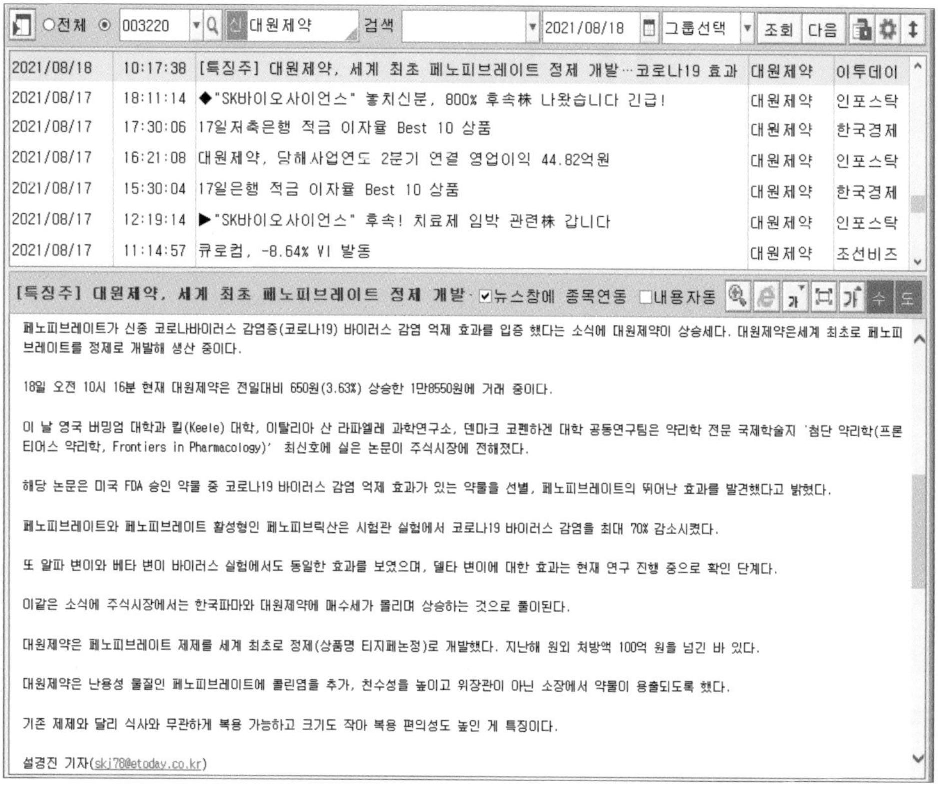

○전체 ◉ 003220 대원제약 검색 2021/08/18 그룹선택 조회 다음

2021/08/18	10:17:38	[특징주] 대원제약, 세계 최초 페노피브레이트 정제 개발…코로나19 효과	대원제약	이투데이
2021/08/17	18:11:14	◆"SK바이오사이언스" 놓치신분, 800% 후속株 나왔습니다 긴급!	대원제약	인포스탁
2021/08/17	17:30:06	17일저축은행 적금 이자율 Best 10 상품	대원제약	한국경제
2021/08/17	16:21:08	대원제약, 당해사업연도 2분기 연결 영업이익 44.82억원	대원제약	인포스탁
2021/08/17	15:30:04	17일은행 적금 이자율 Best 10 상품	대원제약	한국경제
2021/08/17	12:19:14	▶"SK바이오사이언스" 후속! 치료제 임박 관련株 갑니다	대원제약	인포스탁
2021/08/17	11:14:57	큐로컴, -8.64% VI 발동	대원제약	조선비즈

[특징주] 대원제약, 세계 최초 페노피브레이트 정제 개발· ☑뉴스창에 종목연동 ☐내용자동

페노피브레이트가 신종 코로나바이러스 감염증(코로나19) 바이러스 감염 억제 효과를 입증 했다는 소식에 대원제약이 상승세다. 대원제약은세계 최초로 페노피브레이트를 정제로 개발해 생산 중이다.

18일 오전 10시 16분 현재 대원제약은 전일대비 650원(3.63%) 상승한 1만8550원에 거래 중이다.

이 날 영국 버밍엄 대학과 킬(Keele) 대학, 이탈리아 산 라파엘레 과학연구소, 덴마크 코펜하겐 대학 공동연구팀은 약리학 전문 국제학술지 '첨단 약리학(프론티어스 약리학, Frontiers in Pharmacology)' 최신호에 실은 논문이 주식시장에 전해졌다.

해당 논문은 미국 FDA 승인 약물 중 코로나19 바이러스 감염 억제 효과가 있는 약물을 선별, 페노피브레이트의 뛰어난 효과를 발견했다고 밝혔다.

페노피브레이트와 페노피브레이트 활성형인 페노피브릭산은 시험관 실험에서 코로나19 바이러스 감염을 최대 70% 감소시켰다.

또 알파 변이와 베타 변이 바이러스 실험에서도 동일한 효과를 보였으며, 델타 변이에 대한 효과는 현재 연구 진행 중으로 확인 단계다.

이같은 소식에 주식시장에서는 한국파마와 대원제약에 매수세가 몰리며 상승하는 것으로 풀이된다.

대원제약은 페노피브레이트 제제를 세계 최초로 정제(상품명 티지페논정)로 개발했다. 지난해 원외 처방액 100억 원을 넘긴 바 있다.

대원제약은 난용성 물질인 페노피브레이트에 콜린염을 추가, 친수성을 높이고 위장관이 아닌 소장에서 약물이 용출되도록 했다.

기존 제제와 달리 식사와 무관하게 복용 가능하고 크기도 작아 복용 편의성도 높인 게 특징이다.

설경진 기자(skj78@etoday.co.kr)

대원제약 일봉 차트

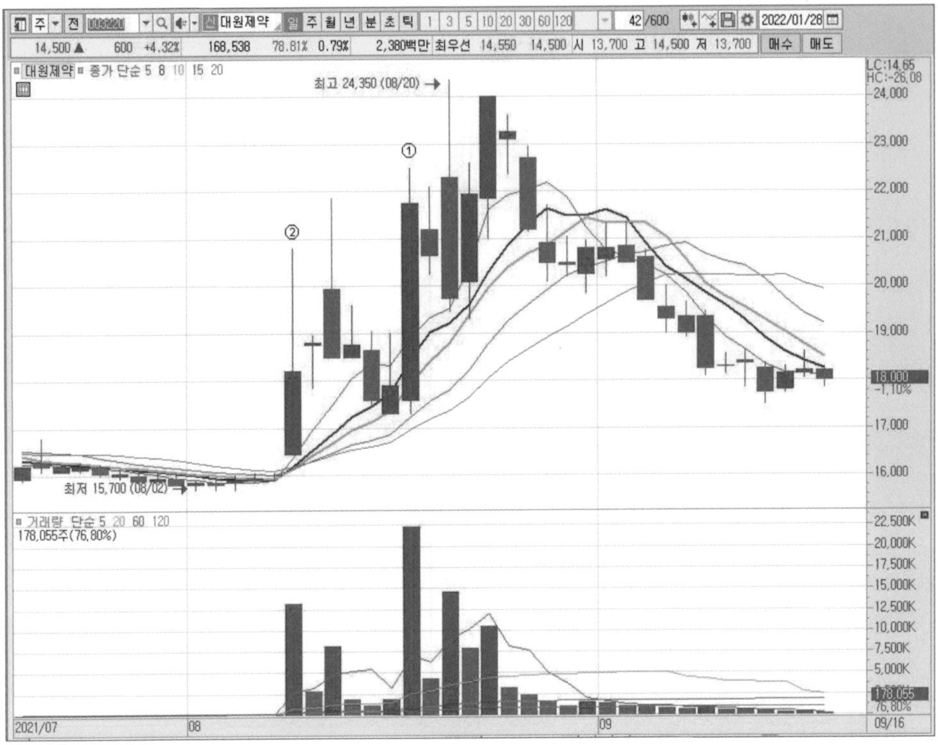

'대원제약 일봉 차트'에서 ①번 봉은 재료가 나왔던 2021년 8월 18일의 모습이다. ②번 봉은 거래대금이 2,550억 원 정도 터졌으며, 당일 주가가 30% 상한가를 찍고 종가상 13%로 마감한 모습이다.

1,000억 원 이상의 거래대금과 10% 이상 상승한 종목은 항상 왜 상승했는지 확인하는 습관을 가지라고 강조했다. ②번 봉으로 마감했을 때 해당 종목은 단기적인 관점에서 지속적으로 모니터링해야 하며, ①번 봉의 재료가 나올 때 함께 단기매매에 참여할 줄 알아야 한다.

포스코엠텍 시황창

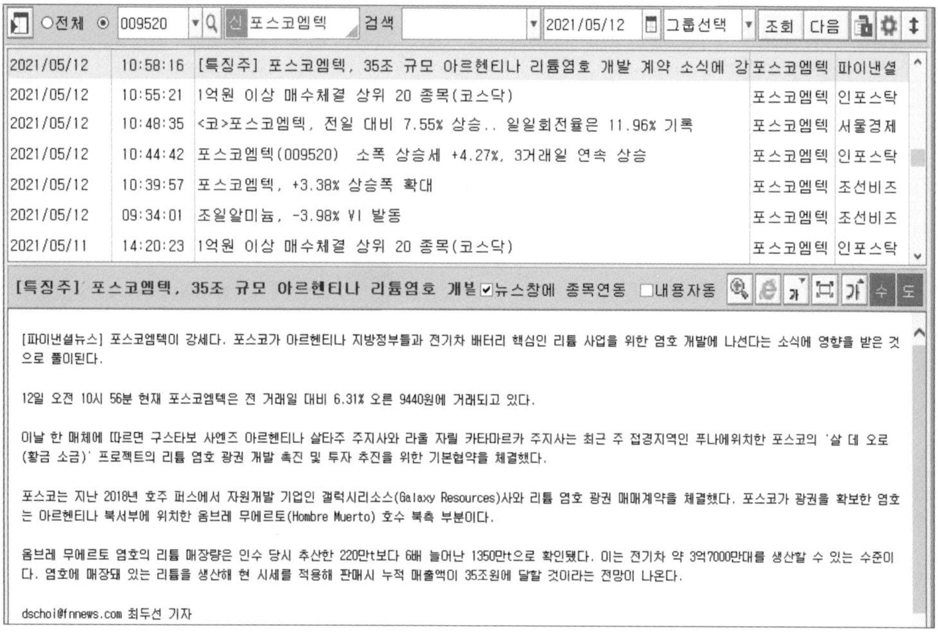

2021/05/12	10:58:16	[특징주] 포스코엠텍, 35조 규모 아르헨티나 리튬염호 개발 계약 소식에 강	포스코엠텍	파이낸셜
2021/05/12	10:55:21	1억원 이상 매수체결 상위 20 종목(코스닥)	포스코엠텍	인포스탁
2021/05/12	10:48:35	<코>포스코엠텍, 전일 대비 7.55% 상승.. 일일회전율은 11.96% 기록	포스코엠텍	서울경제
2021/05/12	10:44:42	포스코엠텍(009520) 소폭 상승세 +4.27%, 3거래일 연속 상승	포스코엠텍	인포스탁
2021/05/12	10:39:57	포스코엠텍, +3.38% 상승폭 확대	포스코엠텍	조선비즈
2021/05/12	09:34:01	조일알미늄, -3.98% VI 발동	포스코엠텍	조선비즈
2021/05/11	14:20:23	1억원 이상 매수체결 상위 20 종목(코스닥)	포스코엠텍	인포스탁

[특징주] 포스코엠텍, 35조 규모 아르헨티나 리튬염호 개발

[파이낸셜뉴스] 포스코엠텍이 강세다. 포스코가 아르헨티나 지방정부들과 전기차 배터리 핵심인 리튬 사업을 위한 염호 개발에 나선다는 소식에 영향을 받은 것으로 풀이된다.

12일 오전 10시 56분 현재 포스코엠텍은 전 거래일 대비 6.31% 오른 9440원에 거래되고 있다.

이날 한 매체에 따르면 구스타보 사엔즈 아르헨티나 살타주 주지사와 라울 자릴 카타마르카 주지사는 최근 주 접경지역인 푸나에위치한 포스코의 '살 데 오로(황금 소금)' 프로젝트의 리튬 염호 광권 개발 촉진 및 투자 추진을 위한 기본협약을 체결했다.

포스코는 지난 2018년 호주 퍼스에서 자원개발 기업인 갤럭시리소스(Galaxy Resources)사와 리튬 염호 광권 매매계약을 체결했다. 포스코가 광권을 확보한 염호는 아르헨티나 북서부에 위치한 옴브레 무에르토(Hombre Muerto) 호수 북측 부분이다.

옴브레 무에르토 염호의 리튬 매장량은 인수 당시 추산한 220만t보다 6배 늘어난 1350만t으로 확인됐다. 이는 전기차 약 3억7000만대를 생산할 수 있는 수준이다. 염호에 매장돼 있는 리튬을 생산해 현 시세를 적용해 판매시 누적 매출액이 35조원에 달할 것이라는 전망이 나온다.

dschoi@fnnews.com 최두선 기자

세 번째, 매출이든 실험 결과이든 수치값은 높을수록 좋다

'포스코엠텍 시황창'을 보면 35조 원 규모라는 어마어마한 수치값이 나왔다. 재료의 마지막 부분을 보면 "염호에 매장돼 있는 리튬을 생산해 현 시세를 적용해 판매 시 누적 매출액이 35조 원에 달할 것이라는 전망이 나온다"라고 쓰여 있다. 35조 원이라는 금액은 어마어마한 수치이지만, 그만큼 실제 매매가 이루어진 것이 아니기 때문에 확정은 아니다. 현 시세를 적용해서 '판매 시'라는 것은 현재의 기준에서 매매가 이루어졌을 때이므로 추후 더 낮은 시세로 매매될지 또 언제 매매가 이루어질지는 알 수 없다. 매매가 확정된 것이 아닌 현재의 기준이기 때문에 팩트보다는 전망이다. 일정 매매로 스윙 이상의 매매를 하기는 어렵고 단발성 재료로 단기매매를 하는 것이 맞다. 재료를 확인했으니 그다음은 차트를 보자.

포스코엠텍 일봉 차트

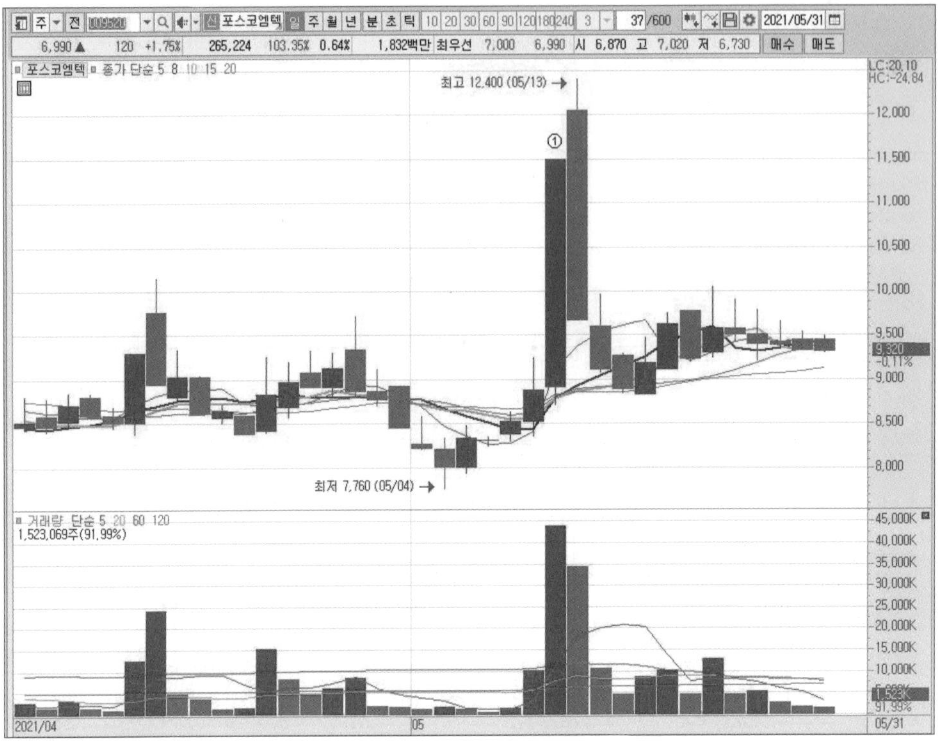

'포스코엠텍 일봉 차트'의 ①번 봉은 재료가 나온 2021년 5월 12일의 모습이다. 35조 원이라는 어마어마한 수치값을 나타내면서 주가는 상한가로 마감했다. ①번 봉의 흐름 이후 주가는 어떠한가? 팩트 확정이 아니기 때문에 일시적으로 상승했으나 다시 크게 상승하지 않고 내려왔다. ①번 봉의 단기 타점을 설명하기 위해 3분봉 차트를 보자.

'포스코엠텍 3분봉 차트'에서 ①번은 11일의 고점을 빨간 선으로 나타낸 것이다. 재료가 나온 5월 12일의 거래량을 보기 전에 파란 원 안에 있는 ②번과 ③번의 거래량을 보자. 단기매매는 항상 평소와는 다른 대량 거래량을 보고 참여하는 것이 좋다. 매수 당시 최근 2~3거래일 이전의 거래량이 거의 없는 종목인 경우 당일 단타매매 성공률은 상당히 높아진다.

네모 박스의 노란 선을 주목해보자. 11일의 작은 네모 박스 거래량보다 재료가 나

포스코엠텍 3분봉 차트

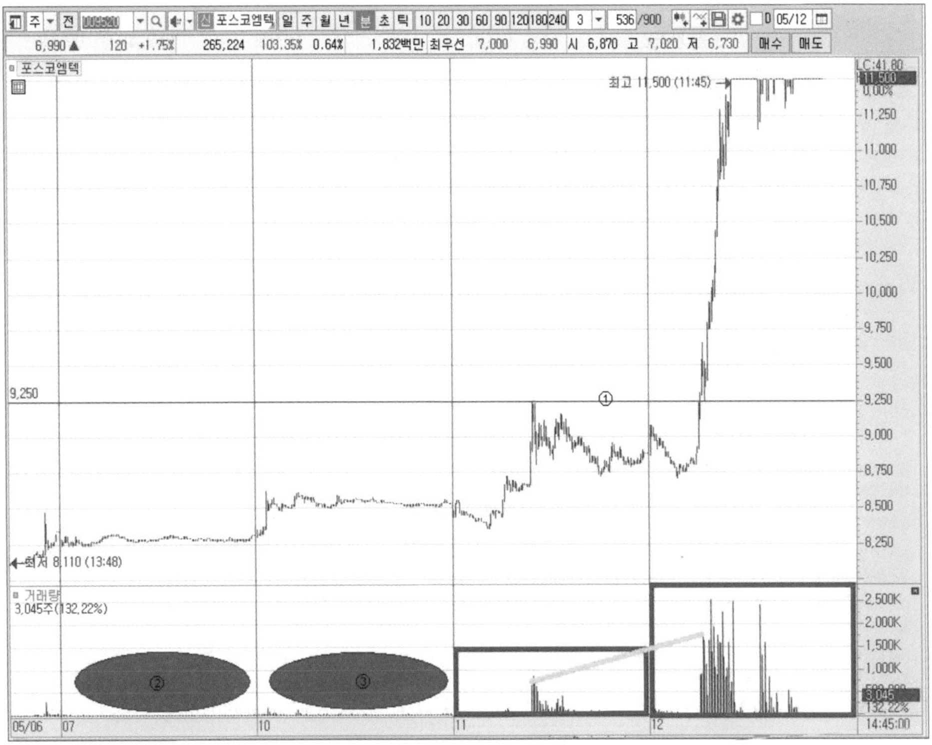

온 12일의 큰 네모 박스 거래량이 월등히 많다. 이 거래량을 보고 전날 ①번 선의 고점을 뚫을 때 함께 매수에 동참할 수 있으며, 재료 매매를 하는 사람이라면 거래량과 함께 어떤 재료가 있는지 재빠르게 HTS 시황창을 살펴봐야 한다. 재료가 나오지 않았다면 네이버와 구글에서 검색해보고 해당 종목의 기사가 나왔다면 노란 선으로 그어놓은 11일과 12일의 폭발적인 거래량을 보고 겁먹지 말고 매수에 동참해야 한다.

이후 주가는 상한가에 마감했다. 주가가 상한가를 갈지 아니면 급등 후 다시 내려올지는 알 수 없지만, 재료의 크기를 보고 급등할지 안 할지 판단할 줄도 알아야 한다.

신풍제약 시황창

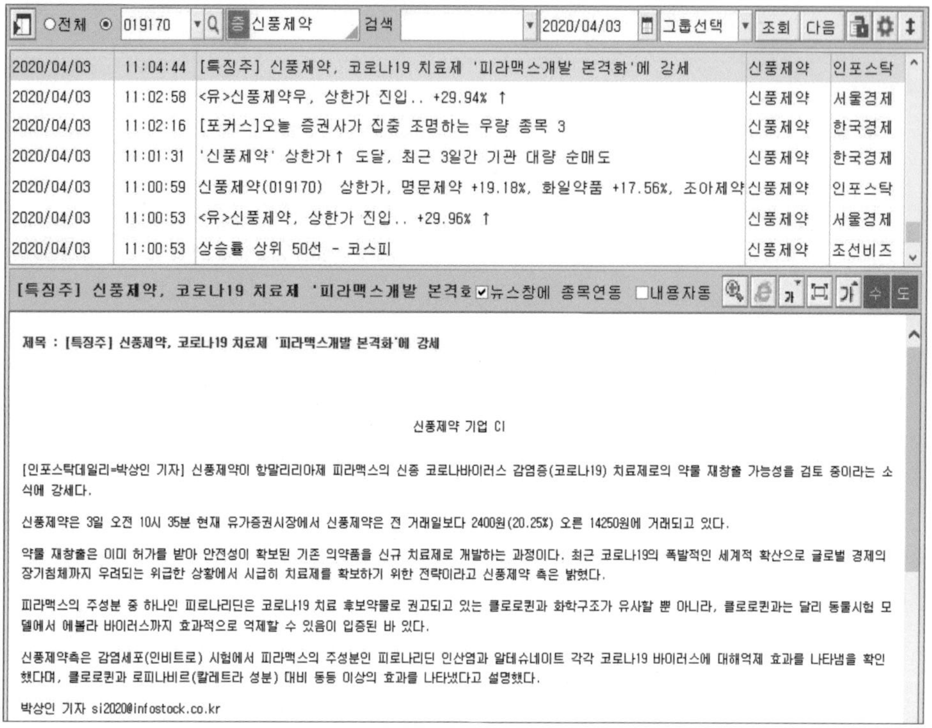

네 번째, 재료는 신선할수록 가장 좋다

치매, 에이즈, 코로나19의 공통점이 무엇일까? 인류가 극복하지 못했다는 것이다. 암, 파킨슨병, 당뇨 등도 치료제를 개발하지 못했다. 이것이 해당 키워드들이 재료로 나왔을 때 주가가 상승하는 이유다.

임상1상이어도 주가가 상승하는 경우를 알아보자. 주식투자에는 100%가 없기 때문에 항상 융통성을 발휘할 줄 알아야 한다. 재료 매매를 완벽하게 이해하려고 하지 마라. 재료 공부를 매일 꾸준히 하면서 어느 정도 경력이 쌓이다 보면 재료를 보는 눈이 자연스럽게 좋아진다. 그렇다면 왜 융통성을 갖춰야 하는지 알아보자.

신풍제약은 임상1상, 임상2상, 임상3상과 상관없이 주가가 반응한다. 신풍제약이 임상1상에 돌입한다고 하면 주가는 어떻게 되겠는가? 임상1상, 임상2상, 임상3상이 중요한 것이 아니라 실전에서는 신선해야 한다는 것이다.

초보자들을 위해 조금 더 쉽게 알아보자. 그런데 임상1상이어도 성공 여부와 상관없이 기대감으로 주가가 올라가는 이유는 코로나19가 전 세계적으로 처음인 데다 팬데믹을 일으킨 크나큰 전염병이기 때문이다. 기업이 특별한 경우를 제외하고 임상1상, 임상2상을 생략하고 임상3상으로 넘어가는 경우도 없다. 하지만 코로나19는 전 세계적으로 위급한 상황이기에 임상1상 돌입이라는 단어만 나와도 주가가 상승할 수밖에 없다.

'신풍제약 일봉 차트 1'에서 ①번 봉은 상한가를 갔는데, 상한가를 갈 만한 재료가

신풍제약 일봉 차트 1

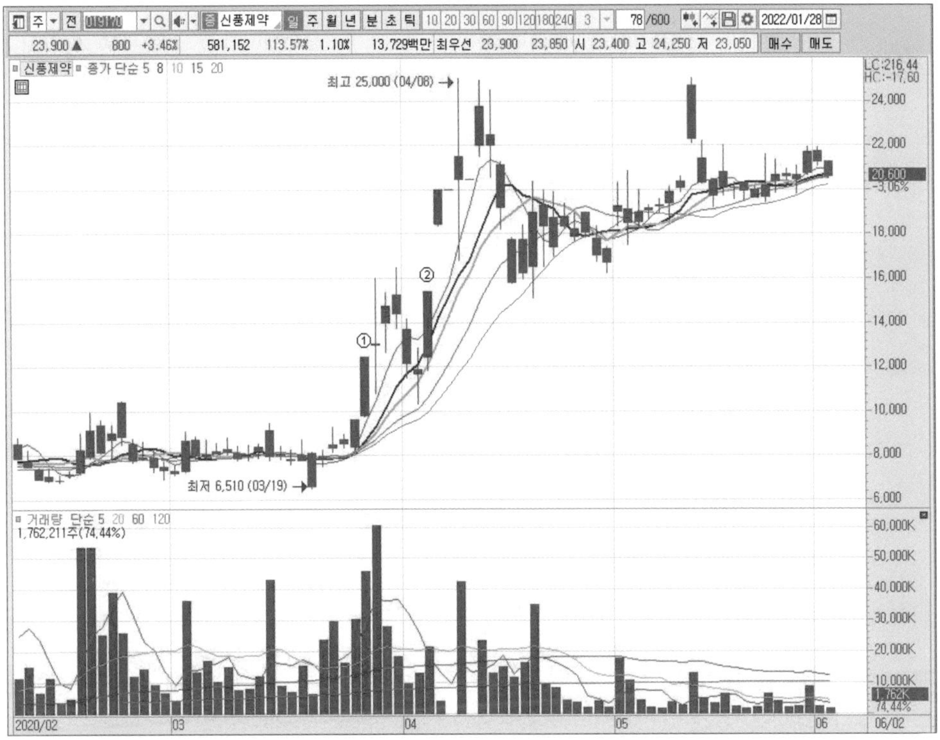

아니라고 판단되어 재료는 생략했다. 재료가 좋다고 판단해 매수했는데 예상대로 움직이지 않으면 자신이 틀렸음을 인정해야 한다. 반대로 상한가를 갈 재료가 아니라고 판단해 매수하지 않았는데 상한가를 갔다면 자신의 원칙을 믿고 주가의 움직임에 흔들리지 말아야 한다.

①번 봉의 재료는 강력한 재료라고 볼 수 없어 따로 재료창을 올리지 않았지만 여러분들은 공부하는 차원에서 찾아보기 바란다. ②번 봉의 재료는 2020년 4월 3일에 나온 기사이다. "약물 재창출은 이미 허가받아 안전성이 확보된 기존 의약품을 신규 치료제로 개발하는 과정이다"라는 기사 내용을 분석해보면 안정성이 확보되었기 때문에 이미 허가가 났다고 생각할 수 있다. "클로로퀸과는 달리 동물실험 모델에서 에볼라 바이러스까지 효과적으로 억제할 수 있음이 입증된 바 있다"는 내용은 누가 봐도 훨씬 더 좋은 성분을 개발한다는 것을 알 수 있다. 코로나19는 전 세계적으로 처음이기 때문에 신선한 재료가 나온 이후 주가가 어떻게 되었는지 한번 살펴보자.

'신풍제약 일봉 차트 2'에서 파란 세로선 ①, ②번은 '신풍제약 일봉 차트 1'의 ①번, ②번 봉 모습이다. 주가가 저점인 6,300원부터 고점인 21만 4,000원까지 상승했다. 이때 신풍제약은 50만 원을 간다, 100만 원을 간다는 말이 나왔다. 하지만 "산이 높으면 골이 깊다"는 말을 기억해야 된다. 나는 지인들에게 신풍제약은 10만 원을 찍었을 때, 즉 왼쪽의 네모 박스일 때부터 더 이상 쳐다보지 말라고 했다. 주가의 끝을 개인들이 알 수도 없으며, 사실상 알 필요 없기 때문이다. 이후 주가는 오른쪽 네모 박스까지 단기적으로 100% 추가 상승했다.

신풍제약을 통해 몇 가지 좋은 교훈을 얻을 수 있다.

첫 번째, 꼭 임상3상이어야 하는 것은 아니다. 전 세계적으로 신선한 재료인 경우 임상1상이어도 상관없다.

두 번째, 주가가 기대감으로 상승하기 때문에 재료 노출 이전에 매도해야 하며 재료 노출 기간이 훨씬 남아 있는데도 주가가 빠르게 더 많이 상승했다면 욕심을 버리고 매

신풍제약 일봉 차트 2

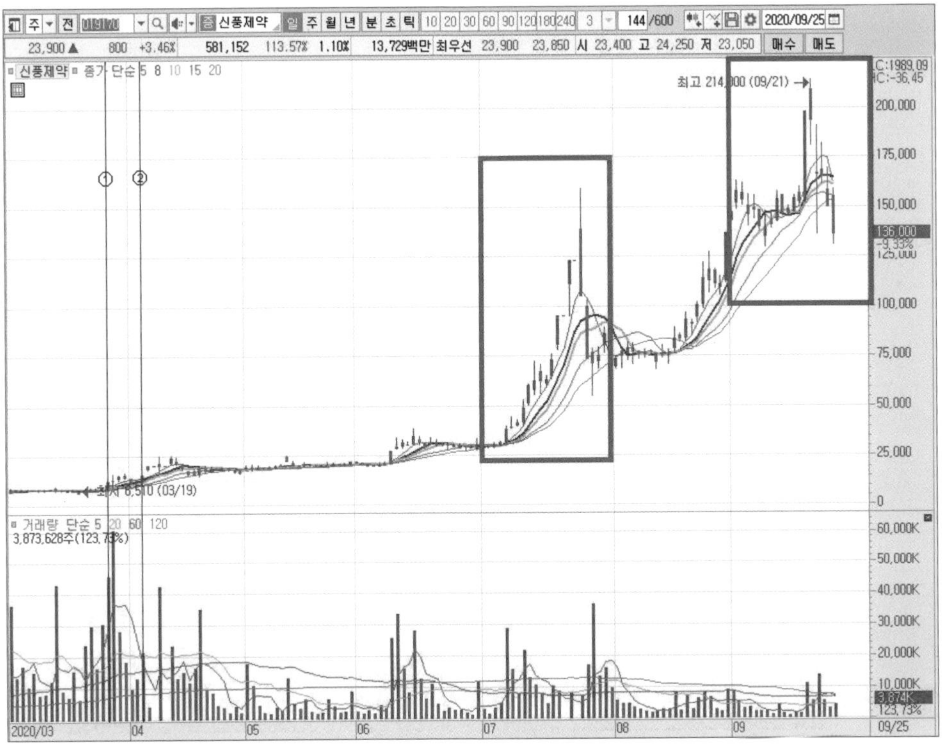

도할 줄 알아야 한다.

세 번째, 주가가 긍정적인 재료와 함께 앞으로 훨씬 더 상승할 것 같더라도 "산이 높으면 골이 깊다"는 말처럼 고점에 수익을 내야 한다는 욕심을 버리고 매도해야 한다.

PART 6

예상 밖의 시나리오를 생각하라

01 손절과 익절 이해하기

손실 방어가 중요한 이유

익절이 중요할까, 손절이 중요할까? 익절이란 자신이 매수한 가격보다 주가가 상승하여 수익을 남기고 매도를 확정 짓는 것이고, 반대로 손절이란 자신이 매수한 가격보다 주가가 하락하여 손실을 입으며 매도를 확정 짓는 것을 말한다. 나는 익절보다 중요한 것이 손절이라고 생각한다. 익절은 조금 늦게 해도 수익이 줄어들 뿐 결과적으로 수익을 남긴다. 하지만 손절의 경우 수익에서 다시 더 하락하면 내 평가금액이 줄어든다.

손절이 더 중요한 이유는 또 있다. 해당 종목의 가성비가 있느냐가 여기서 갈리기 때문이다. 예를 들어 A라는 종목은 내가 본 시점에서 단기로 +2% 정도 상승할 가능성이 있다고 하자. 그런데 주가가 하락할 경우 −5%는 감수해야 한다. B라는 종목은 내가 본 시점에서 단기로 +5%는 상승할 가능성이 있고, 주가가 −2% 정도 하락할 가능성이 있다. A와 B 중에 어떤 종목을 매매하겠는가?

주가가 늘 예측대로 흘러간다는 보장은 없지만, 주식 역시 확률 게임이기 때문에 항상 가성비 좋은 종목에서만 매매해야 한다. 위의 질문에서 전자는 매수하면 안 되고(낙주매매), 후자는 매매가 가능하다(대량의 거래량이 터진 돌파매매). 주식투자를 하는 사람들이 가장 많이 착각하는 것은 손절 자체가 중요한지를 모른다는 사실이다. 수익을 꾸준히 내기 위해서는 무엇보다 손절을 잘해야 한다.

손절 폭 이해하기

손절매하는 방법에는 데이트레이딩, 1~10일 이상의 스윙트레이딩, 1~3개월 이상의 중·장기 트레이딩, 3~6개월 이상의 장기 트레이딩 등 여러 가지가 있다. 그리고 매매하는 방법에 따라 손절의 폭도 다르다.

데이트레이딩

오버나잇(해당 주가가 상승할 것으로 예측하고 매수했는데 예상과 달라서 하루 더 지켜보는 경우 또는 수익인 상황에서 다음 날 주가가 조금 더 상승할 것으로 판단하여 하루 더 지켜보는 경우) 없이 당일 매수, 매도하는 방법이다. 손절 기준을 너무 짧게 잡는 경우 손절가를 찍고 주가가 상승하는 오류가 있을 수 있으니 너무 잔손절은 피하기 위해 평균적으로 3~4% 정도의 손절가를 잡는 것이 좋다.

1~10일 이상의 스윙트레이딩

스윙트레이딩의 경우 1~10일의 기간이 필요하므로 짧은 기간(1~3일)은 10% 이내가 좋으며, 긴 기간(4~10일)은 3~4차 분할매수로 대응하고 최종 4차 분할매수 시점에 10%

이내가 좋다.

1~3개월 이상의 중·장기 트레이딩

1~3개월 이상의 중·장기 트레이딩의 경우 익절 기준을 짧게 잡고 5~10% 이내로 수익을 보려고 매수하는 사람은 없을 것이다. 최소 20%에서 최대 30% 이상 생각하고 매수할 텐데 손절 역시 짧게 잡기에는 무리가 있다. 예를 들어 최소 20%에서 최대 30% 이상을 목표로 매수했는데 중간중간 3~5% 조정은 불가피할 수도 있기 때문에 손절 폭을 너무 짧게 잡을 수는 없다. 따라서 중·장기 트레이딩의 손절 폭은 6차까지 분할매수하며, 마지막 6차 기준 15% 이내로 잡는 것이 좋다.

3~6개월 이상의 장기 트레이딩

가치투자를 하는 사람이라면 3~5년 이상이 장기투자라고 할지 모르겠으나, 내 경우 기술적 분석으로 6개월 이상이면 장기투자라고 생각한다. 하지만 장기투자의 기간이 정해진 것은 아니고 개개인마다 성격, 성향, 투자 방법, 투자금에 따라 다를 수 있다. 최소 3개월에서 6개월 이상 장기 트레이딩을 할 경우 우리가 모르는 돌발 악재 등도 신경 써야 하기 때문에 손절 폭을 좀 넓게 잡는 것이 맞다. 또한 한 번에 매수하는 것보다 3~6개월 긴 시간 동안 조금씩 분할매수하는 것이 좋다. 분할매수는 10분할이 좋고, 손절은 마지막 10차 매수 후 20%가 좋다.

손절매의 종류와 기준

손절매에는 3가지 종류가 있는데, 가격손절, 시간손절, 기회비용손절이 있다. 이에 대해 알아보자.

가격손절

가격손절이란 주가가 상승할 것으로 예측하여 매수했는데, 예상한 대로 상승하지 않고 반대로 하락하는 경우다. 대부분의 손절이 가격손절이며, 스캘핑을 제외하면 통상적으로 트레이딩 목적에 맞게 손절하면 된다.

시간손절

대부분의 주식 초보자나 주린이들은 가격손절은 들어봤어도 시간손절은 처음 들어보았을 것이다. 시간손절이란 데이트레이딩 또는 스윙트레이딩에서 단기적으로 주가가 상승할 것으로 예측하여 매수했는데 가격손절까지 하락하지는 않으나 주가가 횡보 또는 상승하지 않는 경우의 손절을 말한다.

데이트레이딩에서 시간손절을 해야 하는 이유는 매수 후 주가가 상승하지 않는다면 맨 먼저 데이트레이딩의 매도 물량이 나오며, 시간이 지나면서 다른 시장 참여자의 매도 물량까지 나오면서 주가가 하락하기 때문이다.

따라서 단타로 매수 후 30분 이내에 주가가 상승하지 않으면 일단 매도 후 다시 생각하는 것이 바람직하다. 스윙트레이딩의 경우 주가가 3일간 횡보 또는 주가가 상승하지 않는다면, 즉 30~45도 이상의 기울기로 올라왔던 5일 이동평균선의 기울기가 완만해지며 그다음 날도 거래량이 빠르게 터지지 않는 한 단기적으로 하락할 가능성이 높기 때문에 시간손절을 해야 한다.

기회비용손절

기회비용손절이란 내가 만들어낸 손절 방법이다. 시간손절에서 데이트레이딩은 기회비용손절과 동일하므로 스윙트레이딩, 중·장기 트레이딩, 장기 트레이딩에 한해 적용한다. 기회비용손절이란 얼핏 시간손절과 비슷해 보이지만 한 가지가 다르다. 데이트레이딩을 예로 들어 설명해보겠다.

데이트레이딩으로 A종목이 상승할 것으로 예상하고 매수했는데 −1~ −2% 이내에서 답답한 흐름을 보이고 있다. 그런데 B라는 종목이 활발한 움직임을 보이며 주가가 좀 더 상승할 것으로 예측된다. 따라서 A종목의 −2% 손절을 상쇄하고 +2~5%의 추가 상승이 예상될 경우 과감히 A종목을 손절하고 B종목을 매수하여 손실 상계 및 추가 수익을 노리는 것이다.

한 가지 더 예를 들어보겠다. A종목이 상승할 것으로 예상하고 매수했는데 A종목은 0~−1% 이내로 매수가 근처에서 움직이며 향후 하락할 가능성이 많은 상황에서 B라는 종목이 나타났을 때도 과감히 A종목을 손절하고 B종목을 매수하여 수익을 보는 방법이다. 초보자는 기회비용손절을 바로 적용하지 말고 어느 정도 경험이 쌓이고 꾸준한 수익이 발생한 다음부터 적용해보자.

손절매의 기준은 딱히 정해진 것이 없다. 따라서 데이트레이딩, 스윙트레이딩, 중·장기 트레이딩, 장기 트레이딩에 따른 손절 방법도 정답은 아니다. 그렇기 때문에 위의 기준을 잡고 매매하다 경험이 쌓이면 더 좋은 본인만의 기준을 만들어보자.

물리지 마라, 현명한 손절

주식매매에서 가끔 물렸다는 말을 들어보았을 것이다. 매수할 때 분명 손절 가격을 정했는데 그것을 이탈해도 손절매를 하지 않는 경우를 물렸다고 표현한다.

그럼 왜 개인투자자들은 손절을 못 하는가? 첫 번째, 버티다 버티다 손절했는데 이후 주가가 나를 비웃듯이 재차 상승했던 경험이 있기 때문이다. 머릿속으로는 손절해야 한는 것을 알고 있지만 행동으로 옮기기는 쉽지 않다. 손절이 자유로워야 수익을 극대화할 수 있는데, 이 역시 통계적으로 수치를 내본 적이 전혀 없기 때문이다. 통계적으로 수치를 내보았는데도 손절하지 못할까? 아니다. 수익이 난다는 것을 통계로 충분히 이해하면 손절이 가능하다. 따라서 손절이 잘 안 되는 것을 극복하는 방법은 강제적으로 손절되게 하는 것이다.

최종 매수를 했다면 기계적으로 손절 가격을 지정해서 손절한다. 키움증권의 경우 '0624-주식 자동감시주문'에서 실행할 수 있다. 각 증권사마다 로스컷(Loss Cut, 손절매) 설정하는 창도 있지만 요즘은 주식 자동감시주문창을 더 많이 사용한다.

물타기와 추가 매수의 차이점

많은 주식 초보자들이 물타기와 추가 매수의 차이점을 잘 모른다. 이번에 물타기와 추가 매수의 차이점을 명확하게 이해해보자. 물타기란 내가 예상한 손절 지점의 이탈을 말한다. 매매 방법에 따라 손절 지점은 달라질 수 있으나, 일반적인 손절 지점이 있을 것이다. 그 손절 지점을 이탈했는데도 손절하지 않고 추가 매수하는 경우를 물타기라고 한다.

그럼 추가 매수는 어떤 경우인가? 상승할 종목을 분석하고 예측해서 매수했는데도 주가가 하락할 경우 손절 지점까지 이탈하지 않은 종목에 한해 최초 매수할 당시 해당 종목의 분할매수 계획을 세워 주가가 하락할 때마다 추가적으로 매수하는 것을 말한다. 이때 주가가 하락한다고 아무 지점에서나 추가 매수를 하는 것이 아니다. 일정 부분 기계적으로 최초 매수 시점부터 손절 지점까지의 이격을 계산하고 분할매수하는 것이 바람직하다.

02 좋은 습관을 길들여라

좋은 습관을 가져야 하는 이유

'세 살 버릇 여든까지 간다'라는 속담이 있다. 어릴 때 몸에 밴 습관이 나이가 들어도 쉽게 바뀌지 않는다는 뜻이다. 따라서 애초에 나쁜 습관을 들이지 않는 것이 중요하다. 주린이들은 이 말이 잘 와 닿지 않을 것이다. 하지만 어느 정도 경력이 되는데도 꾸준히 수익이 나지 않는 사람들은 이 말이 와 닿을 것이다.

초보 시절에 좋은 습관을 길들이지 못한다면 주식 경력이 쌓인 후 그 습관을 바꾸기가 정말 쉽지 않다. 한마디로 깨지고 엎어터지기 전에 깨닫는 것이 좋다. 주식매매를 하다 보면 얼마를 벌었다느니, 수익이 많이 나서 자동차를 샀다느니 하는 소리가 들릴 때마다 조바심이 날 것이다. 심지어 주식투자나 투자형 상품을 극도로 싫어하는 사람들도 주변에서 주식으로 큰돈을 벌었다고 하면 마음이 흔들린다.

주식은 '때', 즉 '타이밍'을 사는 것이다. 많은 사람들이 주식으로 돈을 벌었다고 할 때는 조금 냉정하게 조심할 줄도 알아야 한다. 하지만 개인투자자들은 그렇지 못하다.

이번 장에서는 고수들이 하지 말라는 것에 대해 이야기해보자. 왜 많은 고수들이 이구동성으로 '하지 말라'고 강조할까? 하지 말아야 할 행동을 하지 않은 덕분에 고수가 되었기 때문이다. 누구든 주식으로 수익을 내고 싶지 긴 시간을 잃고 멀리 돌아가고 싶은 사람은 없을 것이다. 이번에는 고수들의 원칙을 배워보자.

주식 고수들만의 원칙,
잃지만 않아도 돈을 번 것이다

주식 고수들이 말하는 '하지 말아야 할 것 12가지'는 다음과 같다.

상승장에만 투자하라(추세가 있는 종목만 매매하라)

상승장인지 하락장인지 모른다고 해도 상승장인 경우 추세가 있는 종목들이 많이 나오고 하락장인 경우 추세가 있는 종목들이 많지 않다는 것은 누구나 알 수 있다. 상승장일 때는 적극 매매하고 하락장일 때는 억지로 매매하지 말라는 이야기다. 추세가 있는 종목을 보는 안목과 매매 방법을 배워서('PART 4 좋은 종목 고르는 법' 참고) 자기 것으로 만들기 바란다.

하락장에는 쉬어라

어떤 사람이 진정한 고수라고 생각하는가? 상승장 하락장 상관없이 수익을 잘 내는 사람? 아니면 상승장에는 큰 수익을 내지만, 하락장에는 손실을 거의 입지 않는 사람? 나는 상승장 하락장 상관없이 수익을 잘 내는 사람보다는 하락장에서 손실을 거의 입지 않는 사람이 더 고수라고 생각한다.

하락장에서도 수익을 잘 내는 사람이 고수인 것은 맞다. 하지만 사람은 누구나 실수하게 마련이다. 하락장에서 수익을 내는 사람도 분명 있겠지만 내가 그럴 확률은 상당히 낮다. 그러므로 하락장에서 수익을 잘 내는 사람보다 손실을 덜 입는 사람이 고수이다. 왜냐하면 손실이 덜 나서가 아니라 현금이 있는데도 매수하지 않고 쉬기 때문이다. 주식투자를 해본 사람들은 알듯이 현금을 가지고 있으면서 매매하지 않고 쉰다는 것은 절대 쉬운 일이 아니다. 쉬는 것도 투자라는 말을 꼭 기억하기 바란다.

분산투자하라(달걀을 한 바구니에 담지 마라)

기술적 분석이 아무리 확률이 높아도 항상 변수가 많은 주식시장에서는 분산투자를 생활화해야 한다. 투자금액이 크다면 백화점 매매처럼 많은 종목을 분석하기가 어려운 정도의 분산투자는 아니더라도 최소한 3~10종목 이내로 분산투자하면 큰 수익이 나지는 않더라도 깡통 차는 일은 없을 것이다. 증시에 "달걀을 한 바구니에 담지 마라"는 격언이 있다. 한 바구니에 담으면 달걀이 한꺼번에 깨지기 십상이기 때문이다.

분할투자하라

나 역시 주식투자에서 가끔 확신이 들어서 큰 금액으로 매수할 때가 있지만 전체 투자금의 일정 부분은 항상 남겨둔다. 주린이나 오랜 경력자 중에도 성격상 배포가 큰 사람은 큰 금액으로 매수하고 큰 손실을 입는 경우도 분명 있다. 적은 수익이라도 감사하고 항상 내가 매수한 시점에서 상승할 것이라는 생각을 버려라.

계좌를 분리하라(단기, 중기, 장기)

주식투자를 할 때 가장 중요한 작업 중의 하나가 바로 계좌 분리다. 주린이여서 투자금이 설령 적다고 할지라도 추후에 투자금이 어느 정도 커진다면 단기, 중기, 장기로 3개 이상 계좌를 나눠두자. 한 계좌에서 매매하는 경우 단기, 중기, 장기 투자의 종목들이 섞일 수 있기 때문이다.

장기적으로 상승할 종목이라면 매수 후 −20% 손실이 나더라도 보유할 수 있다. 하지만 단기매매를 하는 계좌에서 장기투자를 한 −20% 종목이 보이면 위축되기 마련이다. 또한 단기매매도 당일 증시 하락으로 손실이 난 경우 장기투자로 매수한 종목이 −20%가 계속 찍혀 있으면 나도 모르게 충동적으로 매도하고 싶어진다.

단기매매인 경우 오전 9시~10시 30분, 오후 3시~3시 20분에만 매매하라

정말 중요한 원칙이다. 주린이들은 이 말이 왜 중요한지 모를 것이다. 하지만 초보자일수록 아직 나쁜 습관이 길들여지지 않았을 테니 오전 9시~10시 30분, 오후 3시~3시 20분을 반드시 지키자. 추후에 수익이 꾸준히 나면 왜 이 시간대에 매매해야 하는지 깨닫게 될 것이다. 고수들이나 꾸준히 수익을 내는 사람들은 많은 경험과 데이터를 바탕으로 이 원칙을 고수하는 것이니 이 시간만큼은 반드시 지키자. 그러면 주식투자가 행복할 것이다.

단타로 꾸준히 수익이 나기 전까지는 소액투자하라

'PART 1 03 돈을 벌 수밖에 없는 나만의 시스템을 만들어라'에서 지나칠 만큼 강조한 내용이다.

상승과 하락의 이유를 매일 확인하라

단기매매든 장기매매든 해당 종목이 상승했으면 상승한 이유, 하락했으면 하락한 이유가 분명 있을 것이다. 대개 10% 이상 상승 또는 10% 하락한 경우 그 이유가 HTS에서 특징주로 나온다. HTS에서 안 나왔다면 인터넷으로 찾아보는 습관을 길들여야 한다. 지금 당장은 아무 쓸모 없을지 몰라도 고수가 되기 전에 꾸준히 계좌가 불어났다면 상승과 하락의 이유를 알기 때문이다.

우리나라는 주가가 상승할 때 어떠한 재료와 함께 명분이 따라붙는데 그에 따라 확신을 가지고 매수할 수도 있고, 빠르게 손절할 수도 있다. 따라서 내가 관심을 가지고 있는 종목 또는 내가 매수한 종목은 왜 급등했고, 왜 급락했는지 반드시 확인하자. 이 지식이 쌓이면 추후에 해당 종목을 분석하는 데 많은 시간이 필요하지 않게 된다.

테마 정리를 하라

"천 리 길도 한 걸음부터"라는 말이 있다. 우리나라 주식시장에 상장된 것만 2,000종목이 넘고, 테마에 속하지 않는 종목이 거의 없다. 삼성전자만 해도 반도체 테마에 속해 있다고 볼 수 있다. 차트도 모르는데 언제 테마까지 보느냐고 할 수도 있을 것이다. 하지만 한 번만 기억해둔다면 여러 종목군들이 테마를 이루어 상승할 경우 어떤 테마인지 알기 때문에 마음 편히 매수할 수 있다.

테마 정리

25 음원/음압병실 등록 코드등록 예상 1 2

25 26 27 28 29 30 필드

분	신	종목명	현재가	등락률	거래대금	거래량
		일자리				
신		아시아경제	3,060	2.86	537	175,069
		윌비스	1,505	3.53	1,494	988,917
신		TS인베스트	2,730	0.55	1,278	466,206
		아이비김영	3,660	0.95	1,653	445,060
종		에스코넥	1,770	1.12	279	157,487
신		대성창투	2,870	1.88	287	99,066
신		DSC인베스	5,920	1.54	2,368	400,413
		음압병실				
신		오텍	10,600	0.93	420	39,704
		에스와이	3,695	0.96	3,734	998,004
종		원하이텍	3,950	0.50	162	41,221
종		우정바이오	5,770	1.54	190	32,926
		신성이엔지	1,990	1.24	1,346	676,531
신		원방테크	14,400		1,847	129,373
신		엔브이에이	4,075	1.21	327	79,930
		GH신소재	6,100	3.48	1,239	201,184
신		엑사이엔씨	1,430	1.38	860	609,204
		음원				
신		NHN벅스	15,850	2.92	19,392	1,224,250
종		드림어스컴	5,790	2.12	1,070	188,369
신		지니뮤직	5,520	1.28	532	96,656

테마 정리를 할 때 유의할 사항은 특정 테마 모두를 관심 종목에 등록할 필요 없다는 것이다. 예를 들어 A테마가 30종목, B테마는 7종목이라고 하자. B테마는 7종목 모두 관심 종목에 둘 수 있지만, A테마는 30종목 중에서 거래대금이 당일 최소 100억 원 이상인 종목들로 압축하고 그래도 20종목이 넘는다면 거래대금이 500억 원 이상의 종목들만 압축하면 10종목 이내로 줄어들 것이다. 키움증권의 경우 관심 종목을 100종목까지 넣을 수 있는데 한 테마당 종목 수가 10개라고 하면 관심 종목 1개당 최소 3~10개를 넣어두는 것이 좋다.

또 하나의 꿀팁은 테마를 가나다순으로 정리하는 것이다. 예를 들어 앞 페이지 그림 '테마 정리'는 '음원/음압병실/일자리' 테마를 하나의 관심 종목에 등록한 것이다. 모두 초성이 'ㅇ'으로 시작하기 때문에 추후에 어떤 종목이 상승하면 'ㅇ'의 제목으로 좀 더 빠르고 쉽게 찾을 수 있다. 중구난방으로 되어 있으면 해당 테마를 찾는 데 시간이 걸린다. 제목도 가나다순으로 정리하면 찾기가 훨씬 수월하다.

관심 종목을 한 번에 등록할 필요는 없지만, 관심 있는 종목, 매수 또는 매도해야 하는 종목은 어떤 테마인지 확인하고 분류하는 작업을 하자. 이 노력이 쌓이면 추후에 해당 종목을 매수할지 말지를 판단하는 시간이 짧아지고 빠른 판단은 분명 수익과 직결된다.

단기매매인 경우 1등주만 매매하라

나는 때에 따라 2등주도 매매한다. 많은 고수들이 1등주만 매매하라고 하지만 2등주를 매매하지 말라는 법은 없다. 단, 2등주 매매는 많은 경험이 쌓이고 나서 해야 한다. 1등주가 20% 오르고, 2등주가 10% 올랐다면 상대적으로 2등주가 1등주에 비해 싸 보인다. 그렇기 때문에 주린이들은 1등주보다 덜 오른 2등주를 매수하는 경향이 있다. 1등주가 20% 지점에서 상승하는 척하다 하락한다면, 1등주가 3% 빠질 때 2등주는 5~8% 이상 빠지기 때문에 2등주를 매매하면 위험하다는 것이다. 1등주를 빠르게 매수하지 못했다고 해서 10% 상승한 지점에서 싸 보인다는 이유로 2등주를 매수해서는 안 된다.

단기매매인 경우 재료가 없으면 매매하지 마라

우리나라 주식시장에서 주가가 단기적으로 올라가는 경우는 딱 2가지다. 첫 번째 명분을 앞세워 재료를 노출하며 상승하는 경우, 두 번째 재료 없이 수급으로 상승하는 경우이다. 추후에 숙련되면 재료 없이 수급으로 상승하는 경우도 매매할 수 있다. 이 경우 소액투자로 많은 경험을 쌓은 후 매매하는 것이 좋다. 초보자들은 당일 재료가 있는 종목일 때 소액으로 시험 삼아 해보거나 재료가 나온 이후 해당 종목의 주가가 어떻게 흘러가는지 관찰해보자.

손절 기준이 있다면 원칙을 지켜라

이 내용에 대해서는 'PART 6 01 손절과 익절 이해하기'를 한 번 더 참고하기 바란다.

사고 싶은 주식을 참는 방법

초보자나 주린이들은 아무것도 모르니 그저 시키는 대로 하기 바쁘다. 하지만 어느 정도 경력과 노하우가 쌓이고 꾸준히 수익을 내기 시작하면 초심을 잃어버린다. 이때 수익을 내는 것은 단지 알고 있는 것을 잘 지켜왔기 때문이지 자신이 매매를 잘해서 수익이 난 것이 절대로 아니다. 수익이 꾸준히 나면 본인이 매매를 잘해서 수익이 난 줄로 착각을 하고 자만심이 생기면서 경솔해지기 시작한다.

앞에서 배운 대로 오전 9시부터 10시 30분까지, 오후 3시부터 3시 20분까지만 매매해야 한다는 것을 알면서도 10시 30분이 지나서 얼마나 많은 종목들이 자신을 유혹하는지 주식투자를 오래 해본 사람은 충분히 공감할 것이다. 자만심에 빠진 사람들은 해당 종목을 매매하면 안 되는 시간인 줄 알면서도 차트도, 현재가창도, 지표도, 재료도 다 좋다며 원칙을 어기고 매수한다. 한두 번은 수익이 날 수 있지만 종합적으로 데이터를 내보면 손실이 더 크다는 것을 깨닫는다.

나 역시 이러한 과정을 겪어왔기에 주식 매매를 어떻게 참는지 나만의 노하우를 소개한다. 장중에 사고 싶은 것을 참는 방법은 3가지다. 사람은 깨지고 나서야 깨닫는다. 하지만 항상 깨지고 깨닫는 것을 반복할 수는 없다. 좋은 습관을 빨리 들이는 방법은 어느 정도 강제적으로 하는 것이다.

첫 번째, 10시 30분 이후 HTS를 꺼버린다. 본인이 보유한 종목이 있어서 손절 또는 익절을 수정해야 하는 경우가 있다면 증권사 자동매매 프로그램에서 '보유종목자동매도'를 설정한다. 키움증권의 경우 0624 화면을 적극 활용하면 좋다. 자동매매 프로그램까지 설정해두었다면 이제 HTS를 볼 일은 없다. 반전업 또는 전업인 사람들은 HTS를 끄고 산책한다든가 음악을 들으며 여유로운 시간을 가지고, 직장인들은 회사 업무에 충실하면 된다.

두 번째, HTS를 끄지 못할 상황에서 차선책을 선택한다. 꿈틀거리며 올라가는 종목을 보면 매수하지 말아야 한다는 것을 알고 있지만 급기야 이성을 잃고 매수 버튼을 누르고 손실이 나면 후회하는 것을 되풀이한다. 내 경우 HTS를 끌 수 없다면 10시 30분까지 매매하고 삼성전자 종목을 하한가에 전량 매수한다. 삼성전자가 장중에 아무리 악재가 나왔다고 할지라도 하한가를 갈 수는 없기 때문에 마음 편하게 하한가에 걸어두는 것이다. 그러면 올라갈 것 같은 종목이 나와 매수 버튼을 클릭한 순간 매수할 금액이 없다고 뜰 것이다. 매수하려던 주가가 올라가면 "원칙을 지켰으니 그걸로 만족하자"라고 생각하고, 내려갔다면 "오전 9시부터 10시 30분까지 매매하는 것이 가장 좋다"는 것을 다시 한 번 깨닫는다. 그러다 보면 나쁜 습관이 자연스럽게 고쳐진다.

세 번째, 성격상 또는 상황상 HTS도 봐야 하고, 삼성전자 하한가에 걸어두었다가도 취소하고 해당 종목을 매수하는 사람들도 분명 있을 것이다. 담배를 끊었다가도 작심삼일로 다시 피우기를 반복한다면 하루 흡연량을 줄여보는 것도 하나의 방법이다. 담배를 끊었더라도 피우고 싶을 때 피우는 것도 담배를 끊는 노하우 중 하나다.

예를 들어 밥을 먹고 나면 담배가 피우고 싶을 것이다. 금연을 했더라도 그럴 경우에는 그냥 피운다. 화장실에서 볼일을 볼 때도 마찬가지다. 다만 의미 없이 담배 피우는 것은 줄여야 한다. 그렇게 하루에 20개비 피우던 담배를 15개비, 13개비, 10개비로 조금씩 줄여나가다 보면 담배를 피우고 싶은 생각도 점점 사라진다.

주식도 마찬가지다. 사고 싶은 건 사라. 다만 해당 종목을 딱 1주만 매수하는 것이다. 1주를 매수한 종목이 손실을 입으면 역시 매수하지 말았어야 한다는 것을 깨닫게 된다. 1주를 사면 좋은 점이 또 있다. 1주를 사더라도 수익이나 손실을 확정 지어야 하기 때문에 추후에 통계가 분명 나올 것이다. 이 통계를 내보면 왜 9시부터 10시 30분까지만 매매해야 하는지 알게 된다.

03 재료를 알면 비중 베팅이 가능하다

대박 종목은 재료부터 차이가 있다

우리나라 주식시장은 좀 특이한 특징을 보인다. 테마주의 경우 해당 기업의 가치나 실적과 상관없이 재료에 따라 주가가 급등하고 급락한다는 것이다. 기술적 분석으로 매매할 때는 이러한 움직임을 파악할 줄 알아야 한다.

일본 수출규제 관련주 중 대장주인 모나미에 대해 잠깐 이야기해보자. 2020년 6월 한국은 일본에게 수출품목 규제제한 완화를 요청했다. 하지만 일본은 한국의 요청을 받아들이지 않았다. 대한민국 국민이라면 어떤 생각을 할 것인가? 일본에 대한 악감정이 생길 수밖에 없고, 해당 관련 종목들의 주가가 상승한다. 일본 수출규제 관련주는 대장주인 모나미부터 하이트진로, 후성, 동진쎄미켐, 신성통상 이외에도 많은 종목이 있는데, 여기서는 모나미와 하이트진로로 설명해보겠다.

모나미는 1967년 12월 국내에 설립된 법인으로 필기구와 학용품으로 유명한 기업이다. 모나미 볼펜 하면 모르는 사람이 없을 정도인 만큼 반일감정이 격해지면 당연히 반사이익을 노릴 수 있다. 일본에 악감정이 생긴 대한민국 국민이 일본 상품보다 국내 상품을 이용할 가능성이 높기 때문에 반사이익으로 주가가 상승하는 것이다.

모나미 일봉 차트

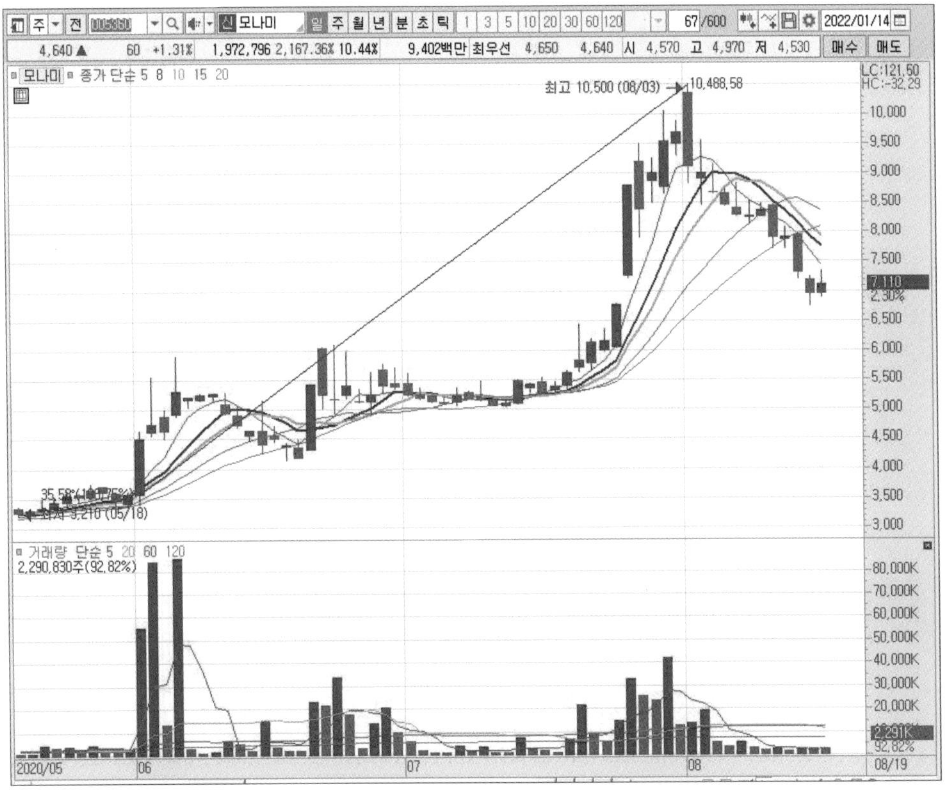

'모나미 일봉 차트'를 보면 반일감정이 격해진 6월 초의 저점이 3,400원이며, 8월 고점이 1만 500원으로 주가가 약 300% 상승했다. 이처럼 기업의 실적이나 내재가치와 무관한 재료로 상승하는 테마들이 많은데 우리는 이러한 종목에서 상승의 힘을 느끼고 수익을 낼 줄 알아야 한다. 머리에 쏙쏙 박히도록 한 종목 더 살펴보자.

하이트진로는 1954년 6월 국내에 설립된 법인으로 주류를 제조하고 판매하는 기업이다. 노재팬(No Japan)으로 대형마트나 편의점에서 일본산 맥주가 거의 사라지면서 반사이익을 보았던 종목이다.

하이트진로 일봉 차트

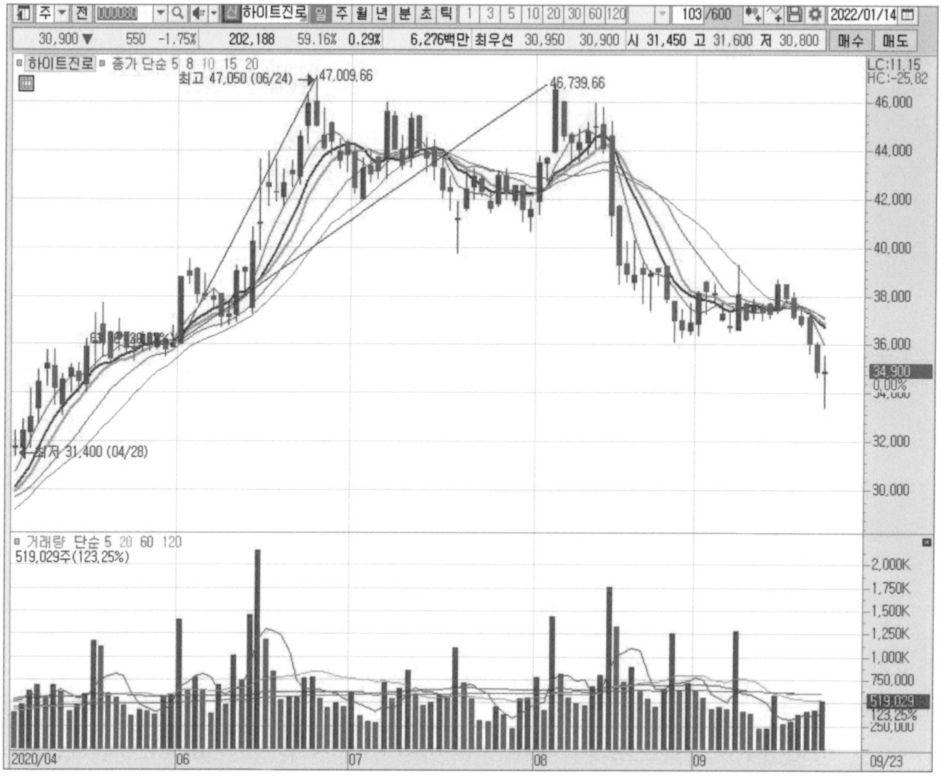

'하이트진로 일봉 차트'를 보면 2020년 6월 초의 저점이 3만 6,000원, 6월 고점이 4만 7,050원으로 주가가 약 30% 상승했다. 시가총액 2조 원이 넘는 기업이니 짧은 기간 30%의 상승도 상당하다고 할 수 있다.

차트 역배열은 재료가 아무리 좋아도 매매하지 않는다

'신풍제약 일봉 차트'를 유심히 보자. 60일, 120일, 180일, 240일 이동평균선들이 나란히 역배열인 모습이다. ①번 봉은 11월 4일 주가가 한 차례 재료와 함께 급등한 모습인데 아무리 좋은 대박 뉴스가 나온다 할지라도 연속성보다는 단발성으로 끝날 가능성이 높기 때문에 절대 매매하지 않아야 한다. 단타매매를 아무리 잘하는 고수라고 할지라도 이러한 종목은 아예 쳐다보지 않는다는 것을 명심하자.

신풍제약 일봉 차트

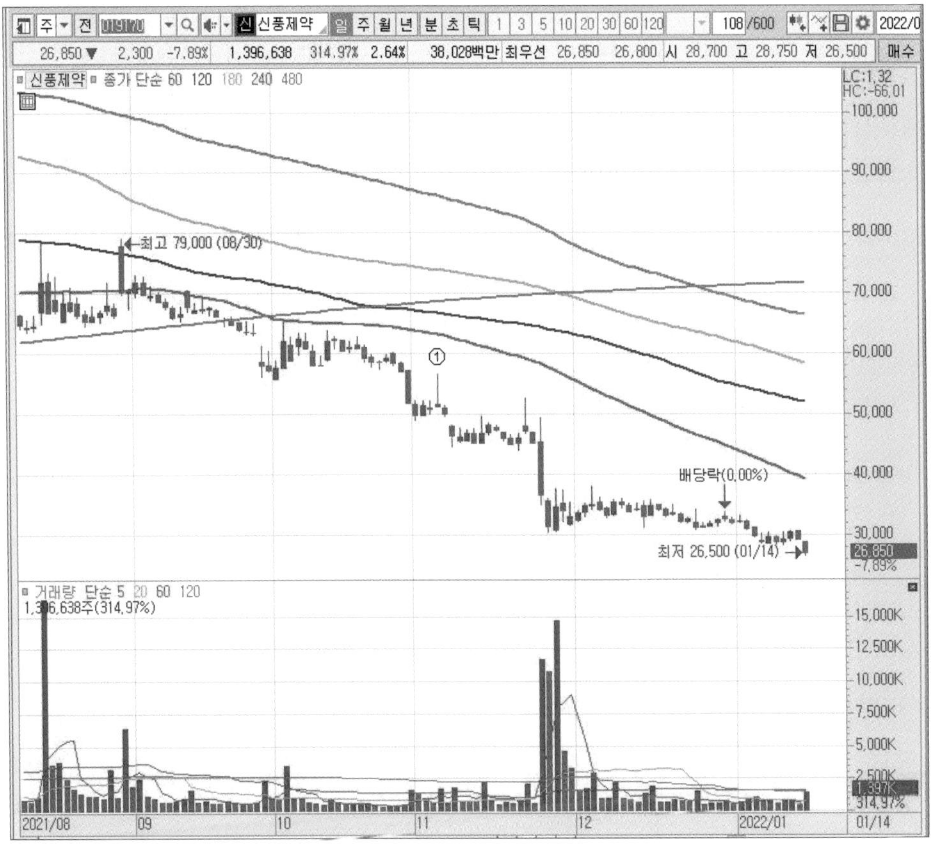

신풍제약 재료

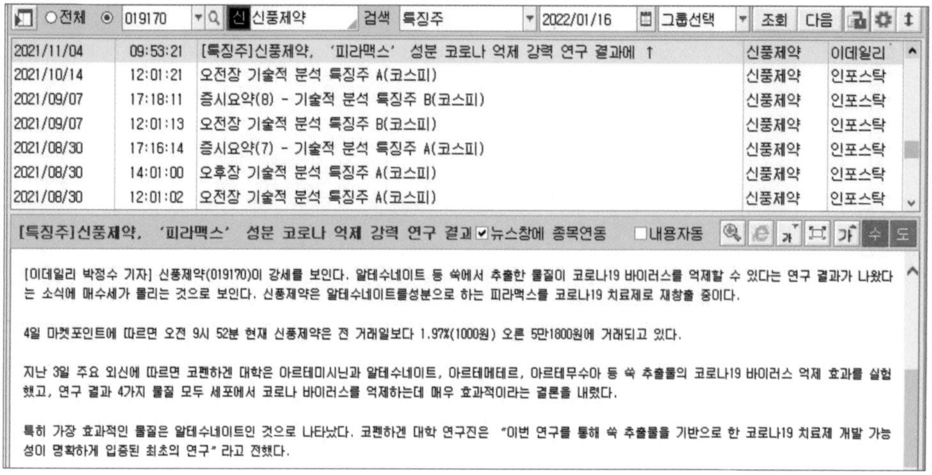

○전체 ◉ 019170 신 신풍제약 검색 특징주 2022/01/16 그룹선택 조회 다음

2021/11/04	09:53:21	[특징주]신풍제약, '피라맥스' 성분 코로나 억제 강력 연구 결과에 ↑	신풍제약	이데일리
2021/10/14	12:01:21	오전장 기술적 분석 특징주 A(코스피)	신풍제약	인포스탁
2021/09/07	17:18:11	증시요약(8) - 기술적 분석 특징주 B(코스피)	신풍제약	인포스탁
2021/09/07	12:01:13	오전장 기술적 분석 특징주 B(코스피)	신풍제약	인포스탁
2021/08/30	17:16:14	증시요약(7) - 기술적 분석 특징주 A(코스피)	신풍제약	인포스탁
2021/08/30	14:01:00	오후장 기술적 분석 특징주 A(코스피)	신풍제약	인포스탁
2021/08/30	12:01:02	오전장 기술적 분석 특징주 A(코스피)	신풍제약	인포스탁

[특징주]신풍제약, '피라맥스' 성분 코로나 억제 강력 연구 결과 ☑뉴스창에 종목연동 ☐내용자동

[이데일리 박정수 기자] 신풍제약(019170)이 강세를 보인다. 알테수네이트 등 쑥에서 추출한 물질이 코로나19 바이러스를 억제할 수 있다는 연구 결과가 나왔다는 소식에 매수세가 몰리는 것으로 보인다. 신풍제약은 알테수네이트를성분으로 하는 피라맥스를 코로나19 치료제로 재창출 중이다.

4일 마켓포인트에 따르면 오전 9시 52분 현재 신풍제약은 전 거래일보다 1.97%(1000원) 오른 5만1800원에 거래되고 있다.

지난 3일 주요 외신에 따르면 코펜하겐 대학은 아르테미시닌과 알테수네이트, 아르테메테르, 아르테무수아 등 쑥 추출물의 코로나19 바이러스 억제 효과를 실험했고, 연구 결과 4가지 물질 모두 세포에서 코로나 바이러스를 억제하는데 매우 효과적이라는 결론을 내렸다.

특히 가장 효과적인 물질은 알테수네이트인 것으로 나타났다. 코펜하겐 대학 연구진은 "이번 연구를 통해 쑥 추출물을 기반으로 한 코로나19 치료제 개발 가능성이 명확하게 입증된 최초의 연구" 라고 전했다.

'2021년 11월 4일 신풍제약 재료'를 보자. 주가가 급등하면 특징주에 급등한 이유가 나온다. 나오지 않는 경우도 간혹 있으니 네이버나 구글에서 찾아보는 습관을 들이자. 재료를 보면 코로나19 바이러스를 억제할 수 있다는 연구 결과가 나왔다. 마지막 문구에서 특히 "이번 연구를 통해 쑥 추출물을 기반으로 한 코로나19 치료제 개발 가능성이 명확하게 입증된 최초의 연구"라고 전했다. 기사 자체는 좋지만 차트가 완전역배열이기 때문에 이러한 위치에서는 절대 매매해서는 안 된다.

고점에서 재료가 노출되는 경우 차트가 아무리 좋아도 매매하지 않는다

2022년 1월 10일 '보성파워텍 재료'를 보자. 주가가 급등하니 〈이투데이〉에서 특징주로 재료 기사가 나왔다. "원자력 관련주, EU 680조 원전 투자 기대감에 동반 강세"가 나왔다. 일단 '680조'라는 금액만 봐도 좋은 기사라는 것을 알 수 있다. 그럼 재료의 시간이다. 주식투자에서 항상 공정한 게임은 없다. 내가 공정한 종목을 찾아서 매매해야 한다. 재료가 노출된 시간은 9시 45분이다.

보성파워텍 재료

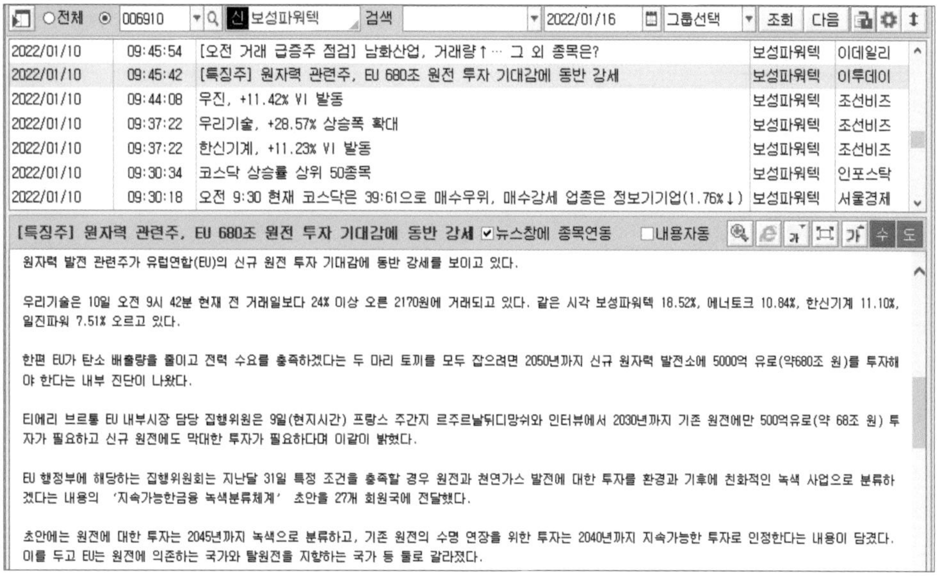

전체 006910 보성파워텍 검색 2022/01/16 그룹선택 조회 다음

2022/01/10	09:45:54	[오전 거래 급증주 점검] 남화산업, 거래량↑… 그 외 종목은?	보성파워텍	이데일리
2022/01/10	09:45:42	[특징주] 원자력 관련주, EU 680조 원전 투자 기대감에 동반 강세	보성파워텍	이투데이
2022/01/10	09:44:08	우진, +11.42% VI 발동	보성파워텍	조선비즈
2022/01/10	09:37:22	우리기술, +28.57% 상승폭 확대	보성파워텍	조선비즈
2022/01/10	09:37:22	한신기계, +11.23% VI 발동	보성파워텍	조선비즈
2022/01/10	09:30:34	코스닥 상승률 상위 50종목	보성파워텍	인포스탁
2022/01/10	09:30:18	오전 9:30 현재 코스닥은 39:61으로 매수우위, 매수강세 업종은 정보기기업(1.76%↓)	보성파워텍	서울경제

[특징주] 원자력 관련주, EU 680조 원전 투자 기대감에 동반 강세 뉴스창에 종목연동 내용자동

원자력 발전 관련주가 유럽연합(EU)의 신규 원전 투자 기대감에 동반 강세를 보이고 있다.

우리기술은 10일 오전 9시 42분 현재 전 거래일보다 24% 이상 오른 2170원에 거래되고 있다. 같은 시각 보성파워텍 18.52%, 에너토크 10.84%, 한신기계 11.10%, 일진파워 7.51% 오르고 있다.

한편 EU가 탄소 배출량을 줄이고 전력 수요를 충족하겠다는 두 마리 토끼를 모두 잡으려면 2050년까지 신규 원자력 발전소에 5000억 유로(약680조 원)를 투자해야 한다는 내부 진단이 나왔다.

티에리 브르통 EU 내부시장 담당 집행위원은 9일(현지시간) 프랑스 주간지 르주르날뒤디망쉬와 인터뷰에서 2030년까지 기존 원전에만 500억유로(약 68조 원) 투자가 필요하고 신규 원전에도 막대한 투자가 필요하다며 이같이 밝혔다.

EU 행정부에 해당하는 집행위원회는 지난달 31일 특정 조건을 충족할 경우 원전과 천연가스 발전에 대한 투자를 환경과 기후에 친화적인 녹색 사업으로 분류하겠다는 내용의 '지속가능한금융 녹색분류체계' 초안을 27개 회원국에 전달했다.

초안에는 원전에 대한 투자는 2045년까지 녹색으로 분류하고, 기존 원전의 수명 연장을 위한 투자는 2040년까지 지속가능한 투자로 인정한다는 내용이 담겼다. 이를 두고 EU는 원전에 의존하는 국가와 탈원전을 지향하는 국가 등 둘로 갈라졌다.

다음 페이지에 나와 있는 '보성파워텍 일봉 차트'에서 120일, 180일, 240일, 480일 장기이동평균선이 정배열인 것을 확인할 수 있다. 또한 파란 원을 보면 3,200원 부근에서 지지받는 모습이다. 일봉에서는 우상향하는 240일 이동평균선을 깨기는 했으나 다시 거래가 터진 장대양봉으로 주가는 상승하고 있다. 재료와 함께 매수할 수 있는지 없는지 분봉을 통해 확인해보자.

229쪽에 나와 있는 '보성파워텍 3분봉 차트'를 보자. 일봉은 분명 좋았다. 3중 지지를 확인했고, 중·장기 이동평균선 역시 정배열이었다. 재료도 '680조'라는 타이틀 때문에 아주 좋았다. 하지만 문제는 재료가 나온 시점이다. 아침부터 주가가 올라 일봉상 20%가 넘는 고점에서 재료가 나왔다. 이 경우 2가지를 유추해볼 수 있다.

첫 번째, 재료가 새어 나갔을 가능성을 배제할 수 없다. 아침에 거래량이 폭발적이지 않고 거래량이 적당히 터지면서 3~5% 이내에서 주가가 형성되다가 좋은 재료가 나온 시점인 9시 45분에 거래량이 폭발적으로 터지는 것이 정상적인 움직임이다. 하지만

보성파워텍 일봉 차트

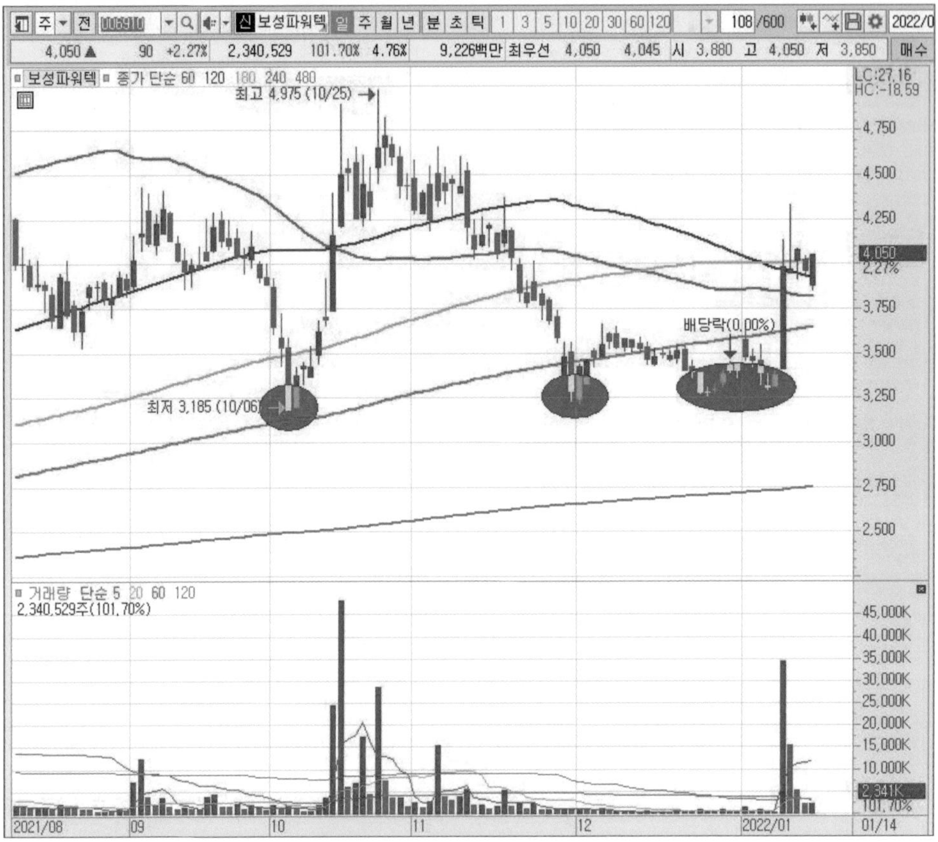

재료를 모르는 상황에서 아침부터 평소와 다른 거래량과 거래대금이 폭발적으로 늘어난다면 일봉 차트를 확인한 후 왜 상승하는지 확인해야 한다.

두 번째, 세력들이 저점에서 끌어올린 주가를 고점에서 털어먹기 위해 일부러 고점에 재료를 띄웠을 가능성도 염두에 두어야 한다. "요즘 세상에 그런 게 어딨어?"라고 순진하게 생각하는 개미투자자라면 테마주는 절대 매매하지 않기를 바란다. 주식시장은 칼만 안 들었을 뿐 온갖 모략이 판치는 세계다. 언제든지 목숨이 위태로울 수 있으니 항상 자신의 몸과 마음을 단련하고 실력을 키워나가야 한다. 아무리 좋은 위치에서 좋은 재료라 할지라도 고점에서 나오는 재료는 피하자. 이러한 간접적인 경험이 반복되

보성파워텍 3분봉 차트

면 실패 사례를 통해 여러분의 계좌를 지킬 수 있다.

PART 7

실전 사례 및 예시

01 목단타

중고등학교 시절 수학의 원리를 이해하고 응용하기 위해서 《수학의 정석》을 보며 많은 문제 풀이를 했듯이, 주식투자도 100%는 없지만 확률이 높은 매매 방법은 분명히 존재한다. 이번에는 나의 주력 매매 방법이자 고수가 될 수 있는 목단타, 눔단타를 배워보자.

목단타, 눔단타는 내가 만들어낸 매매 방법이다. 여기서 목이란 사람의 '목'과 '수급'을 의미한다. 단타매매를 할 때는 반드시 수급이 들어와야 한다. 그래서 흔히들 수급단타라고 하는데 나는 이것을 '목단타'로 명명했다.

눔단타는 목단타와 기본 원리는 비슷하지만 매매 방법이 조금 다르기 때문에 '목'을 뒤집어 '눔단타'로 명명했다. 목단타와 눔단타는 지금까지 공부한 내용을 총망라하는 것이다. 실제로 매매해서 수익을 낸 종목들을 예로 들어 설명하겠다.

실전 사례 1
: 목단타 매매의 5가지 기준

'현대위아 일봉 차트 1'에 볼린저밴드, DMI, CCI, 슬로 스토캐스틱을 장착했다. 가장 중요한 지표는 뭐니 뭐니 해도 거래량이다. 거래량 지표를 얼마나 잘 해석하느냐에 따라 수익을 잘 내느냐 못 내느냐의 차이가 크다. 후행성 지표는 그다음이니 어떠한 수치값을 가리킨다고 해서 주가가 상승하는 것은 절대 아님을 명심하자. 하지만 확률상 어떠한 수치값이면 상승하는 경우가 많으니 확률이 높은 구간에서 매매하는 방법도 분명 필요하다. 그중 목단타는 단타매매에서 최적화된 매매 방법이니 주의 깊게 공부한다면 많은 도움이 될 것이다.

'현대위아 일봉 차트 1'을 보면 실제로 매매한 날은 ①번 봉이다. 목단타는 일반적이지 않은 수급, 즉 평소와 다른 10% 이상의 장대양봉과 1,000억 원 이상의 거래대금이

현대위아 일봉 차트 1

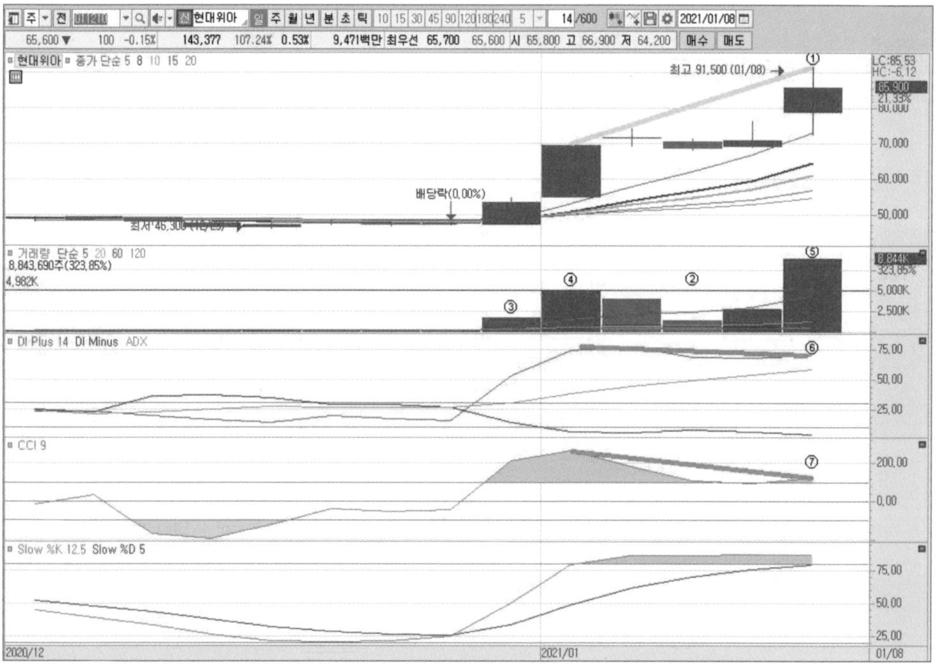

들어온 이후부터 매매한다. 매매한 날은 ①번 봉이지만 ③번 봉부터 지속적으로 관찰해야 한다. ③번 봉에서 평균 거래량보다 1,300%나 급증했고, 거래대금이 900억 원이나 터진 12% 장대양봉이 나왔다. 평소의 거래량보다 500% 이상, 거래대금이 1,000억 원 이상 그리고 10% 이상의 장대양봉인 종목은 무조건 단타매매의 1순위 종목이다.

나는 급등할 때 수익을 내는 방법보다는 급등한 기준봉이 생긴 다음(③번 봉과 ④번 봉이 기준봉)부터 공략하는 방법을 주로 사용한다. ③번과 ④번이 기준봉이라면 주가는 한 번 더 상승하는데 그 이유는 해당 주가를 끌어올린 세력들이 본인들의 물량을 처분해야 하기 때문이다. ①번 봉의 아래를 보면 ⑤번의 거래량이 상당히 많이 늘어난 것을 확인할 수 있다. ①번 봉에서 단타매매를 하는 이유는 시가가 높기는 하지만 ④번 봉보다 더 많은 거래량이 터졌기 때문이다. 물론 종가상으로 거래량이 터졌기 때문이지만 장중에 아침 초반부터 거래량이 들어온다면 매수 물량을 보고 단타에 참여하면 된다.

주식투자는 기준 없이 매매하기 때문에 수익을 내지 못하는 것이다. 소액투자로 많은 연습을 통해 확률 높은 자신만의 기준을 만들기 바란다. 목단타는 총 5가지 조건이 충족되어야 매매할 수 있다.

첫 번째, 10% 장대양봉과 거래대금이 최소 1,000억 원(장이 안 좋고 종목이 없는 경우는 300억~500억 원도 괜찮다) 이상, 거래량 비율 500% 이상의 기준봉이(③번 봉과 ④번 봉이 기준봉) 나와야 한다.

두 번째, 주가가 볼린저밴드 상단선을 무조건 종가상으로 돌파해야 한다. 왜냐하면 주가가 볼린저밴드 상단선을 돌파한 종목은 단기이동평균선이 정배열일 뿐만 아니라 이미 세력들이 오랜 기간 매집을 통해 해당 종목의 유통 물량을 장악했을 가능성이 매우 높기 때문이다.

세 번째, DMI에서 PDI 값이 52 이상이어야 한다.

네 번째, CCI가 과열권에 들어가 있어야 한다.

다섯 번째, 슬로 스토캐스틱이 과열권에 진입해 있어야 한다.

그럼 하나씩 천천히 분석해보자. ①번 봉에서 모든 기준값을 충족했기 때문에 매매가 가능했다. 단, 여기서 중요한 점이 하나 있다. 모든 수치값이 매수임에도 불구하고 거래량이 터지지 않으면 절대 매매해서는 안 된다. 단기매매는 언제든지 지표가 우선이 아니라 당일 거래량이 폭발적으로 터지는 것이 우선이라는 것을 꼭 기억하자. 따라서 모든 기준값을 충족해도 당일 거래량이 대량으로 터지는지 확인하고 분할매수한다.

①번 봉에서 매매가 가능한 이유는 ④번의 거래량보다 더 많이 터졌기 때문이며, 실전에서는 ④번 봉을 넘는 거래량보다 전날의 거래량을 100% 넘어갈 때부터 분할매수하면 수익을 낼 가능성이 높다. 단기로 매도하고 나와야 하는 이유는 ⑥번과 ⑦번의 지표를 보면 가격은 노란 선처럼 우상향했는데 지표는 반대로 녹색 선처럼 하락하고 있기 때문이다. 가격은 상승하는데 지표는 떨어지는 하락 다이버전스가 나온 것이다.

현대위아 수익

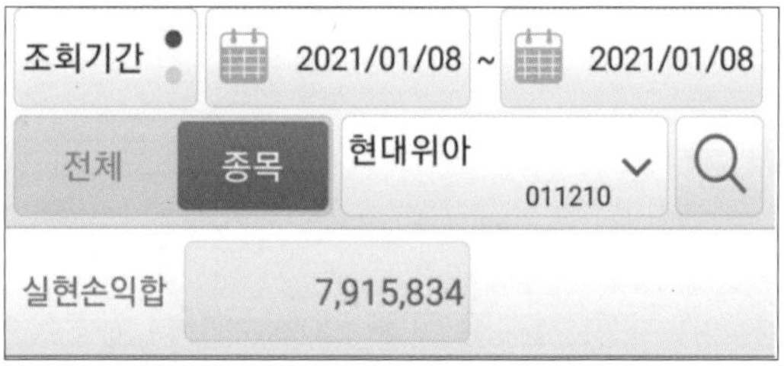

2021년 1월 8일 현대위아를 실제로 매매한 수익 내역이다. 초보자들은 자주 매매해야 수익이 많이 난다고 생각할 수 있지만 그렇지 않다. 오히려 자주 매매하지 않아도 수익이 날 확률이 높은 구간에서만 선별적으로 집중하여 매매를 한다면 수익이 더 많이 나는 경험을 할 것이다. 즉, 주식으로 수익을 내기 위해서는 잦은 매매보다는 내가 원하는 타점이 올 때까지 기다렸다가 비로소 그런 타점이 왔을 때에만 매수, 매도를 한다면 수익은 점점 불어날 것이다. 따라서 수익을 낼 수 있는 차트 모양이 나올 때까지 인내심을 가지고 기다릴 줄 알아야 한다.

하락 다이버전스로 위험을 피하자

'현대위아 일봉 차트 2'를 보면 하락 다이버전스가 나온 ①번 봉 이후의 모습이다. ①번 봉에서 하락 다이버전스가 나온 이후 주가가 단기적으로 어떻게 되었는지 보자. ①번 봉에서 DMI를 보면 ⑥번의 녹색 선인 PDI의 수치값이 내려가고 있고, CCI도 과열권에 있기는 하지만 ⑦번의 녹색 선이 내려가 있다. 따라서 노란 선을 보면 가격은 상승하는 데 반해 해당 지표는 떨어지는 하락 다이버전스이다. ①번 봉의 하락 다이버전스가 나온 후 빨간 선을 보면 주가는 다음 날부터 5일간 거래 없이 조정에 들어갔다. 후행성 지표를 보는 이유가 여기에 있다.

그렇다면 하락 다이버전스가 나왔는데도 주가가 예외적으로 상승한다면 어떻게 할까? 이런 경우 초보자들은 또 원칙을 어기고 매매할 것이다. 지표를 가지고 매매한다

현대위아 일봉 차트 2

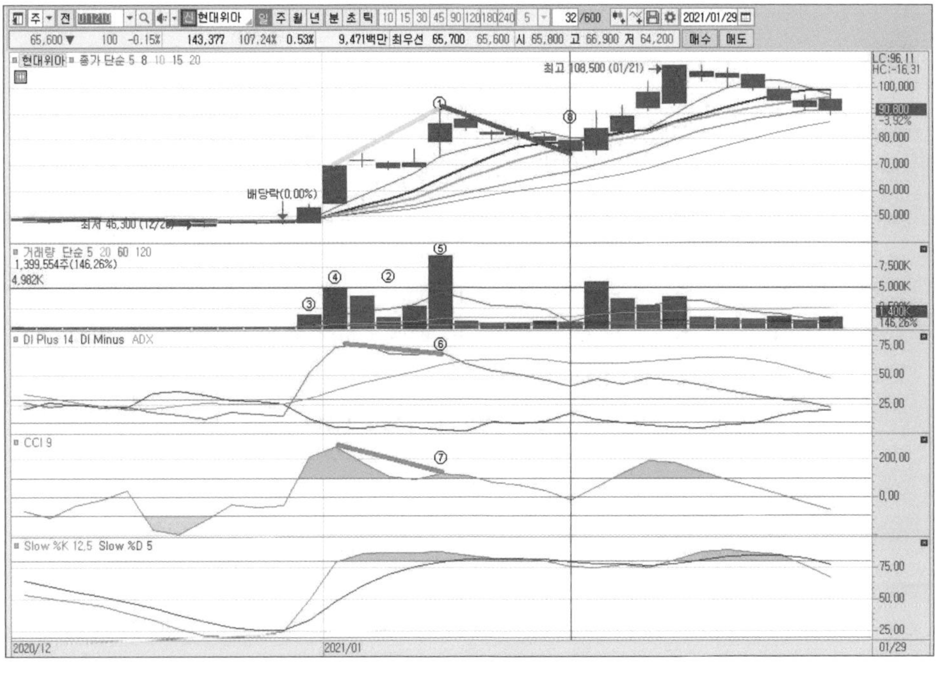

면 반드시 자신만의 원칙을 지키자. 지표에서 매매하지 말라고 하는데도 주가가 상승한다는 이유로 매매한다면 지표매매를 할 이유가 없다. 데이터를 내보면 하락 다이버전스가 나온 후 주가가 하락할 확률이 높다는 것을 알게 될 것이다. 지표매매를 해보지 않은 사람들은 지표의 신호를 믿고 한번 매매해보기 바란다.

실전 사례 2
: 기준봉 없이 매매하는 방법

'인산가 일봉 차트'에서 ①번 세로선을 보면 PDI가 30 이상의 과열권에 있으며, ADX가 72까지 올라가 있다. 'PART 3 04 DMI 활용

인산가 일봉 차트

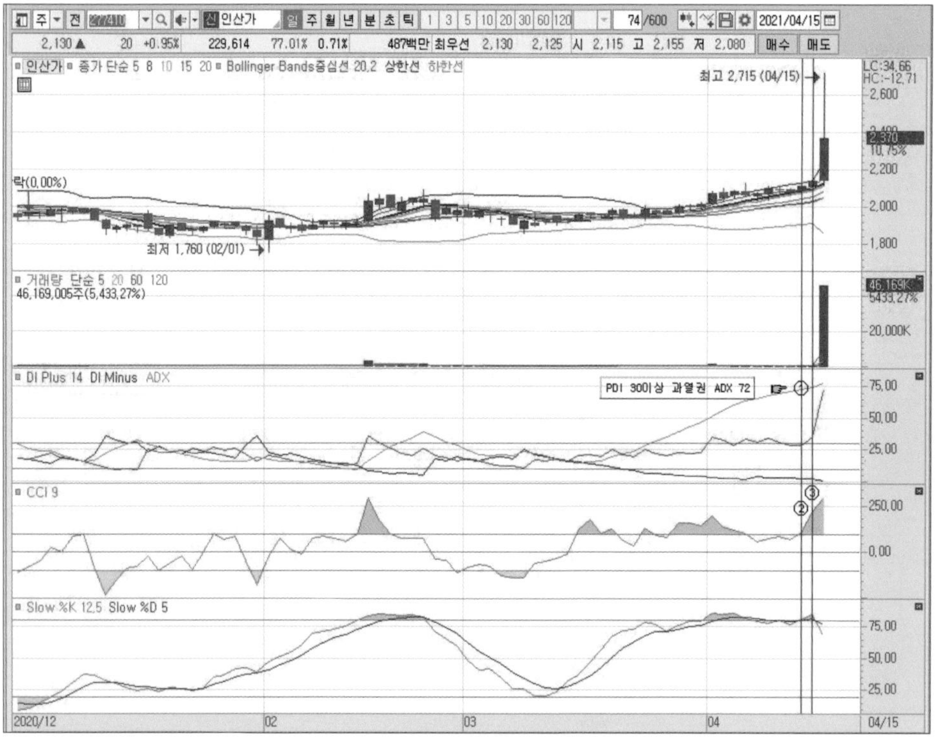

방법'에서 "확률상 빠른 지표보다는 느린 지표가 수익을 낼 가능성이 높다"고 말했듯이 지표매매는 매수 신호가 나오고 누가 봐도 주가가 상승할 가능성이 높은 수치값인데도 불구하고 상승하지 않은 종목을 찾아내는 것이 핵심이다.

PDI가 과열권인 30 이상의 수치에 있고, ADX가 30보다 더 높이 있다는 것은 무슨 뜻일까? 이것은 상승 추세가 좀 더 이어질 것이라고 해석할 수 있다. 거래대금 1,000억 원, 거래량 비율 500% 이상, 10% 이상의 장대양봉이라면 관심 종목에 등록해두고 거래량이 증가하는 날 매수하면 된다.

②번과 ③번은 주가가 급등하기 전부터 CCI가 과열권에 들어가 있는 모습이다. 다음은 인산가 60분봉을 보고 매수 타점을 잡아보자.

60분봉으로 매매하는 방법 1

인산가 주식은 2021년 4월 14일의 거래량이 종가 기준 총 85만 주가량 된다. '인산가 60분봉 차트'에서 ①번 거래량을 보면 113만 주이다. 전일 하루 동안의 거래량이 85만 주인데 다음 날 아침 60분 동안 터진 거래량이 전일 거래량의 100%가 넘는다. 일봉에서 이미 준비되었기 때문에 평소와 다른 대량의 거래량을 보고 아침부터 적극 매수가 가능하다.

②번 봉의 고점과 ④번 봉의 고점을 노란 선으로 그어놓았다. ②번 봉 아래를 보면 DMI 수치값이 ③번, ④번 봉 아래를 보면 DMI 수치값이 ⑤번이다. ②번과 ④번을 노란 선으로 그어보면 주가는 ②번에서 ④번으로 가격이 상승하는데, ③번에서 ⑤번의 노란 선을 보면 DMI 수치값은 하향하고 있다. 따라서 주가는 지속적으로 좀 더 상승했으나, 내부적으로 누군가 팔아먹기 때문에 후행성 지표인 DMI에서 PDI의 수치가 내려가고 있는 것이다. ⑥번은 ④번의 고점을 빨간 선으로 그어놓은 것인데 ⑥번의 고점인 2,600원 이전에 DMI의 하락 다이버전스를 보고 미리 매도해야 한다.

인산가 60분봉 차트

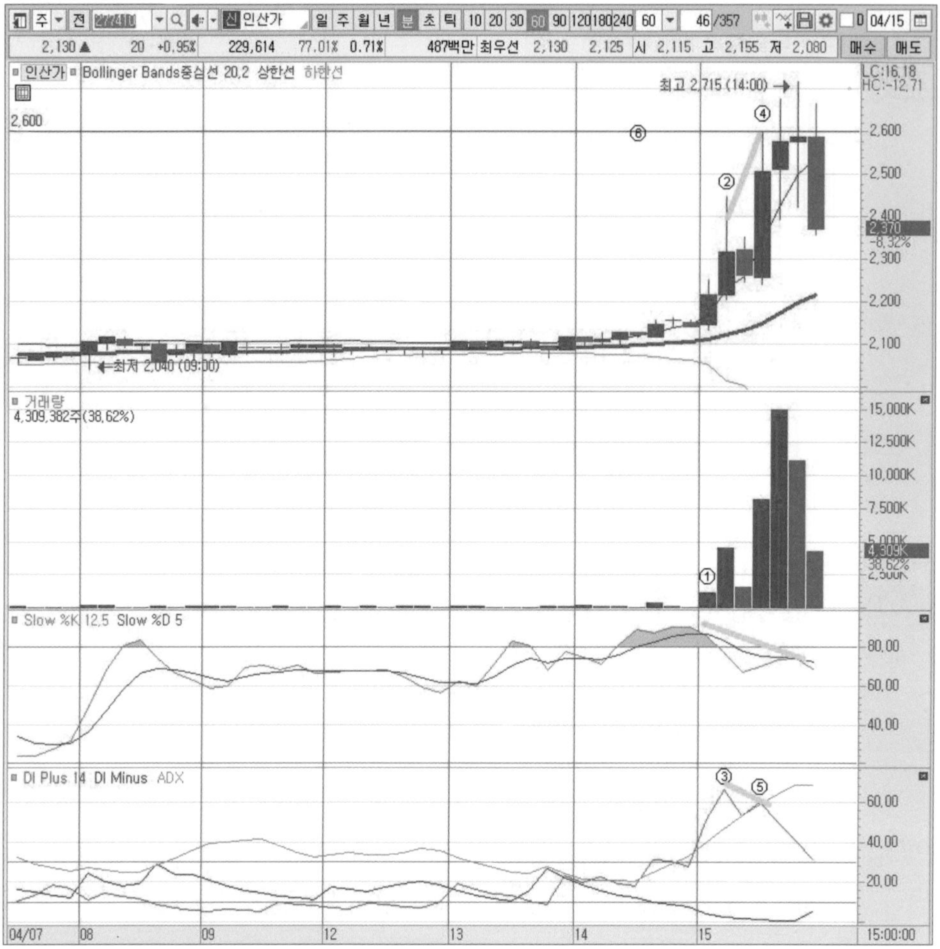

슬로 스토캐스틱 역시 노란 선을 보면 과열권에서 빠져나와 데드크로스를 나타내고 있으니 주가가 상승할 때 욕심을 버리고 매도하는 것이 바람직하다. 전날 14일의 슬로 스토캐스틱이 과열권으로 진입하고 DMI에서 PDI가 오후부터 과열권으로 진입하며 ADX 역시 우상향하여 종가상 30 이상으로 마감했다. 적극 매수 시점이기는 하지만 기준봉이 따로 없기 때문에 거래량이 터질 때까지 기다렸다가 매수하는 것이 바람직하다. 4월 15일 ①번의 대량 거래량을 보고 적극적으로 매수에 동참해야 한다.

인산가 수익

기간	2021.04.15 ~ 2021.04.15	☑ 매매비용	
☑ 종목	인산가	최근	
기간매수금액	30,420,000	총손익금액	+2,858,647
기간매도금액	33,357,650	총손익률	+9.37%

종목명	매입금액 / 매도금액	매매비용	손익금액 / 손익률
인산가(유통)	30,420,000 33,357,650	79,003	+2,858,647 +9.37%

여러 종목을 매매한다고 해서 큰 수익이 난다는 보장은 없다. 사냥꾼처럼 사냥이 가능한 시점에 한 종목 한 종목 매매해도 수익을 낼 수 있다. 조바심을 내지 말고 일주일에 1종목 아니면 한 달에 1종목이라도 제대로 된 매수 타점이 나올 때만 진입해서 수익을 내는 습관을 들이자.

목단타 5가지 조건을 충족한 동국제강 일봉 차트

'동국제강 일봉 차트'에서 ①번 봉의 세로선을 보면 거래대금 2,119억 원, 장중 18% 이상 급등 후 14% 종가 마감으로 첫 번째 조건을 충족했다. 종가상으로 볼린저밴드 상단선을 돌파 마감하여 두 번째 조건도 충족했다. 그렇다면 무조건 볼린저밴드 상단선을 돌파해야 두 번째 조건을 충족하는 것일까? 초보자들은 볼린저밴드 상단선을 돌파한 후 매매하고, 추후에 어느 정도 수익이 나기 시작하면 볼린저밴드 상단선을 꼭 돌파하지 않아도 볼린저밴드 상단선과 해당 주가가

동국제강 일봉 차트

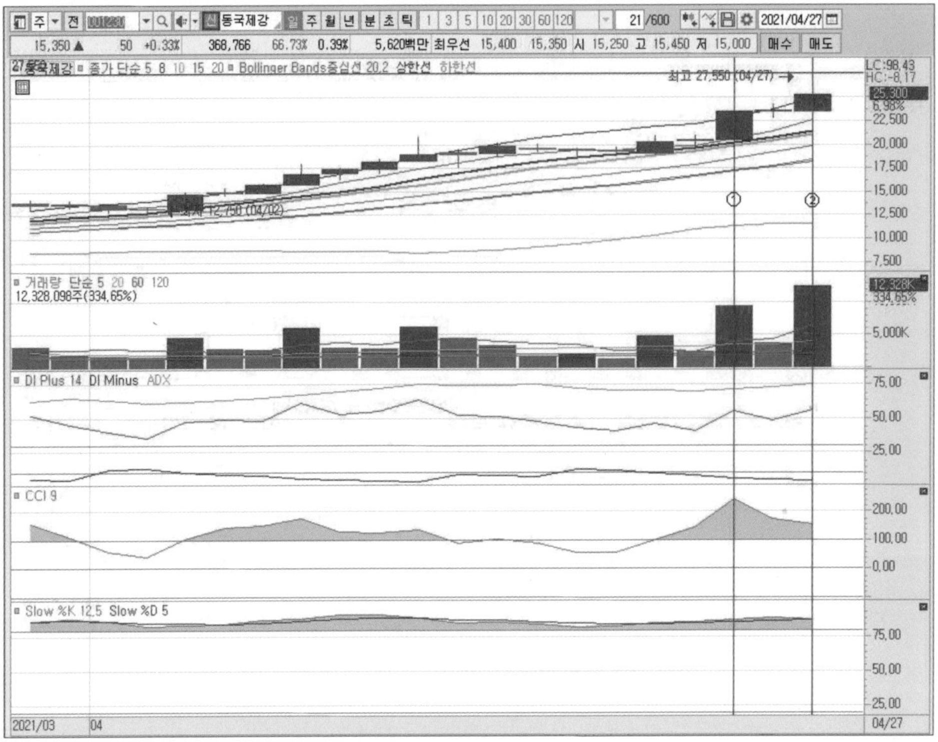

크게 이격이 없는 종목 중 나머지 조건에 맞는 경우 예외적으로 매매 가능하다.

거듭 말했듯이 주식투자에 100%라는 것은 없으니 상황에 따라 융통성을 발휘해야 한다. DMI에서 PDI 값이 50 이상으로 과열권 진입, ADX는 71 이상 지속적으로 상승할 것으로 예측할 수 있기 때문에 세 번째 조건을 충족했다. 네 번째 조건인 CCI 과열권에 진입했고, 슬로 스토캐스틱 역시 과열권 진입으로 다섯 번째 조건을 모두 충족했다. 일봉에서는 모든 조건을 충족했기 때문에 분봉을 보고 매수 타점을 잡아보자.

60분봉으로 매매하는 방법 2

일봉에서 5가지 조건을 모두 충족했으므로 분봉에서 상승 기운만 찾으면 된다. 2021년 4월 26일 '동국제강 60분봉 차트'에서 파란 원을 보면 전날의 거래량이 많이 줄어든 상황에서 ①번의 거래량이 폭발적으로 늘어났음을 알 수 있다. 전날의 거래량을 갱신할 때 매수하면 이미 늦다.

파란 원의 거래량이 거의 없는 상황에서 전날 아침처럼 대량의 거래량이 터지고 주

동국제강 60분봉 차트

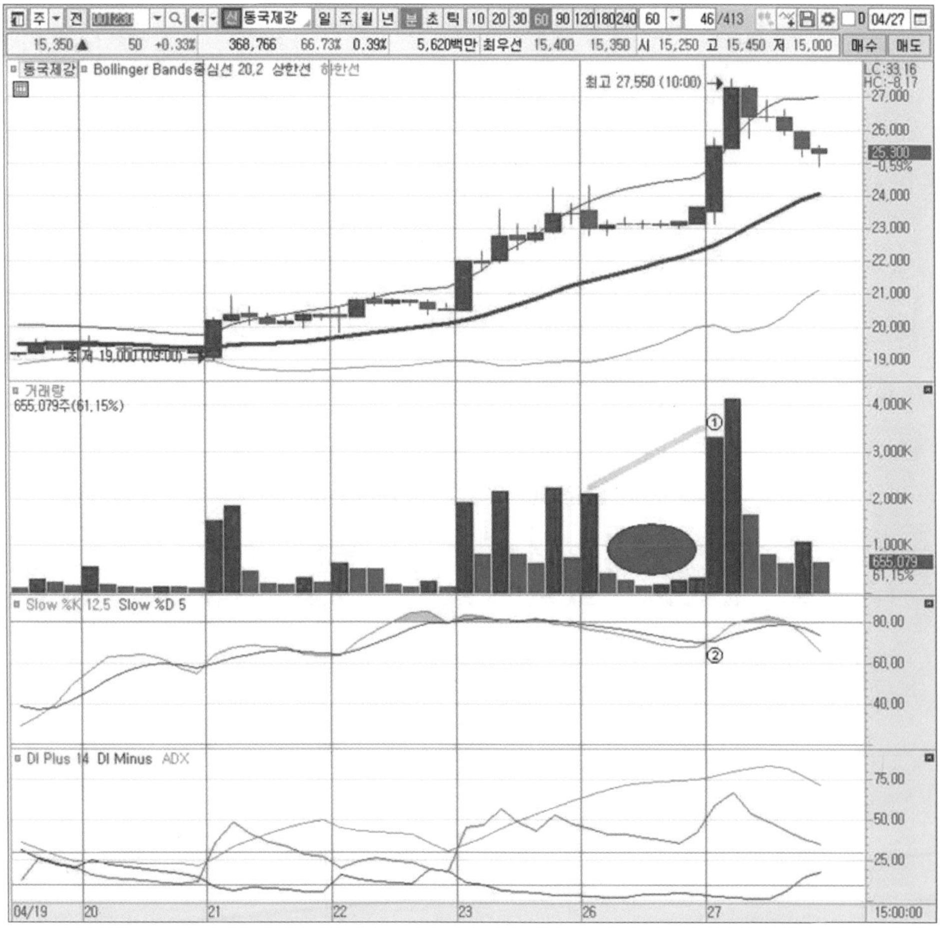

가가 상승하면서 양봉이 나오는지 확인하고, ②번의 슬로 스토캐스틱이 데드크로스였다가 골든크로스로 바뀌는 것을 보고 적극적으로 매수해야 한다. DMI 역시 PDI선이 50 이상에서 하늘 높은 줄 모르고 위로 향하고 있으며, 수치값을 보면 ADX는 그 추세가 조금 더 이어질 것이므로 적극 매수 시점이다. 다만, 일봉에서 CCI가 하락 다이버전스이기 때문에 보유보다는 단기매매로 접근하는 것이 바람직하다.

동국제강 수익

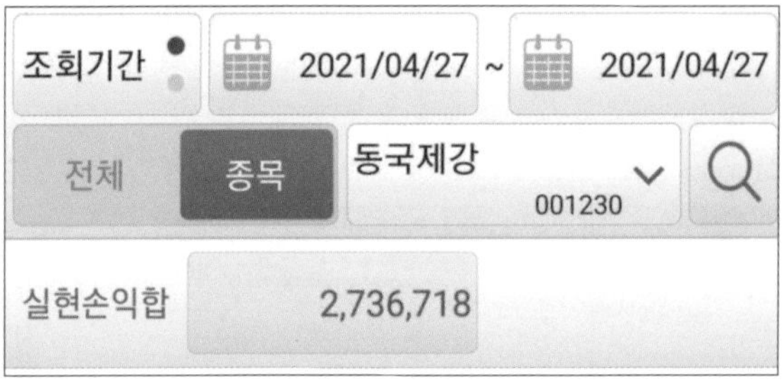

5가지 조건과 수치값을 보고 매매한 동국제강의 수익은 실현손익합이 273만 6,718원으로 직장인 월급에 근접한다. 매일 수익을 내야 한다는 강박관념을 버리고 매매할 수 있는 타이밍의 종목이 나왔을 때만 매매하는 습관을 들이자.

언뜻 보기에는 목단타 매매가 쉬워 보일지 몰라도 많은 연습과 경험이 필요하다. 매일 매매하지 않아도 수익은 얼마든지 낼 수 있으니 조급한 마음을 버리고 새로운 마음으로 다시 시작해보자.

02 눔단타

눔단타 실전 사례 1

이번에는 눔단타를 이용한 매매 방법을 알아보자. 눔단타는 목단타의 기준봉이 반드시 있어야 한다. 원리가 중요한 것은 아니지만 경험해본 결과 수급을 장악했던 세력들이 해당 종목의 물량을 한 번에 털지 못했을 경우 추가로 2차 상승을 이끌어내면서 팔아치우기 때문에 기준봉이 반드시 있어야 수익이 날 확률이 높다.

'휴온스글로벌 일봉 차트'에서 ②번 봉은 실제로 매매한 날이며, ①번 봉은 ②번 봉을 매매할 기준이 되는 봉이다. 즉, 눔단타는 목단타의 기준봉이 나오고 조정된 후 주가가 다시 상승할 때 매매하는 방법이다. 눔단타를 매매할 때는 목단타 매매처럼 까다로운 5가지 조건을 모두 충족할 필요는 없다. 초보자들은 목단타에서 5가지 조건이 모

휴온스글로벌 일봉 차트

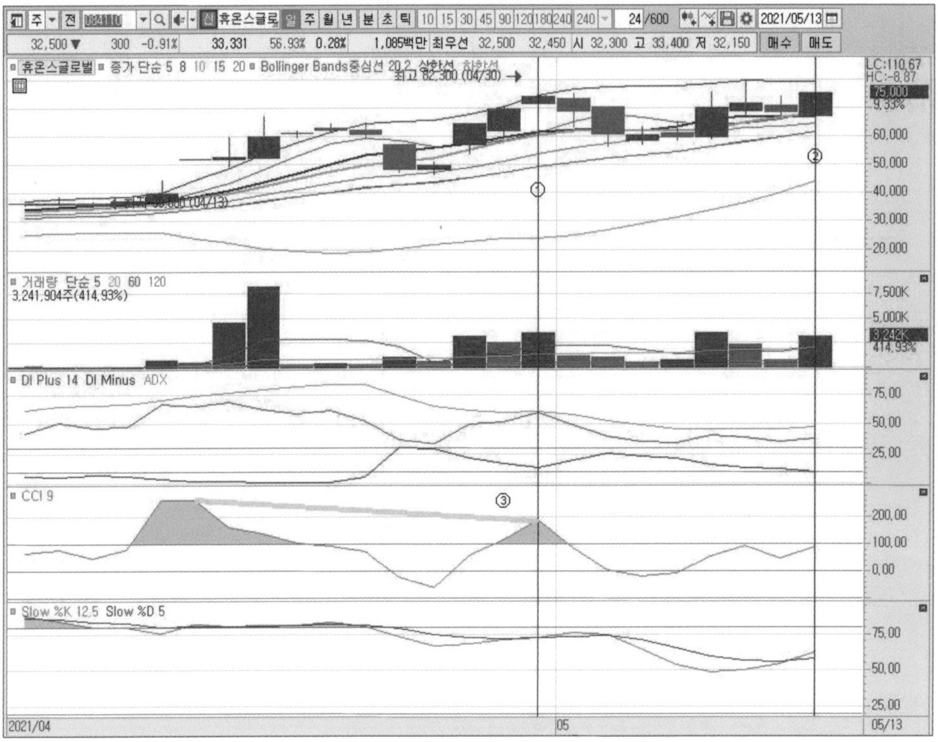

두 성립했을 때만 매매하는 것이 좋지만, 눎단타는 목단타와는 다르게 2가지 정도만 충족하면 매매가 가능하다.

①번 봉을 살펴보면 거래대금 2,655억 원(1,000억 원을 넘었다), 주가상승률은 장중에 18% 이후 종가 6.62%로 마감했다. 10%는 충족하지 못했지만 장중 18%를 찍어서 매매 기준은 아니더라도 탄력적으로 매매할 여지는 충분하다.(주식투자에는 1+1 = 2와 같이 딱 떨어지는 마법 같은 공식이 존재하지 않는다.)

①번 봉에서 볼린저밴드 상단선이 7만 4,322원이고, 종가상으로 7만 4,100원으로 마감했다. ①번 봉의 DMI에서 PDI 값이 59이고, ADX 값이 60이며 CCI 값이 과열권에 들어가 있다. ①번 봉에서 슬로 스토캐스틱이 골든크로스이기는 하나 과열권에 진입하지 않았다. 5가지 조건 중 DMI와 CCI를 충족했기에 ①번을 기준봉으로 볼 수 있다.

단, 2가지 기준을 충족했다 하더라도 당일 거래대금 500억 원 미만, 주가상승률 10% 이하는 가급적 매매하지 않는 것이 좋다. 예를 들어 모니터를 살 때도 중소기업 제품보다는 더 비싸더라도 삼성전자 제품을 사는 이유가 A/S가 확실하고 망할 염려가 없기 때문이다. 마찬가지로 거래대금 500억 원 이하는 그만큼 신뢰도가 떨어질 수밖에 없다.

①번 봉에서 거래대금은 2,655억 원으로 1,000억 원이 넘었으므로 신뢰도가 높다. 휴온스글로벌의 경우는 6.62%로 10% 상승은 아니라서 기준에서는 제외되지만, 장중 18% 이상의 고점을 형성했기 때문에 탄력적으로 기준을 잡았다. 초보자들은 처음에는 기준을 까다롭게 잡아서 매매하고 추후에 꾸준한 수익이 난다면 탄력적으로 기준을 잡아서 매매해도 좋다.

일봉에서는 조건값을 충족했으니 이제 분봉에서 조건값을 충족하면 매매한다. 단, 눌림단타는 일봉상 20일 이동평균선이 우상향하고, 20일 이동평균선 아래에 주가가 있는 경우 모든 기준값을 충족했더라도 매매하지 않는 것이 바람직하다. 사실 숙련된 고수라면 매매할 수 있겠지만 초보자들은 명확한 기준을 따르는 것이 손해를 보지 않는 길이다.

60분봉으로 매매하는 방법 3

다음 페이지에 나와 있는 '휴온스글로벌 60분봉 차트'에서 2021년 4월 12일 파란 원을 보면 거래량이 많이 줄어 있다. ①번 거래량을 보면 전일의 파란 원보다 아침부터 거래량이 폭발적으로 터진 모습이다. 거래량을 보면 매수 시점이 맞다. 하지만 ②번 슬로 스토캐스틱이 데드크로스가 나와 있다. 폭발적인 거래량과 주가 상승을 알리고 있지만, 스캘퍼(Scalper, 초단타매매자)가 아닌 이상 매수를 참아야 한다. 참고로 스캘퍼는 하위 분봉을 보고 매수 타점을 찾으면 되지만 나는

휴온스글로벌 60분봉 차트

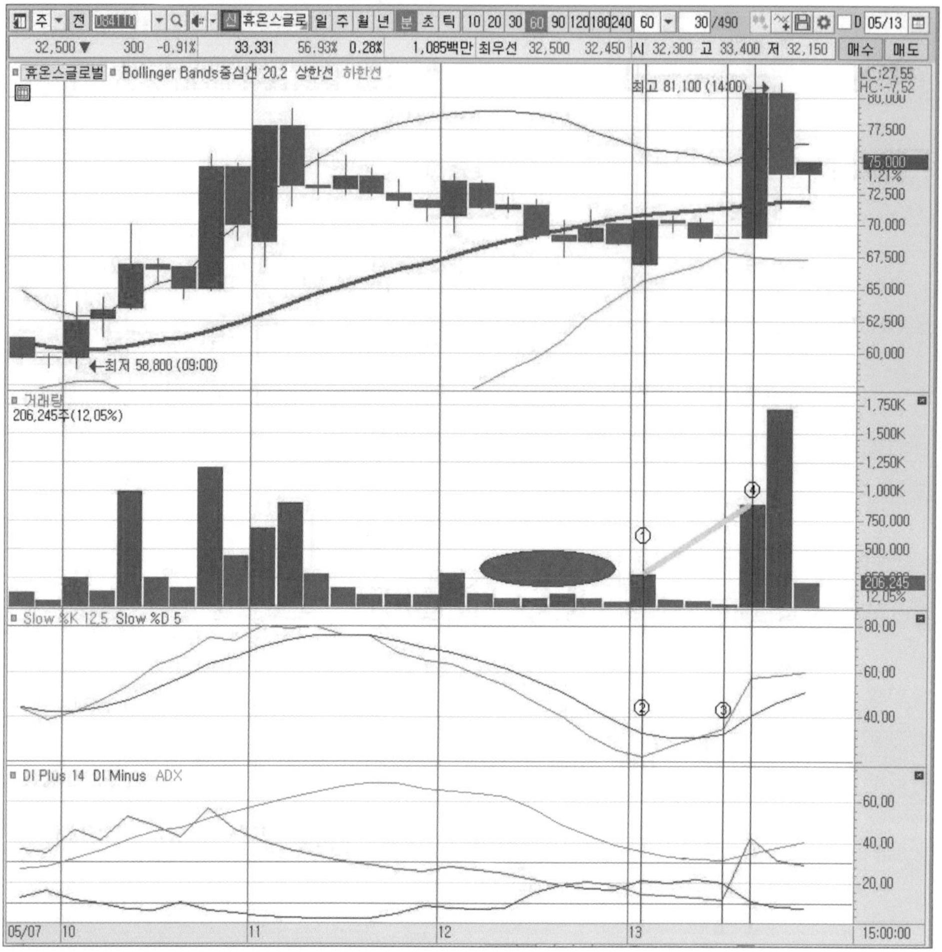

스캘퍼가 아니기 때문에 가격이 올라가도 지표가 원하는 수치값을 나타낼 때까지 기다려야 한다.

또한 가장 느린 DMI 지표에서도 PDI 수치값은 14 정도, MDI 수치값은 21 정도로 PDI와 MDI가 데드크로스되어 있다. 스캘핑을 한다면 하위 분봉을 보고 매매하면 되지만 우리는 60분봉의 매수 신호가 아님을 알리는 지표를 믿고 매수를 참아야 한다. ③번에서 거래량이 없지만 드디어 60분봉에서 슬로 스토캐스틱이 골든크로스가 되었다.

휴온스글로벌 수익

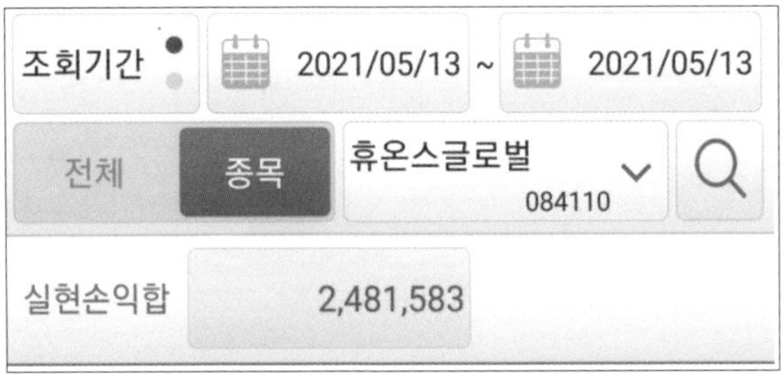

초미의 관심을 가져야 될 시점이다. 하지만 아직 DMI에서 PDI는 골든크로스가 되지 않아서 좀 더 기다려야 한다. 드디어 ④번에서 대량의 거래량 증가, 슬로 스토캐스틱이 골든크로스 후 이격을 벌리고 있으며, PDI가 MDI를 골든크로스했고 30 이상의 과열권에 진입했으니 적극 매수 시점이다.

눔단타 매매처럼 본인이 실제로 매매하는 과정을 머릿속에 그려보는 연습을 해보자. 초보자들은 현금만 있으면 어떤 종목이든 매수하려는 경향이 있다. 이것을 참아낼 줄 알아야 한다. 내가 뽑아놓은 종목이 아침에 매수 신호가 나오지 않아 다른 종목을 샀다가 물려서 정작 내가 기다리던 종목을 사지 못한 적이 있을 것이다.

어떠한 기법이 중요한 것이 아니라 내가 알고 있는 기법을 믿고 매수 시점까지 기다리는 여유가 있어야 한다. 많은 종목을 매매하려 하지 말고 하루에 1종목, 일주일에 1~2종목, 한 달에 5종목이라도 내가 원하는 종목만 매매한다면 승률은 상당히 높아질 것이다.

눔단타 실전 사례 2

다음 페이지에 나와 있는 '이연제약 일봉 차트'에서 기준봉은 ①번이 되고, ②번은 실제로 매매한 날이다. ①번 기준봉을 살펴보면

이연제약 일봉 차트

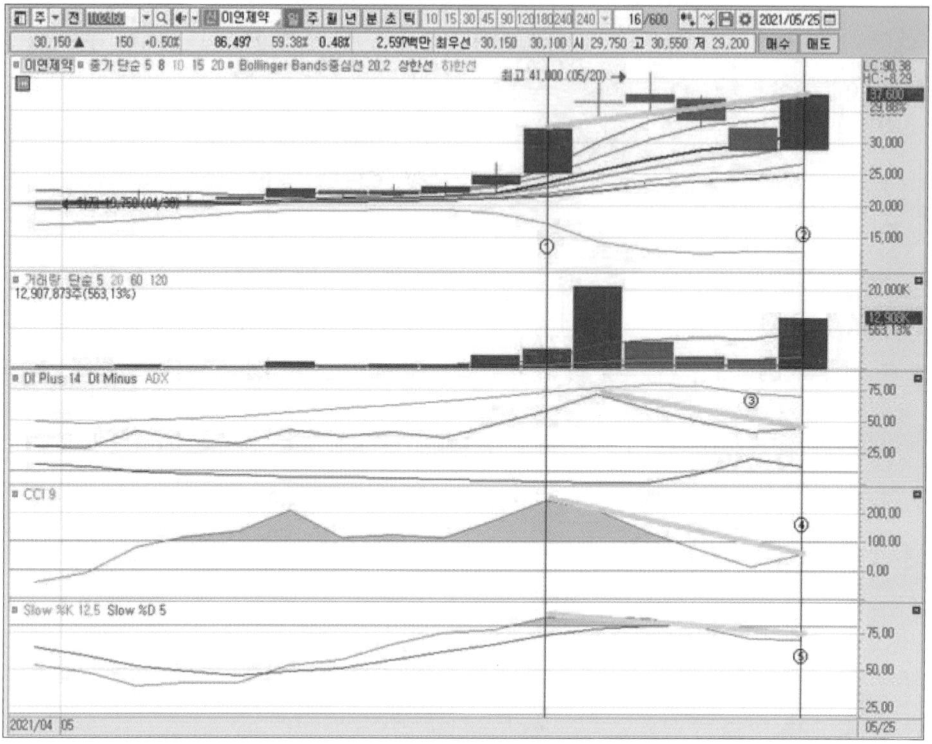

첫 번째 거래대금 1,395억 원, 주가상승률 상한가로 첫 번째 조건이 충족되었다. 주가가 볼린저밴드 상단선을 돌파하여 두 번째 조건도 충족되었다. DMI에서 PDI의 값이 30 이상의 과열권에 있으며 수치값은 57.94이다.

또한 ADI가 PDI보다 높은 72로 상승 추세가 좀 더 이어질 것으로 예상되어 세 번째 조건이 충족되었고, CCI가 과열권에 진입해 네 번째 조건이 충족되었으며 슬로 스토캐스틱이 과열권에 진입해 다섯 번째 조건이 충족되었다. ②번 봉에서 눔단타 매매를 하려면 반드시 9일 이내에 목단타의 기준이 나와야 하며 ①번 봉에서 목단타 매매를 하려면 5가지 까다로운 기준이 충족해야 매매가 가능하지만, 눔단타의 경우 ①번 봉에서 매매할 때의 목단타 5가지의 까다로운 기준이 아닌 2가지 이상의 기준만 ①번 봉에서 충족한다면 ②번 봉에서는 눔단타의 기준이 될 수 있다. 물론 ②번 봉의 눔단타 기준이 충족되었다고 하여 무조건 주가가 상승한다는 것이 아니니 눌단타 기준이 된 종목을 분봉에서 매수 시점을 찾고, 비로소 분봉에서 매수 시그널이 나온다면 그때 매매가 가능하다는 것이다. 종목이 많이 나오는 상승장일 때는 2가지 조건을 충족하는 종목보다는 3가지 이상의 조건을 충족하는 종목을 우선순위로 매매하면 좋다.

60분봉으로 들어가서 세밀한 타점을 잡아보기 전에 일봉에서 ③번을 보면 DMI에서 PDI의 고점이 내려가는 것을 볼 수 있다. ②번 봉의 주가가 당일 상한가를 갔음에도

이연제약 60분봉 차트

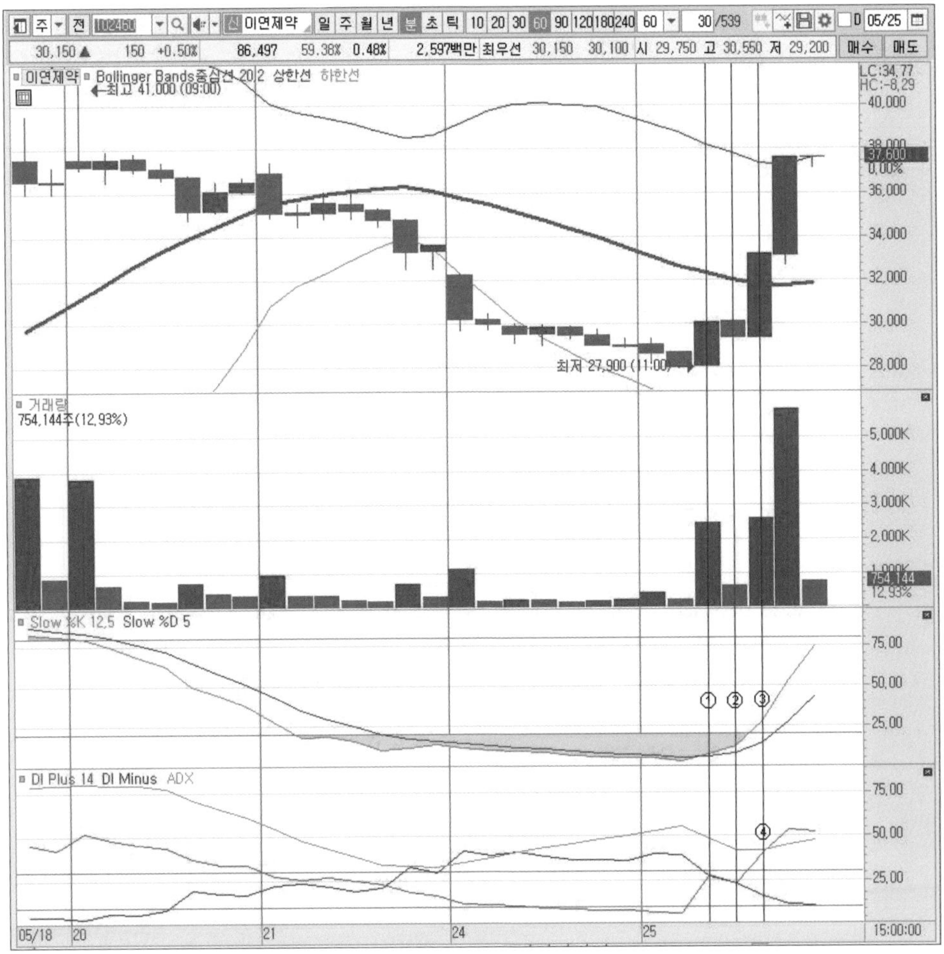

불구하고 CCI는 과열권에 진입하지 못하고 있다. ④번 CCI에서 하락 다이버전스가 나오고, 슬로 스토캐스틱 역시 과열권에 진입하지 못했으며, ⑤번에서 하락 다이버전스가 나온다. 스윙 이상의 포지션보다는 당일 단타매매로 접근하는 것이 맞다. 당일 거래량도 없이 이러한 모습을 보인다면 절대 매매해서는 안 된다.

당일 단타매매가 가능했던 것은 폭발적인 거래량 때문이라는 점을 꼭 기억하기 바란다. 주식투자는 지표가 아니라 거래량이라는 것을 꼭 기억하자. 왜냐하면 지표가 아무리 좋다고 한들 누군가가 좋게 보고 해당 종목을 매수하는 사람이 있어야 주가가 상승하지 않겠는가? 지표가 좋아서 덜컥 사놓고 주가가 상승하기를 바란다면 그건 단타매매라고 할 수가 없다. 그냥 기도매매일 뿐이다. 따라서 단타매매는 반드시 움직임이 있을 때만 해야 한다.

'이연제약 60분봉 차트'에서 ①번을 보면 슬로 스토캐스틱이 늪에서 허우적대고 있으며, DMI에서 PDI가 겨우 −10을 벗어나고 있으니 관망해야 한다. ②번에서 늪의 깊

이연제약 수익

조회기간 2021/05/25 ~ 2021/05/25

전체 종목 이연제약 102460

실현손익합 3,846,597

일자	종목명	실현손익	수익률
2021/05/25	이연제약	238,159	+14.56%
2021/05/25	이연제약	39,701	+14.56%
2021/05/25	이연제약	441,026	+14.56%
2021/05/25	이연제약	767,384	+14.56%

이가 줄어들기는 했으나 아직도 늪에 빠져 있다. 긍정적인 것은 슬로 스토캐스틱에서 K선이 시그널 신호인 D선을 골든크로스했다는 점이다. DMI에서 PDI가 MDI와 이격을 좁혔으니 기다려야 한다.

③번에서 슬로 스토캐스틱이 늪에서 빠져나왔으며 골든크로스되어 있고, DMI에서 PDI가 MDI를 골든크로스했기 때문에 매수 시점이다. 폭발적인 거래량이 나오고 있으니 적극 매수에 동참하면 된다. 단, 일봉에서 여러 가지 지표가 하락 다이버전스를 나타내고 있기 때문에 주가가 급등할지라도 60분봉상 볼린저밴드 상단선 저항 전에 팔고 나오는 것이 좋다.

앞 페이지 그림은 하루 만에 거둬들인 이연제약의 수익이다. 나는 주식 경력이 20년 차이다. 대기업에 들어가기 위해서도 대학교까지 16년의 교육과정을 거쳐야 하듯이 주식매매로 성공하려면 그 이상의 노력이 필요하다. 남이 차려준 밥상, 남이 잡아준 물고기를 바라는 마음으로는 절대 주식투자로 성공할 수 없다.

주식투자로 큰돈을 벌어야겠다고 생각하기 전에 일단 3년간 열심히 공부해보자. 나 또한 머리가 좋아서가 아니라 피눈물 나는 노력으로 여기까지 왔다. 인터넷이 발달한 요즘은 유튜브 등 공부할 수 있는 방법이 얼마든지 있다. 열심히 공부하고 연습하면 누구나 주식투자로 성공할 수 있다.

부록

01 | 가장 많이 하는 질문 10가지

Q1: 주가가 당일 10% 이상 상승한 종목은 왜 상승했는지 반드시 찾아보라고 하셨는데, 쉽게 찾는 방법은 없을까요?

A1: 주식매매를 하면서 쉬운 방법을 찾으려고 하지 말기를 바란다. 로또에 당첨된 10억 원의 돈과 정말 힘들게 막노동을 해서 번 10만 원의 가치는 분명 다르다. 항상 쉽게 가려다 보면 어려운 문제에 맞닥뜨렸을 때 포기할 가능성이 높다. 다만 주린이들을 위해

시황창

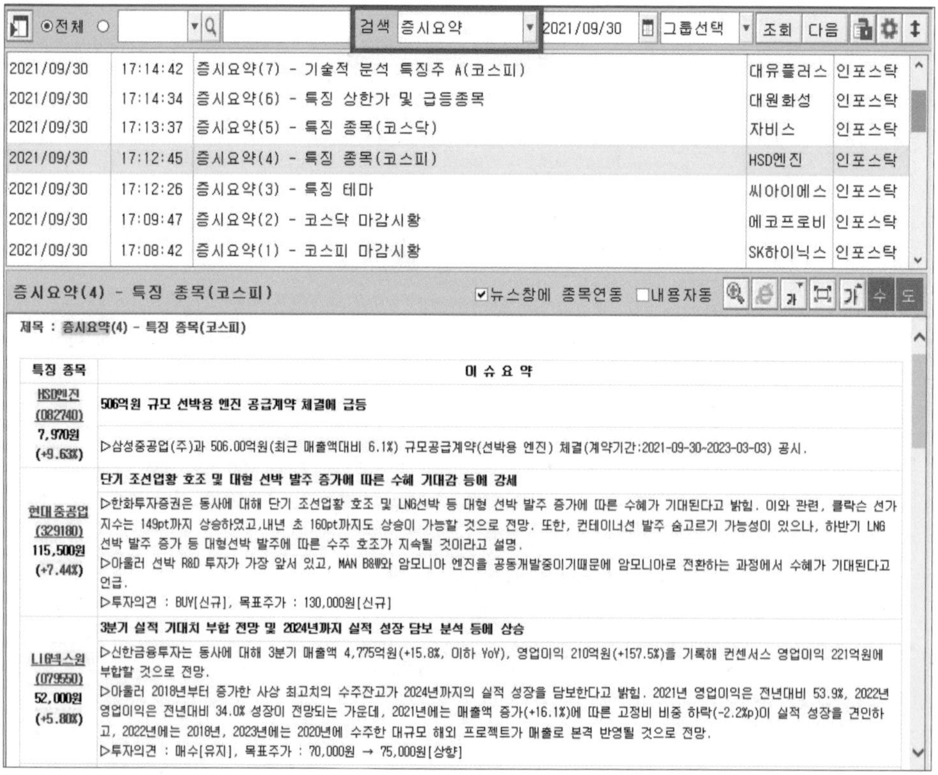

확인할 수 있는 방법을 설명하겠다.

키움증권(0700 시황창) 화면 검색창에 '증시 요약'이라고 검색해보면 친절하게 급등한 종목들의 이슈가 요약되어 나온다. 이슈가 정리된 증시 요약은 장이 끝나고 오후 5시 이후에 나오는 경우가 많으니 넉넉하게 오후 6시쯤 검색하면 확인할 수 있다. 10% 이상 상승한 종목은 왜 상승했는지 증시 요약으로 항상 확인하는 습관을 들이자.

Q2. 지표를 보고 수익을 내다가 수익이 꾸준히 난다면 지표를 보지 않아도 되나요?

A2: 지표를 참고하든 안 하든 그것은 자유다. 하지만 태어날 때부터 주식 고수인 사람은 없다. 봉만 보고 주식을 습득하는 것과 지표를 보고 습득하는 것은 시간적으로 차이가 날 수밖에 없다. 왜냐하면 봉만 보고 동물적 감각을 익힐 수가 없기 때문이다. 정말 많은 경험과 시행착오를 반드시 겪어야 가능한 일이다.

봉만 보고 수익을 내는 고수들은 지표가 의미 없다고 말할 것이다. 나 역시 지표 맹신론자는 절대 아니다. 하지만 초보자들은 봉만 보는 것보다 지표를 보면 세세한 것까지 해석할 수 있으므로 지표를 보고 꾸준히 수익을 낸 다음에 추후에는 지표에 의지하지 않고 봉만 보고 수익을 내는 연습을 해보자.

Q3. PDI 52, MDI 6 이하는 고점일 가능성이 높다고 하셨는데 목단타에서 그런 경우가 많습니다. 그럼 매매하지 말아야 되나요?

A3: 아주 좋은 질문이다. 내가 평균적으로 데이터를 냈을 때 일봉상 PDI가 52, MDI가 6 이하이면 단기 고점인 경우가 많았다. 단, 이것은 일반적인 경우에 해당한다. 거래대금 1,000억 원, 주가상승률 10% 이상~상한가, 거래량 비율 1,000%와 같이 일반적이지 않은 상황에서는 일봉상 수치값에 의존하지 않고 단기매매가 가능하다. 하지만

주봉과 월봉에서 이러한 수치값을 나타냈다면 확률적으로 수치값대로 고점인 경우가 많다. 주봉과 월봉을 제외하고 일봉에서 이러한 수치값이 나왔다고 할지라도 비정상적인 거래대금, 거래량, 주가상승률인 경우 단기적으로 상승할 가능성이 높기 때문에 예외적으로 한다. 많은 경험을 쌓고 자신만의 기준을 만들어보기 바란다.

Q4. 차트 역배열에는 매매하지 말라고 하셨는데 매매해야 되는 재료도 있지 않나요?

A4: 아주 좋은 질문이다. 차트 역배열에서도 매매해야 하는 재료가 분명히 있다. 하지만 이건 고수의 영역이다. 예를 들어 차트 역배열인 종목에서 좋은 재료를 찾아 매매한다 해도 결국 깡통으로 갈 수밖에 없는 이유는 확률상 차트 역배열에서 좋은 재료가 나올 가능성이 10종목 중에서 1~2종목밖에 되지 않기 때문이다. 우리는 고수가 아니다. 기계적으로 좋은 재료인지를 판단할 수 있는 능력이 있지 않는 한 사람은 누구나 실수하기 마련이다.

역배열에서 좋은 재료를 찾아 한두 종목 크게 수익을 낼 수 있을지는 몰라도 지속적으로 역배열에서 매매하다 보면 결국은 낮은 확률로 손실을 볼 가능성이 상당히 높다. 역배열 차트에서 한두 종목 좋은 재료를 놓아주었다고 해서 계좌가 망가지는 일은 절대 없다. 하지만 10종목 중에서 좋은 재료 1~2종목을 보는 안목은 단기간에 길러지지 않는다. 좋은 재료 1~2종목에서 수익을 냈다 하더라도 종국에는 8~9종목에서 잘못 매매해서 크게 잃기 쉽다. 따라서 차트 역배열에서는 아무리 좋은 재료의 종목이 나오더라도 절대 매매하지 않는 것을 원칙으로 삼아야 한다.

Q5. 대표님은 어떤 차트를 보시나요?

A5: 나의 경우는 월봉에서 추세가 있는지 살피고, 주봉에서 하락할 가능성이 높은지

상승할 가능성이 높은지 판단한 후 세밀하게 일봉과 분봉을 분석한다. 따라서 월봉, 주봉, 일봉, 분봉을 모두 보고 매매한다.

Q6. 일봉에서는 CCI를 보고, 분봉에서 CCI를 보지 않던데 이유가 있나요?

A6: 좋은 질문이다. 선물 옵션이 아닌 한 분봉에서 CCI를 보면 잦은 변동성으로 인해 신호를 믿고 매매하기 어렵다. 따라서 CCI는 일봉 이상에서 보는 것을 추천하며, 분봉에서는 DMI, 슬로 스토캐스틱으로도 충분하기 때문에 CCI는 생략했다.

Q7. 단타의 경우 주가가 상승할 것으로 판단하고 매수했는데 주가가 예상과 다르게 하락한다면 어떻게 대응하시나요?

A7: 아주 좋은 질문이다. 스윙 이상으로 매매할 경우 보통 단기 반등 시점에 추가 매수해서 수익을 내고 매도하는 편이지만, 단타의 경우 예상대로 가지 않는다면 −4% 이내의 범위에서 손절매하는 것이 바람직하다. 왜냐하면 급등주는 5일선을 깨면 8일선, 10일선까지 주가가 하락하는 경우가 많기 때문이다.

Q8. 가치투자를 하고 있습니다. 하지만 생각보다 제 성향과 잘 안 맞는 것 같고 오래 기다리는 것도 쉽지 않습니다. 이런 제가 기술적 분석으로 성공할 수 있을까요?

A8: 천체물리학자 뉴턴도 주식투자로 20억 원 정도 손실을 보고는 이렇게 말했다고 한다. "하늘의 천체는 한 치의 오차도 없이 예측 가능하지만, 인간의 광기는 한 치 앞도 내다볼 수 없다." 성공할 수 없다는 뜻이 아니라 그만큼 어렵다는 것이다. 아무리 천재적인 두뇌를 가지고 있더라도 말이다.

가치투자이든 기술적 투자이든 열심히 한다면 초절정 고수만큼은 아니더라도 꾸준히 수익을 낼 수 있다. 다만 본인의 성향에 맞는 매매 방법을 택할 것을 추천한다. 종목을 매수하고 하락하든 상승하든 불안하지 않다면 가치투자로, 매수 이후 단기적으로 하락하는 것이 신경 쓰이고 불안하다면 기술적 투자나 단기투자가 적합하다. 주식투자는 최소 2년, 길게는 5년 정도 열심히 공부하면 충분히 수익을 낼 수 있다.

Q9. 거래대금과 거래량 중 어떤 것이 더 중요한가요?

A9: 좋은 질문이다. 거래대금과 거래량 둘 다 중요하다고 생각한다. 조금 더 세밀하게 이야기하자면 일봉에서는 당일 5% 이상(대형주는 하락해도 거래대금이 1,000억이 넘는 종목들이 많기 때문이다) 상승한 종목 중에서 거래대금이 1,000억 원 이상인 경우 거래대금으로 판단한다. 당일 5% 이상 상승한 종목 중에서 거래대금이 1,000억 원 이하인 경우는 거래량도 참고한다. 분봉에서는 거래량보다 거래대금으로 판단하는데 매매할 종목의 가격이 (1,000원 이상의 종목을 매매한다고 가정하면) 1,000원 이상~10만 원 이상까지 천차만별이기 때문이다.

Q10. 주린이들을 위해 당일 단타매매에서 가장 우선적으로 보는 것과 가장 중요한 것이 무엇인지 알려주세요.

A10: 좋은 질문이다. 나는 아침 7시면 HTS를 켜고 하루를 시작한다. 맨 먼저 전일 미국 증시가 상승으로 마감했는지 하락으로 마감했는지 본다. 이것은 인베스팅닷컴 앱을 이용하면 된다. 미국 증시가 상승으로 마감했다면 상승 섹터가 무엇인지 판단하고 당일 해당 섹터들을 유심히 보는 편이다. 또한 'PART 5 01시황창 설정 방법'에서 이야기했듯이 전일 장마감 후 좋은 재료가 기사로 나왔는지 확인하고 해당 종목은 장전에 공략 대상으로 선정해둔다. 이 종목이 예상대로 움직인다면 매매에 참여하고, 예상대

로 움직이지 않는다면 다른 종목을 찾는다. 장이 상승으로 시작한다면 상승률 상위 또는 거래대금 상위 화면에서 대량의 거래대금과 함께 빠르게 상승하는 종목들을 하나씩 클릭하며 매매 가능한 종목은 매매한다.

전일 미국 증시가 하락으로 마감했다면 보수적으로 접근하는 편이며, 매매할 종목이 나오지 않는다면 수익보다는 손실을 안 본다는 마인드로 억지로 매매하지 않는다. 왜냐하면 주식시장은 내일도 열리고 평생 열리기 때문이다.

02 | 초보자가 알아야 할 기초 용어

감자

해당 기업이 주식 수량을 줄이는 것을 말하는데 일반적으로 악재에 해당한다.

골든크로스

이동평균선의 값이 낮은 단기이동평균선이 이동평균선의 값이 높은 중·장기 이동평균선을 아래에서 위로 상향 돌파하는 것을 말한다.

공매도

주식을 실제로 보유하고 있지 않은 개인투자자가 해당 주가가 하락할 것으로 예상하고 차익을 얻기 위한 매매 방법이다. 주식은 낮은 가격에 사서 비싸게 팔아야 수익이 나듯이 공매도는 주식을 비싸게 팔아놓고 싼 가격에 다시 사서 시세차익을 얻는 방법이다. 주식을 보유하지 않은 상태에서 매도한다는 점이 대주거래와 같지만, 공매도는 주식이 없어도 가능하지만 대주거래는 해당 증권사에서 해당 주식을 빌려야 매도가 가능하다.

대주거래

해당 종목의 주가가 하락할 것을 예측하여 높은 가격에 주식을 빌려서 팔고, 주가가 예상한 만큼 하락하면 빌린 주식을 다시 사서 매매 차익을 실현하는 방법이다.

대차거래

대주거래가 해당 증권사에서 주식을 빌려주는 시스템이라면 대차거래는 해당 증권사의 중개로 기관이나 개인투자자들에게 주식을 빌리는 시스템이다.

데드크로스

이동평균선의 값이 높은 중·장기 이동평균선이 이동평균선의 값이 낮은 단기이동평균선을 위에서 아래로 하향 돌파하는 것을 말한다.

무상증자

기업의 자본잉여금이나 이익잉여금을 확정시키는 행위를 말한다. 자본금이 늘어나 일반적으로 호재에 해당된다.

미수거래

해당 증권사에 예치해놓은 현금과 주식을 담보로 최대 2.5~5배까지 주식을 외상으로 살 수 있는 제도를 말한다. 단, 매수한 주식은 3일 이내에 반드시 매도해야 하며, 3일 이내에 매도하지 않는 경우 3일째 오전 아침에 해당 증권사가 미수금만큼 주식을 하한가에 매도한다.

반대매매

주식을 담보로 신용 매수한 주식이 담보 비율 이하로 하락하는 경우 해당 담보 비율만큼 맞춰야 하는데 그러지 못했을 경우 해당 증권사가 해당 주식을 담보 비율만큼 하한가에 매도하는 것이다.

사이드카

선물시장에서 가격이 너무 큰 폭으로 상승 또는 하락할 때 매매를 일정 기간 금지하는 제동 장치를 말한다. 현물시장에서는 서킷브레이커라고 부른다.

액면분할

회사가 이미 발행한 주식의 액면을 분할하여 주식 수를 늘리는 것을 말한다. 예를 들어 액면가가 5,000원인 주식 1주를 액면가 500원으로 10주 분할하는 것이다. 액면분할을 하면 좋은 점은 유통 물량이 적은 주식의 경우 수량이 늘어나 거래를 활성화할 수 있다는 것이다.

증거금

주식을 매수할 때 최소한으로 필요한 현금을 말한다. 신용 40%란 1,000만 원어치의 주식을 매수하기 위해서는 현금 400만 원만 있으면 신용 600만 원을 해당 증권사에서 빌릴 수 있다는 것이다.

03 | 테마 정리

주식투자 경력이 어느 정도 있거나 중수 이상, 또는 전업투자를 하는 사람들이라면 테마 정리가 어느 정도 되어 있을 것이다. 하지만 초보자들은 테마가 뭔지, 어떻게 찾아서 등록해야 하는지 모른다. 우리나라에서 테마로 엮이지 않은 종목이 없다. 대다수 종목들이 테마에 속한다고 보면 된다. 어떤 종목은 2~3개 이상의 테마에 엮이는 경우도 있다. 초보자들에게 필요한 테마를 정리해보았다. 나머지 테마는 시간을 두고 스스로 정리해보자.

2차전지

LG화학
SK이노베이션
대주전자재료
삼성SDI
삼진엘앤디
상신이디피
상아프론테크
스카이이앤엠
신성델타테크
씨아이에스
에이에프더블류
엠케이전자
영화테크
원익피앤이
웰크론한텍
유에스티
이녹스
켐트로스
코스모신소재
코스모화학
파워로직스
하나기술

게임

넥슨지티
넵튠
넷게임즈
넷마블
데브시스터즈
드래곤플라이
모비릭스
와이제이엠게임즈
위메이드
카카오게임즈
펄어비스

교육

NE능률
메가스터디
삼보판지
신풍제지
영풍제지
율촌화학
태림포장
페이퍼코리아
한국수출포장
한창제지

국제유가/천연가스

SH에너지화학
극동유화
대성산업
대성에너지
서울가스
에코바이오
중앙에너비스
지에스이
한국가스공사
한국석유
흥구석유

디지털화폐

로지시스
케이씨에스
케이씨티
한국컴퓨터
한네트

메타버스

iMBC
NPC
나무가
뉴프렉스
다보링크
덱스터
동운아나텍
드래곤플라이
라이프시맨틱스
루멘스
맥스트
바른손
바이브컴퍼니
비케이탑스
선익시스템
성호전자
세진티에스
신화콘텍
씨엠에스에듀
아모센스
아이엠
아진엑스텍
알체라
액션스퀘어
에스넷
에이트원
엔텔스
엔피
엠게임
옵티시스
이노뎁
이즈미디어
인트로메딕
자이언트스텝
주연테크
칩스앤미디어
코세스
파인텍
펄어비스
폴라리스오피스
한빛소프트
해성옵틱스

부산 가덕도 신공항 관련

대한제강
덕신하우징
동방선기
동일제강
보광산업
삼보산업
성광벤드
영화금속
한국선재

수소차

국일제지
네오티스
뉴인텍
대우부품
동양피스톤
동화기업
모토닉
서울가스
세종공업
솔루에타
에코플라스틱
엠케이전자
우리산업
우수AMS
유니크
이엠코리아
일지테크
일진하이솔루스
코오롱글로벌
코오롱플라스틱
코프라
평화산업
평화홀딩스
풍국주정
피엔티
효성중공업

원자력(원전)

HRS
SNT에너지
광명전기
금화피에스시
다원시스
대원전선
대창솔루션
대창스틸
대한전선
두산중공업
보성파워텍
비에이치아이
비엠티
서전기전
에너토크
우리기술
우진
일진파워
하이록코리아
한국테크놀로지
한신기계
한양이엔지
한전KPS
한전기술
한전산업
휴센텍

자율주행

KB오토시스
KEC
LG이노텍
SK텔레콤

THE MIDONG
남성
대성엘텍
라닉스
만도
모바일어플라이언스
모트렉스
아남전자
아이에이
앤씨앤
에이디칩스
에이테크솔루션
유니퀘스트
이수화학
인포뱅크
칩스앤미디어
텔레칩스
팅크웨어
파인디지털
현대오토에버

탄소중립 & 배출권

KC코트렐
그린케미칼
세종공업
에코바이오
에코프로비엠
이건산업
켐트로스
클라우드에어
태경비케이
한솔홈데코
후성
휴켐스

테슬라' 관련

TCC스틸
THE MIDING
나라엠앤디
나인테크
대신정보통신
삼아알미늄
씨젠
엠플러스
이노테라피
이수화학
파워넷
한네트

항공우주

AP위성
비츠로테크
쎄트렉아이
켄코아에어로스페이스
한양디지텍
한양이엔지
한화에어로스페이스
휴니드

〈오징어 게임〉 관련

버킷스튜디오
쇼박스

북큐레이션 • 투자의 기회를 붙잡고 싶은 이들을 위한 라온북의 책

《난생처음 10배 주식》과 함께 읽으면 좋은 책. 기존의 공식이 통하지 않는 급변의 시대에 미래를 준비하는 사람이 주인공이 됩니다.

난생처음 주식투자

이재웅 지음 | 18,000원

'판단력'만 있으면 주식 투자 절대 실패하지 않는다!
차트보다 정확한 기업 분석으로 적금처럼 쌓이는 주식 투자법!

쪽박에 쪽박을 거듭하던 저자가 전문 주식 투자자가 되기까지! 저자가 터득한 가장 효과적인 공부법과 이를 바탕으로 실전에서 활용할 수 있는 효과적인 투자 노하우를 담은 책이다. 저자의 생생한 투자 실패담과 많은 주식 투자자들이 실패하는 이유와 주식 투자에 밑바탕이 되는 기본지식 공부법과 습관에 대해 설명한다. 그리고 주식 투자에 필요한 용어 설명, 공시 보는 법, 손익계산서 계산법, 재무제표 분석법, 사업계획서 읽는 법, 기업의 적정 주가 구하는 법 등 투자에 필요한 실질적인 노하우를 소개한다.

난생처음 재개발 재건축

김향훈, 이수현, 박효정 지음 | 19,000원

어느 시기에 들어가느냐에 따라 수익이 다른
재개발 재건축, 이 책으로 고수익 시점을 잡아라!

이 책은 재개발 재건축 전문 변호사, 공인중개사, 감정평가사가 알려주는 쉽고 빠른 투자 지침서다. 도시 및 주거환경정비법 이해하기, 감정평가액 파악하기, 저평가된 물건 분석하기, 발 빠르게 정보 파악하기 등 수많은 재개발 재건축 관련 업무를 다루면서 투자를 통해 큰 이익을 얻은 사람들, 돈을 잃은 사람들을 많이 봐오면서, 투자 시에 무엇을 확인하고 살펴봐야 하는지 알려준다. 또한 전국적으로 재개발 재건축 정비사업이 어떻게 진행되고 있는지 한눈에 볼 수 있도록 각 시도별 현황표를 담았다.

경매의 신
임경민의
경매 노하우

난생처음 10배 경매

임경민 지음 | 18,000원

안전하고 확실한 '10배 경매 6단계 매직 사이클'
과장된 무용담이 아닌 100% 리얼 성공 사례 수록!

경매가 무엇인지 개념 정리부터 경매의 6단계 사이클을 토대로 경매 물건 보는 법, 10초 만에 권리 분석하는 법 등 경매 고수가 알아야 할 기술을 알려준다. 특히 실제로 경매를 통해 수익을 올린 사례를 실투자금, 예상 수익, 등기부등본과 함께 실어서 경매가 얼마나 확실하고 안전한 수익을 올릴 수 있는지 증명했다. 경매는 결코 어렵고 위험하지 않다. 큰돈이 있어야만 할 수 있는 것도 아니다. 투자금액의 몇 배를 빠른 기간에 회수할 수 있는 훌륭한 재테크 수단이다. 경매는 부자로 태어나지 못한 사람이 부자가 되는 가장 빠르고 확실한 방법이다.

주린이를 위한
주식 입문서

48일 완성 주린이 탈출기

이권복 지음 | 17,000원

"시작하기엔 너무 늦지 않았을까?" "아직 괜찮아!"
남들 다하는 주식투자, 더 이상 주저하지 마라!

이 책은 주식의 'ㅈ' 자로 모르는 주식 왕초보들이 주식투자를 알기 쉽게 공부할 수 있도록 매일 하루에 한 챕터씩 보도록 만들었다. 책을 따라가다 보면 무슨 말인지 모르는 주식 용어부터 좋은 종목 찾는 방법까지 머리에 쏙쏙 들어올 수 있다. 또한 '네이버 증권'을 이용해 현 산업의 흐름이 어떤지 파악하는 방법과 어느 주식에 투자해야 하는지 쉽게 살펴보는 방법을 알려준다. 그리고 산업별로 어떤 회사들이 있고 이들의 전반적인 사업 영역을 한눈에 보기 쉽게 담아, 주린이들도 어떤 회사에 투자해야 할지 선택하는 데 도움을 준다.